KB260471

高句麗 南進政策 研究

高句麗 南進政策 研究

─臨津江에서 錦江까지─

白種伍 著

서경

책머리에

국내에서 고구려 유적에 대한 연구가 본격화되기 시작한 것은 지난 1979년 중원고구려비가 발견되면서부터이다. 그러나 1990년대 초반까지만 해도 남한지역의 고구려 유적은 잘 알려지지 않은 상태였다. 그러다가 1990년대 중반이후 고구려 유적에 대한 조사가 활기를 띄게 되면서 둘레 300m 미만의 소규모 군사유적(이른바 보루)을 중심으로 지속적인 연구성과가 축적되어 왔다. 그리하여 현재까지 찾아진 고구려 유적은 임진강, 양주분지, 한강, 금강유역을 망라한 4개 유적군, 80여개 유적에 이른다.

고구려 성장의 원동력이던 남한 내의 고구려 유적은 오늘날까지도 한반도의 역사적 정체성을 대변해 주면서 남·북 동질성 회복의 문화적인 공통분모로 자리 잡고 있다. 그러나 계속되는 개발과 군사활동으로 인해 미처 조사되기도 전에 유적이 훼손되어가는 경우가 대부분이어서 고구려유적 정비에 대한 필요성은 항상 제기되어 왔다. 관방유적을 전공분야로 하고 있는 필자는 항상 학문적 성과와 일반인들의 관심 사이의 괴리에 대해 고민해 왔다. 심지어 같은 학자들 사이에서도 남한내 고구려 유적의 존재와 역사적 의의에 관해 무관심한 경우가 많았기 때문에 고구려 유적을 연구하고 소개하는 작업이 당면한 과제였음을 뼈저리게 실감하고 있었다.

그런데 최근에는 중국의 동북공정으로 인해 고구려사에 대한 관심이 일기 시작하면서 고구려 유적에 대한 보존 활용방안이 대두되기 시작했다. 남한소재 고구려 유적의 대부분이 집중되어 있는 경기도에서는 훼손일로에 있는 고구려 유적에 대한 관심이 집중되었다. 경기지역을 연구의 근거지로 삼고 있는 필자는 이러한 분위기에 힘을 얻어 남한내 산재한 고구려 유적과 중국 관내 고구려 유적을 직접 답사할 수 있었고 직접 답사한 고구려 유적에 대한 조사 내용을 학문적으로 정리할 수 있는 기회를 가질 수 있었다. 이처럼 고구려 유적에 대한 관심이 외부적인 요인에 의해 촉발 되었다는 것은 한편으로는 부끄러운 일이지만 다른 한편으로는 더 늦어지기 전에 우리 주변의 유적을 돌아볼 수 있는 전기가 마련되었다는 점에서 그나마 다행스러운 일이라 하겠다.

이 같은 우여곡절 끝에 세상에 선보이게 된 본서는 다음과 같은 내용을 수록하고 있다. 우선 머리말에서 남한지역 고구려 유적과 그 조사 현황을 다루었고 다음으로 고구려 남진정책의 역사적 배경을 검토하였다. 본문에 해당되는 3장과 4장에서는 필자가 직접 답사한 80여개소의 고구려 유적의 현황을 간략하게나마 담았는데 본문의 중간 중간에 지금은 훼손되어 볼 수 없는 고구려 유적들의 옛 모습을 소개하고 있다. 이 유적 현황을 토대로 5장에서는 고구려 성곽의 특징을 정리할 수 있었다. 본문의 마지막 장인 '유적을 통해 본 고구려 남진정책'에서는 고구려 남진정책의 실제적인 모습을 유적의 분포와 교통로의 복원을 통해 풀어보았다. 10년여 동안 계속된 연구 활동의 결과 한정된 지면에 모든 것을 풀어 쓸 수는 없었지만 학술자료를 바탕으로 고구려 유적의 현주소를 가늠하고 앞으로의 연구 · 활용방안을 점검할 수 있었다는 점에서 나름대로의 의의를 부여하고자 한다.

처음에는 경기지역 유적에 국한한 자료집 성격의 유적 소개책자를 떠

올렸으나 은사이신 최몽룡 교수님의 지도와 주변 선학들의 권유에 용기를 얻어 남한지역에 소재한 모든 유적을 다루는 연구서를 집필하게 되었다. 특히 고구려 유적을 선정하고 조사할 때 베풀어 주신 스승님의 은혜는 이루 말할 수 없이 컸다. 본서의 발간을 보기까지 도와주신 분들을 일일이 열거하긴 힘들지만 유적의 조사 방법론에 대한 조언을 아끼지 않으신 차용걸 교수님, 박경식 교수님, 하문식 교수님의 도움이 기억에 남는다. 한편 연구 대상의 대부분을 차지하는 경기지역의 고구려 유적을 답사할 수 있도록 많은 도움을 주신 육군사관학교 이재 교수님, 김기훈 교수님, 강신엽 선생님, 이우형 선생님께도 지면을 빌려 깊은 감사를 드린다. 여하한 이유를 떠나서라도 여러 선생님들의 지도와 도움이 없이는 본서의 간행은 불가능 했을 것임을 마음 속에 새기고 있다. 무더위와 혹한을 마다않고 조사에 동참해 준 신영문, 오강석, 김정기, 오대양 등 동료들의 노력은 필자에게 큰 힘이 되었다. 특히 필자의 무딘 손을 대신해 조사자료와 도면을 깨끗하게 정리해 준 오호석, 강진주의 노고는 무엇보다도 큰 도움이 되었다. 마지막으로 이 보잘것 없는 사진과 글들을 훌륭한 장정으로 꾸며주신 서경문화사 김선경 사장님 이하 직원 여러분의 배려에는 항상 고마운 마음을 잊지 않을 것임을 약속드린다.

화성 동북연에서
백종오

차 례

I 머리말

1. 남한지역 고구려 유적 조사 현황

2. 남한지역 고구려 유적 현황

오늘날 한반도의 중부지역은 고대로부터 여러 국가간 세력각축의 무대가 되었다. 특히 경기 지방을 동서로 가로지르는 한강은 한반도의 중요한 교통로이자 주변에는 기름진 평야지대를 펼쳤을 뿐 아니라 중국과 교통하는 출발지로서의 중요성을 가지고 있었기 때문에 오래전부터 고대국가 흥망의 배경이 되었다. 百濟는 한강유역인 漢城에 도읍을 정하고 주변 小國을 병합하여 고대 삼국 가운데 가장 일찍 체제정비를 이룰 수 있었다. 백제는 이렇게 발달된 국력을 바탕으로 북쪽의 한군현, 고구려와 맞서는 한편, 남쪽의 진국, 목지국, 마한 등 인접 강국을 차례로 무너트리고 한반도 중부의 강력한 고대국가로 자리 잡게 되었다.

압록강 중류 일대에서 발원한 高句麗는 주변국인 百濟와 新羅보다 한 발 앞서 발전의 기틀을 열었다. 고구려는 방어에 유리한 지리적 이점과 강력한 군사력으로 넓은 영토를 확보하였다. 건국 초부터 줄기차게 발전을 거듭하여 동으로는 동해, 서로는 요동지방, 남으로는 한강유역, 북으로는 吉林省의 松花江 유역까지 세력을 확장했다. 고구려는 일찍이 중국 군현과의 투쟁을 계속하는 가운데 체계적인 군사 행정조직을 갖출 수 있었고, 이것을 바탕으로 백제와 신라가 점령하고 있던 한강유역을 확보하게 된다.

한강유역을 확보한 고구려는 한강유역에 군사적 거점을 마련하고 남진을 계속하여 小白山脈을 넘어 신라를 附庸國으로 삼기에 이른다. 이 때가 고구려의 최전성기였으며 한반도 전역은 명실 공히 고구려의 영향권 안에 들게 되었다. 그런데 고구려의 영향이 한반도 전역에 미쳤다고는 하지만 한반도 전체에 걸쳐 고구려유적이 존재하고 있지는 않다. 경기이남 지역에는 忠州에 소재한 中原高句麗碑, 청원 남성골산성 등 고구려의 것으로 알려진 유적이 존재하기는 하지만 극소수에 불과하며 대부분의 유적은 한강 이북지역인 경기북부지역에 밀집해서 분포하고 있다.

경기북부지역에 소재한 고구려 유적은 70여개소로 대부분 성곽유적이다. 이들 유적의 수는 남한 내에 소재한 고구려 유적의 대부분을 포함하고 있어 고구려가 이 지역을 얼마나 중요시 여겼는지 알 수 있게 해준다. 한강이북의 고구려 성곽유적은 바로 고구려가 최전성기를 구가하여 동북아시아의 패자로 등장한 5~6세기에 이르는 기간동안 축조된 유적이다. 이들 성곽을 바탕으로 고구려는 남방에 대한 군사적 거점을 마련하였고 한반도 남부지방 경영의 발판으로 삼았다.

이렇게 남한지역 고구려 유적은 크게 네 지역으로 나누어지는데 임진강유역과 양주분지, 한강유역 아차산일대 그리고 금강유역이다. 이들 유적은 고대 교통과 지방통치체계의 일면을 엿볼 수 있다는 점에서 살아있는 고대사의 표본이 되고 있다. 약간의 차이가 있긴 하지만 오늘날의 교통로와 지역 중심도 유적의 분포와 거의 일치하고 있어 한강유역 고구려 유적은 현대적인 의미에 있어서도 매우 중요하다. 주지하다시피 한강유역은 통일을 여는 관문이자 남북교류의 중심무대로 성장할 수 있는 천혜의 조건을 가지고 있다. 그리고 1,500년 전 고구려인들이 남겨놓은 군사유적은 과거의 폐허에 불과한 것이 아니라 통일된 한반도의 미래를 여는 청사진이라 해도 과언이 아닐 것이다. 우리가 남한지역의 고구려 유적을 연구하는 所以然이 바로 여기에 있다.

따라서 이 책에서는 고구려의 역사를 개괄적으로 정리하여 남한내에 고구려 유적이 형성 된 배경을 알아보고 현재 남아있는 고구려 유적의 현황을 소개한 후, 임진강유역에서 금강유역까지 고구려 성곽이 형성하는 관방체계에 대해 살펴보도록 하겠다.

1

남한지역 고구려 유적 조사 현황

고구려 유적을 지역별로 살펴보면 임진강유역과 양주분지 그리고 한강유역, 금강유역으로 나뉘어진다. 이 장에서는 해방이후 조사된 남한지역 내의 고구려 유적의 시기별 조사과정과 조사현황에 대하여 정리해 보고자 한다.

남한 내의 고구려 유적 조사는 1990년대 군사보호구역에 대한 학술조사를 시작으로 1994년 아차산 일대의 지표조사와 이후 각 시·군의 광역지표조사가 진행되면서 대부분이 확인되었다. 최근 들어 중국의 고구려사 왜곡 이후로 고구려 유적에 대한 학술조사가 활발히 이루어지고 있다. 그러나 대부분의 유적은 지표조사만 이루어진 상태이고 임진강유역의 호로고루와 당포성, 은대리성, 덕진산성, 한강유역의 구의동보루, 아차산 3·4보루, 시루봉보루, 홍련봉 1·2보루 등이 시·발굴조사 되었을 뿐이다.

남한에서 고구려 유적이 처음으로 발굴된 것은 1977년에 실시된 구의동보루이다[1]. 구의동보루는 화양지구 토지 구획정리 사업으로 발굴조사된 후 현재는 멸실되었다. 처음에는 백제 분묘유적으로 빈전장과 관련된 것으로 알려지다가 몽촌토성의 발굴결과에 따라 고구려 유적으로 밝혀졌다. 구의동보루는 보존상태가 양호하여 369점의 토기와 철제 무기

---

1) 구의동보고서 간행위원회, 《한강유역의 고구려요새–구의동유적발굴조사 종합보고서》, 1997.

류가 출토되었다. 토기는 니질태토에 표면이 마연된 황갈색 또는 흑색의 연질 토기이며 동이류, 뚜껑류, 장동호, 직구옹, 완, 접시 등이다. 철제류는 화살촉, 창촉, 도끼 등의 무기류와 삽날, 보습날, 살포날 등의 농·공구류가 대부분이다.

1979년에는 단국대학교 조사단에 의하여 中原高句麗碑가 발견되었다[2]. 이 비는 고구려 廣開土王陵碑 발견 이후로 가장 큰 고구려비라는 점과 당시의 고구려와 신라의 관계를 연구하는데 중요한 비석이라는 점에 큰 의의가 있다. 더구나 고구려의 금석문은 그 수가 적기 때문에 일찍부터 주목받아 많은 연구성과가 축적되었다.

1980년대에는 몽촌토성에 대한 발굴조사가 실시되었다[3]. 이 성은 백제 한성기의 거점성으로 서울대학교 박물관에 의하여 6차례에 걸쳐 발굴되었다. 그 결과 대부분의 성내 시설물은 백제에 의해 축조된 것으로 확인되었으며 그 이후 고구려에 의해 한시적으로 재사용된 것이 밝혀졌다. 고구려 토기는 광구장경사이옹을 비롯한 15개 기종 329점이 발견되었다.

1990년대 각 시군의 광역지표조사가 실시되면서 많은 수의 고구려 유적이 조사되었고 이를 계기로 한강 이남지역에서도 고구려 유물들을 인식할 수 있었다. 1994년 구리문화원의 아차산 일대에 대한 지표조사를 통해 20여개의 고구려 유적을 새로 소개했으며[4], 1994·1995년 국립공주박물관은 월평동 유적 발굴에서 고구려 토기를 수습하였다[5]. 이러한 고구려 유적은 육군사관학교 육군박물관에 의해 새로운 전기를 마련하

---

2) 단국대학교 박물관, 《中原高句麗碑 調査報告書》, 1979.

3) 김원룡·임효재·박순발, 《夢村土城－東北地區 發掘調査報告書》, 서울대학교 박물관, 1988.

4) 구리문화원, 《아차산의 역사와 문화유산》, 1994.

5) 국립공주박물관, 《大田 月坪洞遺蹟》, 1999. 또한 2001년 충청 매장문화재 연구원에 의해 월평동산성이 발굴되어 고구려 토기 6종 26점이 출토되었다(충청매장문화재연구원, 《대전 월평동산성》, 2001).

호로고루 조사광경(1994)

게 되는데 그것이 바로 군사보호구역인 임진강일대에 대한 군사유적 지
표조사이다. 1994년부터 진행된 파주와 연천 그리고 포천의 접경지대에
서 덕진산성 · 당포성 · 호로고루 · 은대리성 등 고구려 배후거점성의 일
면이 드러나게 되었다[6].

 1996년 충북대학교 호서문화연구소에서는 진천 대모산성의 지표조사
를 실시하였다[7]. 성내에서는 5세기대의 백제유물들이 집중적으로 출토
되었는데, 성의 중간지점에서 표면이 마연된 흑색의 고구려 토기 호 한
점이 채집된 바 있다.

 1996년 경기도박물관과 한양대학교 박물관은 파주 육계토성내 주거
지를 발굴하였다. 이 유적은 임진강 수해로 표토층이 유실되면서 주거
지가 노출된 것이다. 이 때 한양대 2호 주거지에서 고구려 토기 사이호
와 양이호, 단경호 등이 출토되어[8] 몽촌토성과 마찬가지로 일정기간 고

---

6) 육군사관학교 육군박물관, 《京畿道 漣川郡 軍事遺蹟 地表調査報告書》, 1995.
7) 충북대학교 호서문화연구소, 《鎭川 大母山城 地表調査報告書》, 1996.

구려군이 주둔하였음을 알 수 있었다. 1998년 한국토지공사 토지박물관에서 양주군 광역지표조사를 실시하여 다수의 고구려 보루를 확인하였다[9]. 그 해 경기도박물관이 조사한 포천 성동리 마을유적 2호 주거지에서도 외면을 마연한 고구려 토기편과 철촉 등이 출토되었다[10]. 이듬해인 1999년 한국토지공사 토지박물관에서 남양주시 광역지표조사를 시행하였는데 남양주시 수석동에서 고구려 기와편을 채집하였다[11]. 또한 연천 호로고루에 대한 정밀지표조사 및 주변지역에 대한 조사를 실시하여 무등리 2보루 등 고구려 유적을 추가로 확인하는 또 한번의 전기를 마련하였다. 특히 무등리 2보루는 많은 양의 탄화미와 탄화조가 발견되어[12] 고구려군 식생활의 한 단면을 보여주었다. 그리고 한양대학교 박물관에 의해 파주시 광역지표조사 중 덕진산성에서도 고구려 토기와 함께 탄화미가 수습되었다[13]. 다음해 세종대학교의 의정부시 광역조사에서 고구려 유적인 사패산보루군을 새롭게 조사하였다[14]. 사패산 1보루에서 출토된 고구려 토기편은 아차산이나 수락산 일대에서 출토되는 토기편과 유사하다. 2001년 단국대학교 매장문화재연구소의 칠중성에 대한 지표조사에서는 고구려 토기편과 기와편이 채집되었고[15] 2003년 서울소재성곽조사를 통하여 아차산 일대에서 기존에 알려지지 않았던 아차산 5보루가 확인되었다[16].

이들 유적 중 아차산 4보루는 1997년과 1998년 두 차례 서울대학교 박물관에 의하여 발굴조사 되었다[17]. 그 결과 보루의 전체 둘레는 300m

---

8) 京畿道博物館, 《坡州 舟月里遺蹟》, 1999, 395~424쪽.

9) 한국토지공사 토지박물관, 《양주군의 역사와 문화유적》, 1998.

10) 京畿道博物館, 《抱川 城洞里 마을遺蹟》, 1999, 37~41쪽.

11) 한국토지공사 토지박물관, 《남양주시의 역사와 문화유적》, 453~455쪽.

12) 한국토지공사 토지박물관, 《漣川 瓠蘆古壘 精密地表調査報告書》, 1999.

13) 한양대학교 박물관, 《파주시의 역사와 문화유적》, 1999, 117쪽.

14) 세종대학교 박물관, 《의정부시의 역사와 문화유적》, 2000, 202~205쪽.

15) 단국대학교 매장문화재연구소, 《파주 칠중성 지표조사보고서》, 2001.

16) 서울특별시, 《서울소재성곽조사보고서》, 2003.

이고, 평면형태는 타원형이며 성내의 시설물은 건물지 7기, 저수시설 2기, 온돌 13기, 치 2기 등이 노출되었다. 출토유물 중 토기류는 26종 538개체가 출토되었는데 기종은 옹류 · 장동호류 · 호류 · 접시류 · 동이류 등이며 기능상 저장용 · 운반용 · 조리용 · 배식용 등으로 구분된다. 철기류는 총 300여 점이 무기류 · 마구류 · 농공구류 · 용기류 등으로 구성되었다.

1999년과 2000년에 실시된 시루봉보루[18]의 발굴 결과 밝혀진 성의 둘레는 220m 정도이다. 남동쪽 성벽에서 치가 찾아졌으며 시설물은 대형 건물과 온돌은 6기, 저수시설, 배수시설이 조사되었다. 유물은 다량의 고구려 토기가 수습되었고 기종은 주로 대옹과 장동호, 완, 호, 접시, 시루 등으로 모두 평저인 특징을 가지고 있다. 더불어 무기류와 공구류로 구분되는 철기 100여 점이 출토되었다.

연천 호로고루는 2000년 한국토지공사 토지박물관에 의하여 1차 발굴조사가 실시되었다. 성의 둘레는 대략 401m로 동벽은 고구려 체성벽과 보축벽 바깥쪽에 신라성벽이 덧붙여 쌓여 있으며 외곽쪽으로 2개소의 치가 남아있다. 토기류는 대형호와 시루 등이 주류를 이루며 대상파수가 부착되었고 외면은 매끄럽게 마연되었다. 기와류는 전형적인 고구려 양식으로 수키와의 경우 표면 문양이 없고 암키와는 승문, 거치문, 횡선문 등 10여 종의 문양이 시문되었다. 암키와의 내면에는 모골흔이 관찰된다.

한편 남한지역 고구려 유적 조사의 기본 방향과 인식변화를 제공한 사건은 2001과 2002년 두 차례에 걸쳐 실시된 충북대학교 박물관의 청원 남성골산성에 대한 발굴조사이다[19]. 성의 둘레는 약 360m이고, 토성

---

17) 서울대학교 박물관, 《아차산 제4보루-발굴조사 종합보고서-》, 2000.
18) 서울대학교 박물관, 《아차산 시루봉 보루-발굴조사 종합보고서-》, 2002.
19) 忠北大學校博物館, 《淸原 南城谷 高句麗遺蹟》, 2004.

남성골산성 지도위원회 광경(2002)

은대리성 지도위원회 광경(2003)

으로 방어호, 목책, 치성 등의 유구가 확인되었다. 남성골산성은 고구려 토기, 철제류 등의 유물이 출토되었을 뿐 아니라 고구려 계통의 온돌과 부뚜막을 비롯하여 고구려 토기를 굽던 가마터가 발견되었다는 점에서

당포성 조사 광경(2003)

중요한 유적이다. 또한 유적이 밀집된 한강유역을 벗어난 금강유역에서 전형적인 고구려 유적이 최초로 발견되었다는 점에서 의의가 크다.

2003년에는 단국대학교 매장문화재연구소에 의해 은대리성 시굴조사가 이루어졌다[20]. 조사결과 은대리성은 내·외성의 이중구조이며, 외성 전체 둘레는 총 1,005m이고 내성의 둘레는 총 230m로 밝혀졌다. 성 내부 시설물로는 문지 3개소, 대형건물지 1개소, 치성 3개가 확인되었다. 출토된 고구려 토기는 대형의 호류를 위주로 구성되어 있고, 시문 후에 정면하여 잘 확인되지는 않지만 타날문의 형태가 많으며 다른 유적에 비하여 흑색이나 회색 토기가 많은 비중을 차지하는 특징이 있다.

한편, 비슷한 시기에 육군사관학교 화랑대연구소 국방유적연구실에서는 연천 당포성에 대한 발굴조사가 진행되었다[21]. 이 성의 특징은 보

---

20) 단국대학교 매장문화재연구소, 《연천 은대리성 지표 및 시·발굴조사 보고서》, 2004.
21) 육군사관학교 화랑대연구소 국방유적연구실, 〈연천 당포성 지표 및 발굴조사 지도위원회자료집〉, 2003.
　　　　　　　　　　　　　　　　　　　　, 〈연천 당포성 2차 발굴조사 지도위원회자료〉, 2006.

축벽을 3~4중으로 높게 쌓았다는 것과 성벽 밖에 폭 6m, 깊이 3m의 대형 해자와 성벽 상단부위에 이른바 '구멍기둥(柱洞 또는 石洞)'들이 확인된다는 것이다. 또한 성벽에 일정한 간격으로 수직홈이 파여져 있고 그 끝에 동그랗게 판 확(確)돌이 연결되어 있다. 이러한 사실들은 남한지역 고구려 성곽 연구에 중요한 자료로 평가받고 있다. 유물은 많은 양의 토기편과 와편이 출토되었는데, 와편은 회흑색의 선조문 계통과 격자문 · 어골문 · 무문와편 등이 있으며 승문와편도 발견된다. 토기편은 황갈색 니질의 고구려토기편이 대부분이다.

2004년에는 육군사관학교 화랑대연구소 국방유적연구실에 의하여 파주 덕진산성이 시굴조사되었다[22]. 성의 전체 둘레는 984m이고, 성내 시설물은 문지 2개소와 성가퀴로 추정되는 부분이 노출되었다. 출토유물로는 고구려 토기편으로 추정되는 적갈색 연질토기와 경질의 호형토기 등이 있다.

이 해에 고려대학교 매장문화재연구소에서 발굴한 홍련봉 1보루는[23] 전체둘레가 145m이고, 성내 시설물로는 건물지 21기, 온돌유구 13기, 저수시설 3기, 배수시설 등이 조사되었다. 출토유물은 대부분 토기류 및 철기류이며, 아차산 일대 보루 중 유일하게 기와가 출토되어 주목받았다. 토기는 무문의 평저기형에 대상파수가 부착되어 있고 호 · 옹류, 동이류, 완류, 접시류, 뚜껑류 등이 대부분이다. 기와류는 적색과 회색의 승문기와가 주류를 이루며, 연화문 와당이 3점 출토되었다.

2005년에는 고려대학교 고고환경연구소에 의하여 홍련봉 2보루와 아차산 3보루가 발굴조사되었다.[24] 이중 아차산 3보루는 둘레 350m로

---

22) 육군사관학교 화랑대연구소 국방유적연구실, 〈파주 덕진산성 시굴조사−지도위원회의 자료−〉, 2004.
23) 고려대학교 매장문화재연구소, 〈홍련봉 1보루 발굴조사 약보고〉, 2004.
___________________, 〈홍련봉 1보루 2차 발굴조사 약보고〉, 2004.

홍련봉 1보루 조사 광경(2004)

아차산 일대에 분포한 17개소의 보루 중 규모가 제일 크다. 성내 시설
물로는 계단식 출입시설과 건물지 9기, 방앗간 및 저장시설 등이 확인
되었다. 출토유물은 토기와 철기가 주를 이루며 대부분 고구려 토기의
전형적인 특징을 보이고 있다.

또한 최근에는 3보루 근처에서 디딜방아 시설로 추정되는 유구가 발
견되어 아차산 6보루로 명명되었다.

2006년에는 용마산 2보루가 서울대학교 박물관에 의해 발굴 조사되
었다.[25] 유적은 용마산 정상부에서 남쪽으로 이어진 능선이 돌출하여 형
성된 봉우리 정상부(해발 230m)에 위치하며, 둘레는 약 110m 내외이다.
성 내부에서는 1기의 저수시설과 4기 이상의 건물지, 간이 대장간 시설
등이 확인되었다. 유물은 완류, 접시류, 반류 등의 고구려 토기를 비롯

---

24) 고려대학교 고고환경연구소, 〈아차산 3보루 발굴조사 현장설명회자료〉, 2005.
　　　　　　　　　　　　　　, 〈홍련봉 2보루 발굴조사와 현장설명회자료〉, 2005.
25) 서울대학교박물관, 〈용마산 2보루 발굴조사 현장설명회자료〉, 2006.

하여, 대형 어망추 등이 출토되었다.

한편 원주시 문막읍 건등리에서 고구려계의 유물과 유구가 발견되었다. 과거 원주 일원에서 고구려 토기편이 수습[26]된 이후 남한강유역에서 고구려의 생활유적이 조사된 것은 건등리유적이 처음이다. 유적은 2005년부터 2006년까지 발굴조사[27]되었으며, 이곳은 해발 77~79m 선상지의 선단부이다. 조사결과 삼국시대 주거지 3기, 구상유구 2기, 수로유구 1기, 수혈유구 23기 주혈 550여기가 확인되었다. 유물은 장동로와 파상문 토기편, 대상파수가 부착된 장동호가 출토되었다. 건등리유적은 고구려의 남진과 관련되었을 것으로 추정되며, 5세기 전반에 형성된 것으로 판단된다

이처럼 남한지역의 고구려 유적은 1977년 구의동보루가 최초로 발굴조사된 이래로 지금까지 80여 개소가 확인되었으며 중원고구려비가 국보 제205호로 지정되었고, 2004년에는 아차산 일대 17개 보루가, 2006년에는 임진강유역의 호로고루, 당포성, 은대리성이 사적지정 되었다. 그러나 이 중 시굴이나 발굴된 고구려 유적은 10개소에 불과하여 그 중요성에 비해 조사실적은 매우 저조한 실정이다. 또한 조사가 이루어지지 못한 대부분의 유적들은 군사시설, 공동묘지 등의 현상변경으로 인해 이미 멸실 위기에 있으며 비록 발굴이 이루어졌다 해도 보존대책이 미흡하여 체육시설과 등산객에 의해 유적이 훼손되고 있는 실정이다. 이에 고구려 유적의 보존과 정비방안을 강구하여 고구려 유적을 적극적으로 보호하고 문화자원으로 활용할 수 있는 대책이 마련되어야 할 것이다.

---

26) 연세대학교 원주박물관,《원주시의 문화유적》, 2002, 174쪽
27) (재)예맥문화재연구원,〈원주 전등리 아파트신축부지내 유적 발굴조사 약보고서〉, 2006.

2

남한지역 고구려 유적 현황

남한지역의 고구려 유적은 크게 4개 유적군으로 나뉘며 대개 규모가 작은 보루들로 이루어져 있다. 지역 거점으로 추정되는 임진강 유역의 강안평지성이라 하더라도 둘레가 1km를 넘지 않는 경우가 대부분이어서 남한지역 고구려 유적의 특징을 잘 대변해 준다. 어떠한 이유에서 이처럼 작은 규모의 군사유적이 밀집해서 분포하게 되었는지에 대해 알기 위해서는 보다 세밀한 고찰이 이루어져야 하겠지만 현재까지 알려진 바로는 한반도 북부지방과 남부지방을 잇는 교통로를 장악하기 위한 것이라는 의견이 지배적이다.

이 책에서 고구려 유적을 구분한 기준은 다음과 같다.

첫째, 각종 지표조사나 발굴조사 등을 통해 고구려 토기, 기와 등의 유물이 출토되는 유적이다. 발굴조사된 유적은 은대리성, 당포성, 호로고루, 아차산 4보루, 시루봉보루, 남성골산성 등이다. 이들 유적 중 순수 고구려 유물만 출토되는 유적은 아차산 4보루와 시루봉보루 등 한강유역의 극히 일부 유적들이며 임진강유역의 호로고루나 당포성 등에서는 삼국시대와 그 후 통일신라시대부터 조선시대에 이르기까지 전시기에 걸치는 유물이 다량으로 출토되었다. 한강유역을 벗어난 금강유역의 청원 남성골산성에서는 고구려 토기를 굽던 가마터가 발견되었다.

이 외 현재까지 알려진 대부분의 유적은 지표조사만이 이루어졌다. 특히 이들 유적은 군시설이나 통신기지국 설치, 경작지 조성, 암반 채취 등 현상변경이 심하게 이루어진 유적이라는 공통점이 있다. 즉 지하의 문화층이 훼손되면서 유물이 드러나게 되는 것이다. 연천 무등리보루군은 경작지 조성으로 지하의 온돌시설과 유물이 밭고랑에 그대로 노출되었으며, 양주 독바위보루는 골재 채취로 인하여 유적의 남쪽과 서쪽이 멸실된 상태에서 고구려 토기가 채집되었다. 또 천보산 2보루는 이동통신기지국 설치로 유적의 상당 부분이 훼손되었고 지상에 집수시설 등의 유구가 노출되어있다. 이외 고구려 유물이 출토된 많은 유적은 현상변경이 심하게 이루어지는 과정에서 유물이 노출된 것이다.

둘째, 고구려 성곽 주변의 둘레 300m 이하의 소규모 보루들이다. 이들 보루는 그 크기가 소규모로 한 능선에 여러 개의 보루가 일정한 간격을 두고 분포한다. 그래서 일반적인 성곽처럼 단독적인 작전수행은 불가능하고 여러 개의 보루가 군집을 형성하며 공동으로 작전을 수행해야 한다는 약점을 가지고 있다. 이런 보루의 특성 때문에 현재 유물은 보이지 않더라도 고구려에 의해 같은 시기에 경영된 것으로 볼 수 있다.

그 예로 도락산보루군은 4개의 보루로 이루어졌는데 그 중 2보루와 3보루, 4보루에서만 고구려 유물이 채집되었다. 불곡산보루군은 9개의 보루 가운데 2보루와 5보루 그리고 9보루에서만 고구려 유물이 수습되었다. 또 천보산보루군은 5개의 보루 중 1보루와 2보루에서만 고구려 유물이 채집되었다. 그렇다고 해서 이들 보루중 고구려 유물이 채집된 유적만 고구려 유적이고 나머지 보루는 고구려 유적이 아니라고 단정짓기 어렵다. 엄연히 소규모 보루의 기능적 특성이 있고 현상변경이 심하게 이루어지지 않아 문화층의 보존상태가 양호하기 때문에 유물이 보이지 않을 수 있다는 점을 감안하면 상식적인 판단이 가능하다.

셋째, 남한지역 고구려 유적의 대부분이 군사유적이라는 특징이 있는데 이들은 그 분포와 구조가 일정한 틀을 가지고 배치되어 있다. 그 틀을 협의의 개념으로는 방어체계라 하고 광의의 개념으로는 관방체계라고 부른다. 이처럼 관방체계를 살피는 일차적인 작업은 하천이나 교통로를 중심으로 성곽의 분포와 배치가 어떠한 유기적인 관련속에서 존재하는지를 밝혀주어야 한다. 그래야만 국가간의 영역변화와 지방통치방식의 규명이 가능하다.

고구려의 경우, 임진강 북안의 선상방어체계 그리고 거점성과 위성보루의 조합관계, 양주분지일원의 고로봉형을 기본틀로 구성된 환상외곽방어체계와 능형내곽방어체계, 한강유역의 북동–남서방향을 중심축으로 하는 평면배치 등을 그 예로 들 수 있다. 이런 방어체계 안에 포함된 성곽은 해당시기에 축조된 유적으로 판단할 수 있다. 이들 유적에 대한 자세한 내용은 본문에서 다루기로 하고 우선 남한지역 고구려 유적의 현황을 표를 통해 살펴보도록 하겠다.

표 1 남한지역 고구려 유적 현황

(2005. 12. 25 현재)

번호	유적명	위 치	해발(m)	둘레(m)	형 식	축조재료	비 고
1	은대리성	경기도 연천군 전곡읍 은대리	61.8	1,005	평지성	토축	
2	강서리보루	경기도 연천군 왕징면 강서리	230	50	테뫼식	토·석축	
3	고성산보루	경기도 연천군 왕징면 무등리	150	30	테뫼식	석축	
4	무등리 1보루	경기도 연천군 왕징면 무등리	100	168.4	테뫼식	석축	
5	무등리 2보루	경기도 연천군 왕징면 무등리	124	224	테뫼식	석축	
6	우정리보루	경기도 연천군 왕징면 우정리	89	250	테뫼식	토·석축	
7	당포성	경기도 연천군 미산면 동이리	13	450	평지성	토·석축	
8	광동리보루	경기도 연천군 미산면 광동리	179	90	테뫼식	석축	
9	아미리보루	경기도 연천군 미산면 아미리	140	50	테뫼식	석축	
10	호로고루	경기도 연천군 장남면 원당리	20	401	평지성	토·석축	
11	두루봉보루	경기도 파주시 진동면 용산리	69.8	40	테뫼식	석축	
12	덕진산성	경기도 파주시 군내면 정자리	85	600	테뫼식	석축	
13	조랑진보루	경기도 파주시 장단면 노하리	89	50	테뫼식	석축	
14	성동리산성과 마을유적	경기도 포천시 영중면 성동리	181	402	테뫼식	석축	태봉산성
15	대전리산성	경기도 연천군 청산면 대전리	136	700	테뫼식	토·석축	
16	전곡리토성	경기도 연천군 전곡읍 전곡리	60	1,800	평지성	토·석축	

번호	유 적 명	위　치	해발(m)	둘레(m)	형 식	축조재료	비 고
17	아미성	경기도 파주시 적성면 눌목리	260	302	테뫼식	석축	
18	육계토성	경기도 파주시 적성면 주월리	20	1,858	평지성	토축	
19	이잔미성	경기도 파주시 적성면 장좌리	40	300	평지성	석축	남안 호로고루
20	칠중성	경기도 파주시 적성면 구읍리	149	800	테뫼식	석축	
21	태봉산보루	경기도 양주시 은현면 운암리	157	122	테뫼식	석축	
22	천보산 1보루	경기도 의정부시 금오동	299	40	테뫼식	석축	
23	천보산 2보루	경기도 의정부시 금오동	336.8	200	테뫼식	석축	
24	천보산 3보루	경기도 의정부시 자일동	282	88	테뫼식	석축	
25	천보산 4보루	경기도 양주시 회천읍 율정리	342.9	46	테뫼식	석축	
26	천보산 5보루	경기도 양주시 회천읍 회암리	423	120	테뫼식	석축	
27	불곡산 1보루	경기도 양주시 주내면 유양리	240.8	175	테뫼식	석축	
28	불곡산 2보루	경기도 양주시 주내면 유양리	288.8	76	테뫼식	석축	
29	불곡산 3보루	경기도 양주시 주내면 유양리	274.3	98	테뫼식	석축	
30	불곡산 4보루	경기도 양주시 주내면 유양리	300	105	테뫼식	석축	
31	불곡산 5보루	경기도 양주시 주내면 유양리	443.5	105	테뫼식	석축	
32	불곡산 6보루	경기도 양주시 주내면 유양리	468.7	220	테뫼식	석축	
33	불곡산 7보루	경기도 양주시 주내면 유양리	426	110	테뫼식	석축	
34	불곡산 8보루	경기도 양주시 주내면 유양리	445.3	140	테뫼식	석축	
35	불곡산 9보루	경기도 양주시 주내면 유양리	320	250	테뫼식	석축	
36	도락산 1보루	경기도 양주시 광적면 가납리	327	33	테뫼식	토 · 석축	
37	도락산 2보루	경기도 양주시 광적면 가납리	426.3	170	테뫼식	석축	
38	도락산 3보루	경기도 양주시 은현면 용암리	440.8	20	테뫼식	석축	
39	도락산 4보루	경기도 양주시 광적면 가납리	439.8	50	테뫼식	석축	
40	고장산 1보루	경기도 양주시 회천읍 덕계리	199.8	21	테뫼식	석축	
41	고장산 2보루	경기도 양주시 회천읍 덕계리	200.3		테뫼식	토축	훼손
42	독바위보루	경기도 양주시 회천읍 옥정리	181.1	120	테뫼식	석축	훼손
43	큰테미산보루	경기도 양주시 주내면 산북리	219		테뫼식	석축	훼손
44	작은테미산보루	경기도 양주시 주내면 마전리	158.5	105	테뫼식	석축	
45	소래산보루	경기도 양주시 은현면 선암리	228.8	56	테뫼식	석축	훼손
46	사패산 1보루	경기도 의정부시 호원동	355	100	테뫼식	석축	
47	사패산 2보루	경기도 의정부시 호원동	430		테뫼식	석축	
48	사패산 3보루	경기도 의정부시 호원동	234	200	테뫼식	석축	
49	국사봉보루	경기도 남양주시 별내면 광전리	330.5	103	테뫼식	석축	

번호	유 적 명	위 치	해발(m)	둘레(m)	형 식	축조재료	비 고
50	아차산 1보루	경기도 구리시 아천동	268	91	테뫼식	석축	
51	아차산 2보루	경기도 구리시 교문동	276	50	테뫼식	석축	
52	아차산 3보루	경기도 구리시 교문동	296.9	110	테뫼식	석축	
53	아차산 4보루	경기도 구리시 교문동	285	300	테뫼식	석축	
54	아차산 5보루	경기도 구리시 교문동	270	250	테뫼식	석축	
55	용마산 1보루	서울시 광진구 중곡동	183	77	테뫼식	석축	
56	용마산 2보루	서울시 광진구 중곡동	230	79	테뫼식	석축	
57	용마산 3보루	서울시 광진구 중곡동	348	216	테뫼식	석축	
58	용마산 4보루	서울시 광진구 중곡동	300	228	테뫼식	석축	
59	용마산 5보루	경기도 구리시 아천동	316.3	110	테뫼식	석축	
60	용마산 6보루	서울시 중랑구 면목동	230	123	테뫼식	석축	
61	용마산 7보루	서울시 중랑구 면목동	250	40	테뫼식	석축	
62	홍련봉 1보루	서울시 성동구 구의동	125.1	117	테뫼식	석축	
63	홍련봉 2보루	서울시 성동구 구의동	126.3	179	테뫼식	석축	
64	망우산 1보루	경기도 구리시 아천동	280.3	35	테뫼식	석축	
65	망우산 2보루	경기도 구리시 아천동	281.7	120	테뫼식	석축	훼손
66	망우산 3보루	경기도 구리시 아천동	258.8	250	테뫼식	석축	훼손
67	시루봉보루	경기도 구리시 아천동	250	250	테뫼식	석축	
68	봉화산보루	서울시 중랑구 묵동	160	249	테뫼식	석축	
69	수락산 1보루	서울시 노원구 상계동	192.5	154	테뫼식	석축	
70	수락산 2보루	서울시 노원구 상계동	288	120	테뫼식	석축	
71	수락산 3보루	서울시 노원구 상계동	640.6	100	테뫼식	석축	
72	구의동보루	서울시 성동구 자양2동	53	46	테뫼식	석축	멸실
73	몽촌토성	서울시 송파구 방이동	44.8	2,285	구릉성	토축	
74	이성산성	경기도 하남시 춘궁동		1,932	포곡식	석축	
75	고봉산성	경기도 고양시 성석동		600	테뫼식	석축	
76	건등리유적	강원도 원주시 문막읍 건등리	77				주거지
77	대모산성	충북 진천군 진천읍 성석리	95	649	평산성	토축	
78	중원고구려비	충북 충주시 가금면 용전리					비석
79	남성골산성	충북 청원군 부용면 부강리		360	테뫼식	토축	
80	월평동산성	대전 광역시 서구 월평동	137.8	710	토축식	석축	

1 은대리성
2 강서리보루
3 고성산보루
4 무등리 1보루
5 무등리 2보루
6 우정리보루
7 당포성
8 광동리보루
9 아미리보루
10 호로고루
11 두루봉보루
12 덕진산성
13 조랑진보루
14 성동리산성과 마을유적
15 대전리산성
16 전곡리토성
17 아미성
18 육계토성
19 이잔미성
20 칠중성
21 태봉산보루
22 천보산 1보루
23 천보산 2보루
24 천보산 3보루
25 천보산 4보루
26 천보산 5보루
27 불곡산 1보루
28 불곡산 2보루
29 불곡산 3보루
30 불곡산 4보루
31 불곡산 5보루
32 불곡산 6보루
33 불곡산 7보루
34 불곡산 8보루
35 불곡산 9보루
36 도락산 1보루
37 도락산 2보루
38 도락산 3보루
39 도락산 4보루
40 고장산 1보루
41 고장산 2보루
42 독바위보루
43 큰테미산보루
44 작은테미산보루
45 소래산보루
46 사패산 1보루
47 사패산 2보루
48 사패산 3보루
49 국사봉보루
50 아차산 1보루
51 아차산 2보루
52 아차산 3보루
53 아차산 4보루
54 아차산 5보루
55 용마산 1보루
56 용마산 2보루
57 용마산 3보루
58 용마산 4보루
59 용마산 5보루
60 용마산 6보루
61 용마산 7보루
62 홍련봉 1보루
63 홍련봉 2보루
64 망우산 1보루
65 망우산 2보루
66 망우산 3보루
67 시루봉보루
68 봉화산보루
69 수락산 1보루
70 수락산 2보루
71 수락산 3보루
72 구의동보루
73 몽촌토성
74 이성산성
75 고봉산성
N
0 20km

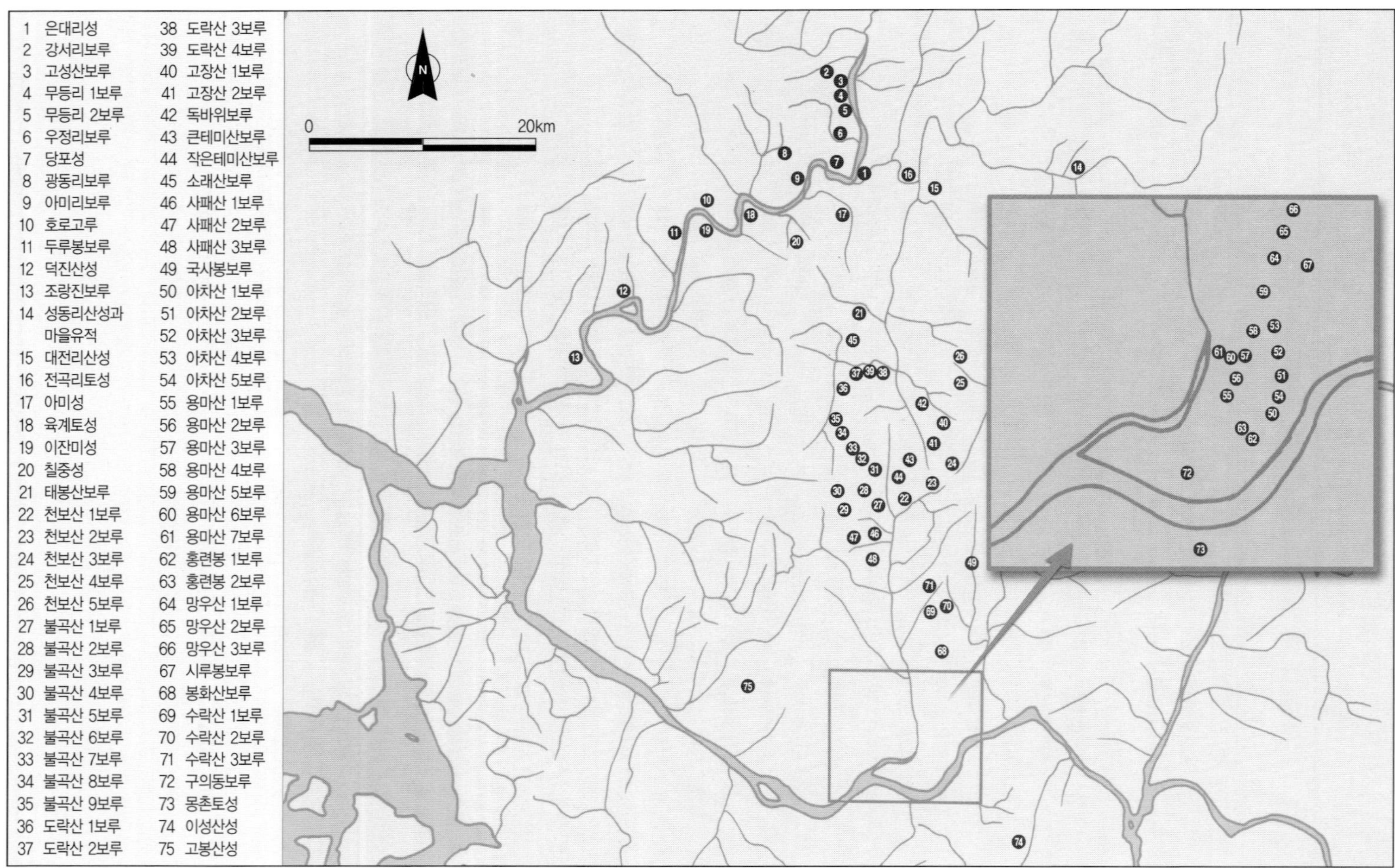

고구려 유적 배치도

Ⅱ 고구려 남진정책의 역사적 배경

1

고구려의 성립과 발전

《三國史記》에 따르면 고구려는 기원전 37년 시조 朱蒙이 건국했다고 전한다. 동명설화에 따르면 주몽이 부여방면에서 남하하기 이전부터 졸본지역에는 卒本扶餘나 召西奴集團 등 선주토착집단이 있었고, 주몽은 이들과 결합하여 세력을 확대하였다고 한다. 고구려 왕실의 입장을 반영하는 동명설화는 이러한 역사적 과정을 시조의 신적 권능으로 신비화하였지만, 고구려의 진정한 건국주체는 주몽집단이 아니라 그 이전부터 압록강 중류일대 각지에서 성장하고 있었던 선주토착집단이다.

고구려의 발상지로 전하는 渾江유역에서 鴨綠江 중류에 이르는 지역은 서북으로는 요동지역과 동으로는 동해안으로 통하는 동서 교통로상의 중간지점이다. 그리고 서남으로 황해, 남쪽으로 대동강·재령강 유역의 평야지대, 북쪽으로 松花江유역의 대평원지대나 遼河 상류방면의 초원지대로 통할 수 있다. 한편 이 지역은 흔히 "큰 산과 깊은 골짜기는 많고 넓은 들은 없어" 고구려인들이 "부지런히 농사지어도 식량이 충분하지 못했다."[28)]라고 했다. 그러나 압록강과 그 지류 禿魯江·慈城江·渾江 유역에는 충적지대가 곳곳에 형성되어 있으며 기후도 만주일대에서 가장 온난하고 강수량 또한 많아 농사를 짓기에 알맞은 환경을 갖고 있다.

---

28) 《三國志》권 30, 魏書 30, 烏丸鮮卑東夷傳 30, 高句麗.

고구려의 초기도읍인 오녀산성. 광개토대왕릉비에 보면 "시조 추모왕이 비류곡 홀본의 서쪽 산 위에 성을 쌓고 도읍으로 삼았다"고 했는데, 비류곡은 현재의 혼강 주변 계곡을, 홀본은 환인을 말한다.

이 지역 주민집단은 철기문화를 받아들여 적석묘를 축조하면서 주변 지역과 구별되는 독자적 문화를 형성하였다. 압록강 중류지역에는 기원전 3세기 중엽에서 기원전 2세기 초경 사이에 주변지역과 구별되는 주민집단이 형성되었고, 이들은 문헌자료상 기원전 2세기 후반경에는 '濊君南閭'·'句驪' 등과 같은 정치세력으로 성장하였다.

기원전 2세기 중엽에는 냇가나 계곡을 중심으로 那라고 불리는 지역 정치집단이 등장하였다. 那는 음이 奴·內와 통하고 川·壤으로도 기록되는데, 땅 또는 내·냇가의 평야라는 뜻으로 강가나 계곡에 자리 잡은 지역집단을 가리킨다. 나집단은 철기문화에 바탕을 두고 성장하였다. 기원전 3세기경부터 보급된 철기는 기존 사회에 많은 변화를 가져왔는데, 농업생산력 발달은 읍락별 공동체적 규제의 약화와 사회경제적 분화를 초래하여 계층화의 진전과 세력집단의 형성을 촉진하였다. 철제농공구의 보급에 따라 사회경제적 분화가 상대적으로 빨리 진전되었으며,

오녀산성에서 바라 본 비류하. 오녀산성은 비류하를 굽어 보며 고구려인의 기상을 전해주고 있다. 오녀산성 주변의 비류하는 천연적인 방어물 구실을 하고 있다.

오녀산성 동벽

특정세력이 철제농공구를 다량 보유하고 넓은 토지를 점유하여 읍락민의 노동력을 조직적으로 동원하면서 우세한 세력으로 성장할 수 있었다. 이들은 읍락민을 통제하는 한편 주변의 후진적인 지역집단을 장악하여 지역정치집단 곧 나국의 모체인 나집단으로 성장하였다.

그런데 기원전 2세기 중엽경 衛滿朝鮮의 압력과 함께 漢의 영향력이 압록강 중류일대로 뻗어왔다[29]. 이에 압록강 중류일대의 나집단들은 유력집단을 중심으로 결집하였는데, 이 연맹체의 중심지역인 압록강 중류일대의 나집단은 여전히 끊임없는 교류와 상쟁을 진행하였다. 나집단들은 대외적 결속보다 내적인 통합과 복속을 더욱 활발히 벌여 주변 요새지마다 '溝漊'나 '忽'이라고 불린 성을 축조하였으며, 여기에서 '句驪'라는 명칭이 생겨났다. 그리하여 압록강 중류지역의 주민집단은 대외적으로 예맥 혹은 예라는 일반적 명칭이 아니라 '구려'라는 특정한 명칭으로 불려지게 되었다.

이처럼 구려라는 명칭은 존재하였으나 기원전 1세기 후반까지도 이 지역 전체를 통괄하는 국가체제는 성립되지 않았다. 압록강 중류지역은 현도군이 설치되면서 압록강 중류지역은 漢의 직접적인 지배하에 들어갔다. 한군현의 일방적인 수탈로 토착사회에는 급격한 사회변화가 일었다. 현도군 설치 이후 압록강 중류일대의 나집단들은 다시 유력집단을 중심으로 결집하여 연맹체를 형성하고, 마침내 기원전 75년 현도군의 치소를 구려 서북의 蘇子河 방면으로 물리쳐 한군현의 직접적인 지배로부터 벗어났다[30]. 나집단은 현도군 축출을 전후하여 보다 확대된 정치집단으로 성장하였는데, 이들은 대체로 태조왕대의 朱那나 藻那와 같이 王이라는 정치적 수장에 의해 통솔되고 상당한 무장력도 갖춘 것으로 추정된다. 이 시기의 연맹체를 나국의 결집으로 이루어졌다는 의미에서 '那國聯盟體'라 한다.

---

29) 《史記》권 115, 列傳 55, 朝鮮.
30) 《漢書》권 7, 本紀 7, 昭帝 元鳳 6년 정월.
　　《三國志》권 30, 魏書 30, 烏丸鮮卑東夷傳 30, 東沃沮.

국내성 성벽. 국내성은 고구려의 두 번째 수도로 압록강변의 평지에 건설되었다. 현재 성벽을 따라 아파트 단지가 들어서 있으며 최근 세계문화유산 등록을 위하여 복원·정비되었다.

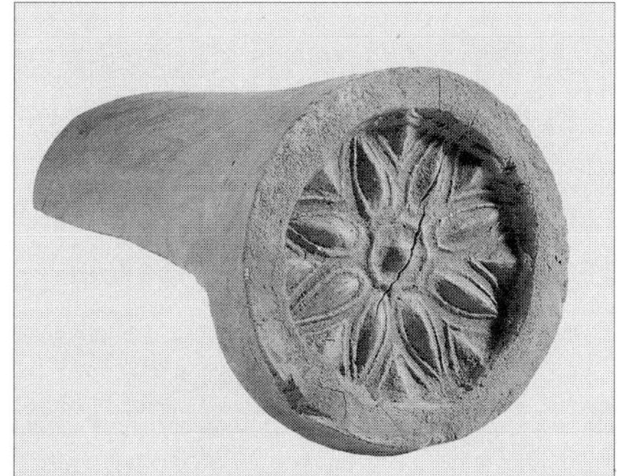

연화문와당. 집안지역 출토 / 뒷부분에 수키와가 그대로 달려 있는 매우 귀한 자료다.

기원후 2~4세기 전반에 이르는 시기동안 고구려는 주변의 크고 작은 정치체를 통합하면서 성장하였다. 처음에는 桓仁일대의 消奴集團이 나 국연맹체의 맹주권을 장악하였다[31]. 그러다가 부여계 유이민 집단인 주

---

31) 소노집단이 현도군 설치 이전부터 맹주세력이었을 가능성도 있다. 한편 주몽집단이 현도군 축출 을 주도하였다고 보는 견해도 있다

몽집단이 沸流水(渾江)의 卒本지역에 들어와 김西奴·毛屯谷 등 토착집단과 연합하여 세력을 확대함으로써 소노집단과 맹주권을 놓고 다툴 정도로 성장하였다. 결국 주몽집단이 토착집단과의 연합을 통해 소노집단을 누르고 나국연맹체의 맹주로 등장하였다[32].

새로운 연맹주로 등장한 주몽집단 곧 桂婁集團은 강력한 군사 조직력을 바탕으로 독자적인 세력집단에 대한 통제를 강화하였다. 계루집단은 국내천도 이후 나국 이상의 독자적 정치세력을 해체시켜 강력한 세력기반을 확보하였다. 이를 바탕으로 다른 정치세력에 대한 통제력을 강화하고, 한군현의 분리통제책에 강력하게 대응하였다. 압록강 중류일대의 주민집단은 계루부와 그의 통제를 받는 몇몇 하부단위정치체로 편제되기에 이르렀다.

이처럼 고구려는 기원전 3~2세기 초 이래로 여러 단계를 거쳐 국가적 성장을 이루었다. 고구려는 철기보급 이래 나집단의 성장과 통합이라는 긴 연속선상에서 국가로서의 모습을 드러냈다.

이후 계루부 왕권이 성장하면서 각 나부 사이의 우열이 심화되고 方位部 세력이 새롭게 등장하였다. 3세기 중·후반에 이르러 농업생산력의 발달과 계층분화로 인하여 각 나부는 자치권을 상실하고 중앙귀족화되었으며 나부의 지역도 谷·村 이라는 행정구역으로 편입되었다. 이에 따라 중앙의 관료조직이 발달하고 왕은 이들 관료들을 초월한 太王으로 격상되기에 이르렀다. 3세기 중·후 반경 나부체제가 해체되면서 집권적 국가체제의 단초가 열렸다. 4세기 전반 고구려의 급격한 대외팽창은 중국이 5胡16國시대라는 국제적 상황과 함께 새로운 집권적 국가체제를 바탕으로 강력히 추진될 수 있었다. 그렇지만 이 시기의 집권적 국가체제는 아직 초보적인 성립단계였으며 제도적으로 완비되지 않았다. 집권

---

32) 연맹주의 교체시기에 대해서는 동명왕대설, 유리왕대설, 태조왕대설 등이 있다.

적 국가체제는 율령반포를 비롯한 小獸林王代의 일련의 체제정비를 통하여 비로소 제도적으로 완비되었다.

소수림왕은 사회의 변화와 발전을 적극적으로 반영하는 새로운 체제로 정비해 나가기 시작했다. 바로 그러한 작업의 일환으로 소수림왕은 재위 2년(372)에 불교를 도입하고 太學을 설립하였다. 불교를 도입함으로써 전진과의 우호관계를 유지했으며, 北朝불교의 호국사상을 받아들여 전국민이 공통적으로 받아들일 수 있는 고차원적이고 보편적인 신앙체계이면서 국왕 중심의 호국불교체제를 마련하였다.

한편 태학은 국가차원에서 유교적 정치이념에 충실하고 그 정치제도의 운영에 능숙한 인재를 키우고자 창설한 교육기관이다[33]. 중앙집권적 정치제도에 적합한 관리를 양성하여 확대된 영토와 복잡다양한 성격의 내부 구성원들을 체계적으로 통치할 필요가 있었기 때문이다. 또한 태학설립은 유교정치이념을 도입하고자 하는 고구려 왕실의 적극적 의지의 표현으로 볼 수 있다.

본격적인 체제정비는 재위 3년(373)에 행해진 율령반포를 계기로 이루어졌다. 다양해진 국내의 구성원들을 통치하기 위해서는 기존의 관습법만으로는 효과적인 지배가 어렵게 된 상황이었다. 이에 따라 고구려는 발전된 중국의 율령을 받아들여 체제정비를 도모하게 되었다. 나부체제의 해체 이후 진행된 여러 분야에서의 변화를 수용하여 중앙집권적 지배체제의 기준을 마련하고 이를 율령으로 법제화함으로써 변화된 사회상황에 보다 체계적으로 대처할 수 있었다.

광개토왕과 장수왕대를 거치면서 이룩된 고구려의 급속한 발전은 바로 율령정치의 성과물이라고 할 수 있다. 이러한 고구려 율령제는 이후 정치, 사회적 성장에 따라 몇 차례의 변천과정을 거치면서 더욱 발전되어 갔다.

---

33) 盧重國, 〈高句麗律令에 關한 一試論〉, 《東方學志》21, 1979, 110쪽.

2
체제정비와 영토확장

    4세기 후반에서 6세기에 걸쳐 고구려의 영역은 크게 확장되어 서로는 遼河유역, 동으로는 연해주 남단, 북으로는 松花江유역, 남으로는 한반도 중남부 일대를 차지하게 되었다. 고구려가 4~6세기에 이르러 영역을 급속히 확장시켜 나갈 수 있었던 배경은 왕권 중심의 집권력의 성장과 국제정세의 변화라고 하는 두 가지 측면에서 찾을 수 있다. 특히 美川王~小獸林王대에 행해진 일련의 시책은 중앙집권적 지배체제의 정비를 뒷받침하는 획기적인 계기가 되었다. 한편 고구려와 접하고 있던 요동

광개토대왕비

광개토대왕비(1920년대)

지방에 대한 晉의 통제력이 약화되자, 고구려는 요동지방으로의 진출을 모색하였다. 이와 같은 내외적인 상황 속에서 고구려는 廣開土王~長壽王대에 강력한 왕권의 확립과 함께 비약적인 영역의 확대가 가능할 수 있었다.

고구려의 한반도 진출은 낙랑과 대방군의 축출과 그 옛 땅에 대한 지배력을 확고히 한 뒤에 가능하게 되었다. 광개토왕대인 5세기 초를 경계로 하여 두 군현 옛 땅에 있던 토착세력들의 정치·사회적 질서체제가 완전히 해체되었다. 이 같은 사실은 德興里 壁畵古墳에서 볼 수 있는 고구려 고유의 연호기년(永樂) 채택과 고구려의 관직 사용 등의 사실을 통하여 짐작할 수 있다. 낙랑, 대방군 지역의 토착세력에 대한 복속을 완료한 이후 광개토왕에 의한 대백제진출 정책을 본격적으로 추진할 수 있게 되었다.

《三國史記》에 따르면 고구려와 백제 양국관계는 고국원왕 39년(369)에 이르러서야 나타나고 있다. 이 해에 고구려가 2만 명의 병력을 동원하여 백제의 雉壤(白川)을 공격하였던 것이다[34]. 그러나 백제 近肖古王의 반격을 받아 오히려 水谷城(新溪 부근) 북방까지 후퇴할 수밖에 없었다[35]. 고구려는 고국원왕 41년(371) 재차 백제를 공격하였으나 또 다시 패배하고 평양성에서 고국원왕이 전사하는 참패를 당하였다[36]. 이로써 백제는 한강유역이 배타적 안전지대임을 확인하는 한편, 경기도를 지나 황해도 지역에까지 그 영토를 넓힐 수 있게 되었다. 고구려에 대해 승기를 잡은 백제는 근초고왕 26년(371) 마침내 3만 대군으로 고구려의 평양성을 공격하였다. 평양성 전투는 고국원왕을 죽이고 물러나는 선에서 정리되었지만, 고구려에 대한 백제의 군사적 우위만큼은 분명하게 과시

---

34) 《三國史記》권 18, 高句麗本紀 6, 고국원왕 39년.
35) 《三國史記》권 24, 百濟本紀 2, 근구수왕 즉위년.
36) 《三國史記》권 18, 高句麗本紀 6, 고국원왕 41년.

태왕릉

태왕릉 출토 연화문와당

할 수 있었다.

그러나 고구려에 대한 백제의 군사적 우위는 그리 오래가지 못하였다. 근초고왕이 재위(346~375)하던 무렵의 십여 년에 한정된 일시적 강세였다고 표현해도 지나치지 않을 정도로 그 기간은 매우 짧았다. 당장 근초고왕 30년(375)에 일어난 사건만 보더라도 고구려가 백제의 군사거

장군총

점인 水谷城을 빼앗자 즉시 반격에 나섰으나 실패하였다. 이후 近仇首王 3년에 왕이 직접 3만명의 군사를 거느리고 고구려의 평양성을 공격하였지만, 별다른 성과를 거두지 못하고 고구려의 반격만 부르게 된다.

한편 4세기 종반에 접어들면서 이제껏 큰 성과를 올리지 못했던 백제 방면으로의 진출은 외교관계의 변화와 더불어 상황이 바뀌게 되었다. 즉 우호관계를 유지해오던 백제·신라간의 관계가 백제 禿山城主의 신라 도망사건을 계기로 하여 갈등을 빚게 되었고[37], 새로이 고구려 신라 간의 우호관계가 성립되었다. 이러한 변화가 고구려의 대백제공략전에 유리한 요소로 작용하였다. 광개토왕은 즉위하면서부터 백제 공격에 나섰다. 《三國史記》에 따르면 즉위 원년(391) 7월에 4만 명의 군대를 이끌고 백제를 공격하여 石峴城 등 10여 성을 탈취하였고 10월에는 백제의 요충지인 關彌城을 공격·함락시켰다. 이에 대응한 백제의 반격 또한

---

37) 《三國史記》권 3, 新羅本紀 3, 내물이사금 18년.

대성산성 남문 발굴지

대성산성 남문

대성산성 남문 표지석

만만치 않았으나 고구려의 군사적 우세가 지속되는 상황이었다. 이 당
시 양국의 국경선은 임진강·예성강부근이었던 것으로 추정된다[38]. 이

---

38) 孔錫龜, 《高句麗 領域擴張史 硏究》, 서경문화사, 1998, 213쪽.

안학궁성 건물지

후 광개토왕은 즉위 6년에 水軍을 이끌고 백제를 공격하여 阿利水(한강)를 건너 백제왕성을 공격하니, 백제 阿莘王은 남녀 1천 명과 細布 1천 필을 바치고 "앞으로는 영원히 고구려의 奴客이 되겠다"라고 맹세하였다. 이 정벌전에서 광개토왕은 58城 700村을 취하고 백제의 王弟 · 大臣 10여 인을 이끌고 돌아오는 대전과를 거두었다.

이후 수차례의 교전을 통해 패전을 거듭하던 백제는 475년 마침내 수도 한성을 잃고 말았다. 광개토왕을 이은 장수왕은 수도를 평양으로 옮기고 강력한 남진정책을 추진하였다. 장수왕은 북위와의 우호관계를 추진하여 관계가 안정되자 백제에 대하여 재차 적극적인 공세를 취할 수 있었다. 고구려 조정의 남진정책에 대한 적극적인 표현으로 나타난 평양천도는 백제와 신라에게 위협이 되었고, 백제는 이 난국을 타개하기 위하여 신라에 사신을 파견하는 등의 노력을 기울인 결과 신라와 우호관계를 맺는데 성공하였다[39]. 양국은 공동의 적이 된 고구려를 견제하기 위하여 연합을 추진하였으니 이것이 바로 '나제동맹'이다. 또한 백제는

안학궁성 남벽

안학궁성 남벽과 수구

안학궁성 초석

중국과의 외교관계를 통하여 고구려에 대한 봉쇄전략을 추진하였다. 백제 蓋鹵王은 북위에 국서를 보내어 고구려의 남침에 따른 군사원조를 요청하였으나 별다른 성과를 얻지 못하였다. 이는 오히려 고구려를 자극시켜 장수왕은 63년(475) 9월에 3만 명의 고구려군이 백제를 공격하게

---

39) 盧重國, 〈高句麗・百濟・新羅 사이의 力關係 變化에 대한 一考察〉, 《東方學志》28, 1981, 71쪽.

평양성 대동문 전경

되는 원인을 제공하였다.

고구려는 한강유역을 공략하는 데 그치지 않고 이 지역을 영토화하려 하였으므로 백제는 수도를 남쪽인 공주로 옮기지 않을 수 없었다.《三國史記》에 의하면 고구려가 침입하자 왕자인 文周는 신라에 구원병을 요청하러 갔다 돌아오던 도중 한성이 함락되었다는 소식을 듣고 급히 도읍을 熊津(지금의 충남 공주)으로 옮겼다고 한다. 고구려는 숙원이던 한강유역을 확보하고[40] 이를 기반으로 하여 남양만에서 충청도 북부지역에까지 영토를 넓히게 되었다.《三國史記》地理志를 보면 한강 이남의 경기도 및 충청남북도 일부지역을 고구려의 영토로 기록하고 있다. 즉 경기도 여주·안성 및 화성군 일대와 충청북도 진천·음성·괴산·충주 그리고 충청남도 직산 등이 포함되어 있다. 이들 지역에 대한 고구려의 지배는 6세기 초반까지 지속되었다.

---

40) 申瀅植,《韓國古代史의 新研究》, 一潮閣, 1986, 260~282쪽.

고분벽화를 바탕으로 재구성한 고구려의 성곽

　한성을 손에 넣은 고구려는 이에 그치지 않고 지금의 서울을 중심으로 한강 하류 지역 전체를 장악한 다음, 그 기세를 타고 남한강 지역까지도 단숨에 정복하였다. 충북 충주에서 발견된 中原高句麗碑는 5세기 중반 고구려의 영토가 소백산 일대까지 확장되었으며 한강 유역 전체가 고구려의 행정구역으로 편제되었음을 보여준다. 그러나 고구려가 이 지역에 무엇을 설치하고 어떻게 통치하였는지에 대해서는 기록이 부족하여 자세히 알 수 없다. 다만 지금의 서울 일대를 南平壤이라고 불렀다는 기록을 통해, 당시 고구려가 한강 유역을 전략적 요충지로 인식하였음을 알 수 있다. 특히 고구려의 남한강 일대 점령은 신라로 들어가는 첩경을 마련했다는 점에서 남한강 유역은 고구려와 신라관계에서 중요한 무대가 된다. 고구려는 신라에 직접적인 영향력을 행사하였고 소백산맥이라는 자연적인 방어선에 의해 보호받고는 있었으나 이 시기의 신라는 고구려의 부용국 수준으로 전락하는 운명을 맞이하게 되었다. 고구려는 백제와 신라 연합에도 불구하고 이들 양국의 북부 교통로를 차단하기 위하여 충청북도 중부 내륙지방까지 장악하였는데 이러한 상황은 5세기 말~6세기 초까지 지속되었다.

이로써 고구려는 5세기 중반에서 후반에 이르기까지 동쪽과 북쪽으로는 북부여 및 동부여지역을 정복하고 거란 및 숙신지역에 영향력을 행사하였으며 서쪽으로는 요동지역을 영토화하였다. 또한 남쪽으로는 백제와 신라를 공격하여 한강유역 및 충청도 북부지역과 소백산맥 이남의 영일만에 이르는 지역까지 넓은 영토를 차지하기에 이르렀다.

3
군사적 배경

고구려는 한때 동아시아 최강의 군사력을 자랑하였으며, 중국의 남조와 북조 및 유연과 함께 동아시아의 국제질서를 좌우하는 4강의 대열에 들게 되었다. 건국 초기부터 강력한 군사력을 바탕으로 주변의 부족들을 복속하고 요동지역을 확보하였고, 한국 고대사상 최대의 전쟁으로 기록된 수·당과의 전쟁도 승리로 이끌 수 있었다.

고구려는 일찍부터 군사조직이나 군사동원체계를 잘 갖추었으리라 짐작된다. 그런데 초기 고구려의 국가체제는 자치권을 갖는 那部의 연맹체제였기 때문에, 군사조직에 있어서도 각 나부가 군사조직의 단위가 되었을 것이다. 그러나 4세기에 들어 나부체제가 해체되고 왕권에 의한 집권력이 강화되면서 제가들이 통솔하는 那部兵들도 점차 왕권 아래의 군사조직 내로 편제되었다. 아울러 대외정복활동이 확대되면서 이제는 소국 단위의 전쟁이 아니라 중국세력이나 백제 등과 대결하는 국가적 규모의 전쟁이 치러지게 되었다. 따라서 소규모 전사 집단에 의존하는 초기 형태는 지양되고 전주민을 대상으로 하는 국가 차원의 병력 동원 체제를 갖추지 않으면 안됐다. 고구려 후기의 군사조직은 중앙 군사조직과 지방 군사조직으로 나누어 볼 수 있다. 중앙 군사조직으로는 수도의 5部 조직이 있으며 여기에는 일정 수의 군사가 배치되어 수도의 방위 임무를 담당하였을 것으로 추정된다.

지방 군사조직은 지방 행정조직과 하나의 체계로 짜여졌다. 지방관은 해당지역 지방군을 통솔하는 역할을 동시에 가졌으며 고구려 후기의 지방 행정조직은 그대로 지방군의 편제 조직으로 기능하였다. 본래 城은 군사적 방위시설물로서 이러한 성을 행정단위로 편제할 때에는 자연히 지방통치제의 군사적 성격이 강조될 수밖에 없었을 것이다. 고구려는 성단위의 개별 방어망을 구축하는 전략을 고수했기 때문에, 지방 행정조직이 군사조직과 일치했다.

성곽을 중심으로 한 방어체계는 다시 왕이 살고 있는 都城을 중심으로 한 도성방어체계와 외곽방어체계로 나눠진다. 도성방어체계는 평지의 도성과 배후의 산성으로 구성되며, 외곽방어체계는 도성지역을 중심으로 한 최종 방어선 외곽에 배치된 방

집안지역 출토 용면문와당

환도산성 남벽

어선으로 중요 교통로상의 요충지에 성곽을 쌓아 방어선을 구축하고 있다.

실제로 국내성기의 방어체계를 보면 국내성을 중심으로 동심원을 그리며 2차 · 3차의 외곽방어선이 배치되어 있고, 3차 방어선의 밖에는 주요 강을 따라 몇 개의 축선상 방어선이 구축되어 있다. 고구려는 산성을 중심으로 한 성곽방어체계를 구축하였는데, 전략적 요충지에 성곽을 쌓아 방어시설을 설치함으로써 적은 인원으로 많은 적을 막아낼 수 있었다. 현재 중국의 동북지방과 북한 지역에서 170여 개소가 넘는 많은 수의 고구려 성곽이 조사되었다. 그리고 경기 북부지역에 한정해도 한강유역 공략과 방어를 위한 70여 개소의 군사시설물이 확인되었다.

고구려의 성곽은 크게 平地城과 山城으로 나누어 볼 수 있다. 평지성은 평지에 축조되어 평상시에 지배층이나 주민이 거주하는 공간으로 기능하였으며, 산성은 험준한 지세를 이용하여 축조되어 외적의 침입시에 주위의 주민이 入堡하여 항쟁하는 방어성으로서의 기능이 위주였다. 이

환도산성 왕궁지

산성하고분군

외에 교통로의 요충지에 해당하는 협곡에 쌓은 차단성이나 높은 산정에 설치되어 군사적 조망과 봉수대의 기능을 하는 보루성도 산성의 일종이라고 할 수 있다.

고구려의 산성은 험준한 자연 지세를 이용하여 축조되었기 때문에 지형에 따라 그 형태가 일정치 않으나, 크게 포곡식 산성과 테뫼식 산성으로 구분된다. 포곡식 산성은 계곡을 성안에 끼고 산능선을 따라 성벽을 쌓아 3면은 높고 한 면이 낮은 형태가 많으며 대체로 규모가 크다. 테뫼식 산성은 산정상부를 둘러싸고 성벽을 두른 것으로 규모가 작고 주로 군사적인 목적으로 축조되었다. 그리고 이 양자를 혼합한 형태도 있다.

성벽을 축조한 재료로는 석축이 기본이며, 그 외 토축과 토석혼축이 있다. 석축 성벽의 축조방식을 보면, 장방형 또는 장방형의 4각추모양으로 돌을 다듬어 쌓아 올리되, 기초 부분을 견고하게 하기 위하여 5~10단 정도는 계단식으로 안으로 들여쌓고 그 위에 수직으로 성벽을 구축하였다. 산성의 경우는 경사진 곳에 성벽을 축조하기 때문에 성벽의 바깥쪽은 다듬은 돌로 쌓고 안쪽은 돌과 흙을 다져넣은 외탁방식을 사용하였으며, 계곡이나 중요한 부분은 성벽 안팎을 모두 돌로 쌓아 올린 내외협축방식으로 축조하였다. 평지성의 경우는 성벽 전체를 협축으로 쌓았다.

토축성은 그 수가 많지 않은데, 요녕성 해성의 영성자산성(안시성), 심양의 탑산산성(개모성) 등은 흙을 층층이 다져 쌓았고, 무순의 고이산성(신성), 길림의 용담산성은 흙과 돌을 섞어서 쌓았다. 개현의 고려성산산성(건안성) 등은 토축과 석축을 적절히 혼합하여 구축하였다. 성의 방어력을 강화하는 성벽 시설물로는 성문·옹성·치·여장·각루 등이 설치되고, 성안에는 장대와 우물·봉수대·창고·병영 등이 설치되었다.

이와 같이 고구려의 산성은 험준한 지세를 이용하고 다양한 방어 시설물을 갖추고 있기 때문에 공략이 쉽지 않아, 당의 침략시에 "고구려는 산에 의지하여 성을 쌓고, 성을 잘 지키기 때문에 쉽게 항복시킬 수 없다"고 평가하고 있다[41].

산성에 의지하여 지역을 방어하던 고구려인들에게 군사적인 소양은 필수적인 것이었다. 그 가운데에서도 守城戰에 유용하게 활용되는 활쏘기는 중요한 덕목이었다. 활쏘기를 강조하던 고구려 군사훈련의 대표적인 제도는 수렵행사였다. 시조 朱蒙의 이름이 '활을 잘 쏘는 사람' 이라는 뜻이라는 점에서도 짐작할 수 있듯이 초기부터 고구려왕은 잦은 수렵행사를 통하여 자신의 군사적 능력도 함양하고 군사훈련도 겸하였다. 아울러 수렵에서 잡은 동물을 희생으로 바치고 하늘과 산천의 神에 대한 제사를 지냄으로써, 수렵은 종교의례적인 기능도 동시에 가졌다. 이러한 국가적 행사 이외에도 고구려 귀족들은 평소 수렵을 즐겨 이를 통

---

41) 《三國史記》권 22, 高句麗本紀 10, 보장왕 6년.

무용총 수렵도

해 말타기와 활쏘기를 연마하였다. 이는 고분벽화에 많이 보이는 狩獵圖에서 엿볼 수 있다.

미성년자의 교육기관인 扃堂도 군사훈련의 중요한 장이었다. 평민들의 자제들은 이 곳에서 글을 읽고 활쏘기를 익혔다[42]. 또 매년초에는 대동강에서 왕의 관전 속에 두 패로 나뉘어 石戰행사를 벌이기도 하였다[43]. 그리고 고구려 고분벽화에 수렵도를 비롯하여 씨름도와 手搏圖·弓師圖·戰鬪圖 등도 자주 나타나는 것으로 보아 전반적으로 상무적 기풍이 융성하였음을 알 수 있다.

본격적인 군사훈련으로는 閱兵과 行列을 실시하였다. 열병은 연개소문이 정변을 일으키기 위해 대신들을 불러모아 놓고 평양성 남쪽에서 사열을 한 사실에서 짐작할 수 있다[44]. 또 고분벽화의 행렬도에서는 당시 군대의 조직과 병종을 엿볼 수 있다.

---

42) 《舊唐書》권 199 下, 列傳 149, 高麗.
43) 《隋書》권 81, 列傳 46, 高麗.
44) 《三國史記》권 49, 列傳 9, 蓋蘇文.

안악3호분 행렬도. 바퀴달린 수레에 앉은 묘주가 보이고 주변에는 아랫사람들로 보이는 긴 행렬이 따르고 있다.

　고구려의 군사는 보병과 기병으로 대별된다. 이들은 무장상태에 따라 세분되는데, 기병이 보병에 비해 무장 비율이 높은 편이며, 보병과 기병의 비율은 3:1정도로 보병이 훨씬 많은 숫자를 유지하였던 것으로 추정된다.

　고구려가 삼국 중에서 가장 강한 군사력을 보유하였던 것은 주지의 사실이며, 특히 5세기대 고구려는 동아시아 최강의 군사력을 자랑하였다. 그리고 이런 군사력은 고구려인의 호전성과 상무정신, 淸野守城으로 대표되는 군사전술, 강력한 기마군단의 운용 등을 밑바탕으로 발전하였다고 할 수 있다.

　고구려 병기 발달의 시기의 구분은 형성기, 발전기, 확립기로 나눌 수 있다. 형성기 전기에는 고조선계의 병기체제를 발전시켰던 것으로 보이며, 형성기 후기에는 중국계 병기의 영향과 고구려만의 독특한 弓矢文化의 시작이 관찰된다. 발전기 전기에 고구려의 독특한 병기체제가 이루어지고 낙랑의 멸망을 계기로 하여 신라·가야지역으로 병기체계가 전파되어 삼국이 비슷한 병기체제를 갖추게 되는 요인이 되었다. 확립기가 되면 고구려는 선진화된 중국병기의 제작기술과 운용을 적극적으로 수용하여 한층 발전하게 된다.

고구려의 병기는 遠射兵器와 接戰兵器로 크게 구분할 수 있다. 접전병기는 다시 장병기와 단병기로 구분되는데, 원사병기는 弩와 弓, 장병기는 戟과 鉾, 단병기는 刀劍과 戰斧로 세분된다.

형성기의 유물로는 短兵器는 기원후 1세기 초엽까지 검이 주로 사용하였으나 1세기 중엽부터 刀가 등장하였던 것으로 추측된다. 刀는 1세기 중엽부터 사용되기 시작하였다고 파악된다. 철모는 이 단계부터 이미 長槍인 矛을 사용했던 것으로 생각된다. 왜냐하면《三國史記》고구려본기에 보이는 "長矛"의 존재는 장창의 사용을 간접적으로 말하고 있으며 이미 이 단계에 기마전이 성행하고 있었던 사실은 기마용 창인 矛의 사용 가능성을 시사하고 있기 때문이다. 원사병기는 錐形鏃이 주로 확인되며, 한의 영향을 받은 것으로 판단된다. 형성기 후기에 들면서 無環頭大刀와 素環頭大刀로 대표되는 도검류와 함께 유관직기형 장공식 철모, 유엽형 · 능형 · 검신형 · 착두형의 촉두를 지닌 無頸有莖式 철촉이 조합을 이루어 고구려적인 특징이 나타나기 시작한다. 마구에는 긴 인수를 지닌 彎가 등장한다.

발전기에는 無環頭大刀 · 素環頭大刀로 대표되는 刀劍類, 燕尾有關形 長翌式 鐵鉾와 錫盤附鐵鉾 및 長頸柳葉形 · 鑿頭形 · 劍身形 등으로 구성된다. 마구는 鐙子의 사용이 가장 특징이라 할 수 있으며, 갑주는 기병전에 적합한 찰갑이 중심을 이루게 된다. 후기에 이르러 도검은 素環頭大刀와 三葉文環頭大刀가 주류를 이루며, 크기도 병종과 용도에 따라 대 · 중 · 소로 구별된다. 기병용의 창인 長槍은 적어도 길이 250~300cm로 길어지며 보병용의 창은 200cm 정도로 짧은 것이 일반화되어 고구려의 가장 기본적인 병기가 된다. 갑옷은 札甲과 가죽갑옷으로 구분되는데 札甲이 압도적으로 많았다. 그리고 용도상으로는 보병

통구12호분 벽화에는 투구를 쓰고 갑옷을 입은 고구려 장수의 그림이 있다. 못이 달린 신을 신은 그가 적장의 칼을 밟고 목을 베려는 순간을 사실적으로 표현하였다.

숫돌. 은대리성에서 출토된 숫돌의 표면에는 십자형의 홈이 파여 있는데 이는 화살촉이나 창끝을 갈기 위한 것으로 여겨진다.

환두대도

삼실총에 그려진 공성도에는 개마무사의 전투가 재현되어 있다. 기세가 올라 공격하는 무사와 꽁지가 보일새라 달아나는 적의 모습이 무척 대조적이다.

용과 기병용으로 분화된다. 보병용은 갑옷저고리만 있는 경우가 대부분이고. 기병용은 목도리가 있고 소매가 손목까지 오는 갑옷저고리와 발등까지 오는 긴 갑옷바지를 갖추고 있다. 말에도 갑옷을 입혀 네 다리를 제외한 몸통전체에 馬甲을 입히고 머리에는 馬面甲을 씌웠다. 이를 통해 고구려의 중무장기마병은 인마가 찰갑으로 완전히 무장한 상태로 전투에 임하였던 것을 알 수 있다.

확립기에 해당되는 유적으로는 구의동보루, 아차산 4보루, 요녕성 무순 고이산성, 심양 석대자산성 등이 대표적이다.

刀는 구의동보루에서 출토된 無環頭大刀 2점, 고이산성에서 환두대도 1점이 대표적이다. 전자는 잔존길이는 68.3cm, 67.9cm에 달하며 刀身 전면에 목질이 부착된 점으로 미루어 목제 칼집에 넣어졌던 것으로 보여진다. 후자는 칼코인 鐔이 부착된 환두대도로 길이 75cm이다. 손을 보호하기 위한 鐔이 있다는 점에서 이전 시기의 대도와는 기능적으로 차이가 있다.

한편, 도검과 함께 단병기로 분류되는 戰斧로 추정되는 도끼는 현재까지 아차산 4보루 6점, 구의동보루 4점, 고이산성 1점 등 총 11점이 확인되었다. 戰斧의 비율이 전시기에 비해 폭발적으로 증가하는 점 때문에 이 시기에 근접전이 새로운 전투방식으로 성행하였을 가능성이 제기되고 있다. 철모는 경량화 · 소형화로 특징 지워지며 鐵鏃은 길이가 23~25cm에 달하는 超長頸柳葉形이 주류를 이룬다. 이는 구의동보루에서 1,300여점이 출토된 것을 비롯하여 아차산 4보루, 고이산성, 石台子山城 등에서도 확인된다. 이처럼 산성에 한정되어 출토되고 있으므로 공 · 수성용에 적합한 장궁에 사용된 화살촉이었다고 판단된다.

한편, 연천 무등리 2보루에서 수습된 길이 21cm, 촉신부의 길이 15.5cm, 무게 75g에 달하는 대형철촉은 백제의 부소산성에서 확인된 대형철촉처럼 1,000보를 날릴 수 있는 고구려의 쇠뇌로 추정되었다. 이 시기 고구려 병기체계에서 변화는 攻守城用兵器의 발달을 들 수 있다. 이는 抛車와 弩의 사용에서 확인된다. 抛車에 관하여《三國史記》에는 新羅 太宗武烈王 8년(661)에 고구려 장군 惱音信이 述川城을 공격하다가 이기지 못하고 옮겨서 北漢山城을 치는데 抛車를 벌려 놓고 돌을 쏘아대니 돌에 맞는 대로 성가퀴와 집이 무너져 내렸다는 기사가 있다. 이 기사를 통하여 고구려가 공성용 병기로 투석기인 포차를 사용하였던 점을 알 수 있다. 뿐만 아니라 수성에서는 그리고 수성에는 주로 弩를 사용하였던 것으로 판단된다[45].

고구려 군의 규모는 시기별로 차이가 많은데, 1·3세기대에는 대체로 수천명에서 2만 명 전후로 나타나고 있다. 구체적으로 2세기의 병력동원 규모는 1만 명을 넘지 못하며, 3세기 중엽경에는 2만 명으로 늘어난다. 4·5세기 대에는 국가의 지배체제가 확립되고 왕권이 강화되면서 병력동원체계가 발달하여 4~5만 명의 병력이 동원되고 있다. 이들 군대의 병종별 구성과 부대 편제에 대해서는 자세히 알기 어려우나 고구려의 최소부대단위로 밝혀진 구의동보루의 경우 10여 명이 주둔하고 있었으며, 상급단위인 아차산 4보루에서는 100여 명이 주둔하였다. 또, 아차산 일원에는 이러한 보루가 14개 가량 분포하고 있으므로 이미 파괴된 유적을 감안한다면 1,500~2,000여 명이 그 다음 상급단위부대를 구성한 것으로 추정된다[46].

고구려군의 주력은 육군이었으나 수군도 상당히 강력했던 것으로 보인다. 본격적인 수군의 활동은 고구려가 낙랑군지역을 차지한 후로서,

---

45) 金性泰,〈高句麗 兵器(1)〉,《文化財》26, 文化財管理局, 1993.
_______,〈高句麗 兵器(2)〉,《文化財》27, 文化財管理局, 1994.
_______,〈高句麗 兵器(3)〉,《文化財》28, 文化財管理局, 1995.
_______,〈三國時代 刀劍의 形態〉,《仁荷史學》8, 仁荷史學會, 2000.
46) 서울대학교 박물관,《특별전 고구려-한강유역의 고구려 요새》, 2000, 31~32쪽.
   최종택,〈京畿北部地域의 高句麗 關防體系〉,《高句麗 山城과 防禦體系》, 고구려연구회, 1999.

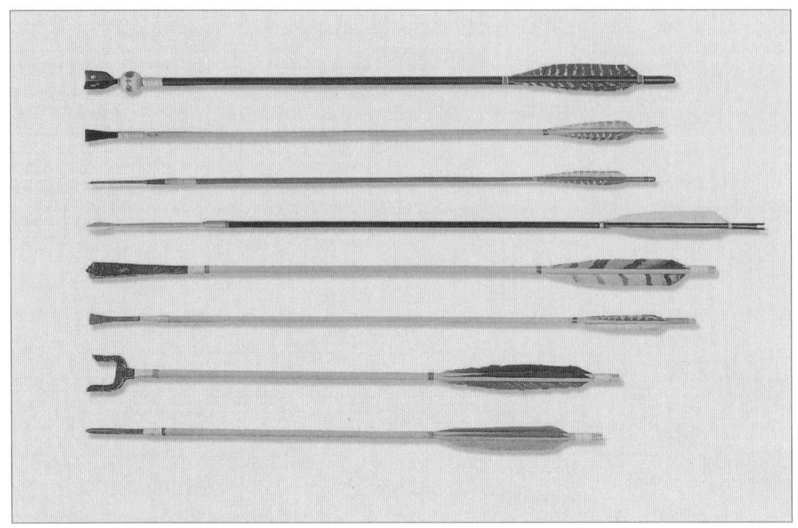

고구려 화살(영집 유영기 선생 복원)

이 지역의 해상세력을 기반으로 수군을 편성하였을 것으로 짐작된다.
그리하여 광개토왕 6년(396)의 백제 정벌전에서는 수군을 동원하여 한성
을 공격한 바 있으며, 고구려 후기에는 황해 연안로를 장악하여 백제와
신라가 고구려의 방해로 사신을 보낼 수 없다고 당에 탄원할 정도로 강
성하였다[47].

---

47) 《三國史記》권 20, 高句麗本紀 8, 영류왕 9년.
　　고구려의 해상활동은 尹明喆, 《高句麗 海洋交涉史 研究》, 成均館大學校 博士學位論文, 1993, 참조.

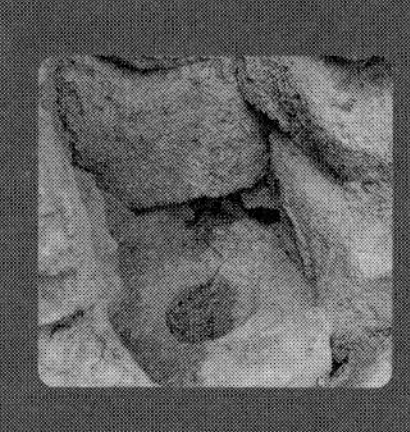

Ⅲ 임진강·양주 일대의 고구려 유적

1. 임진강유역의 고구려 유적

2. 양주분지 일대의 고구려 유적

1

임진강유역의 고구려 유적

함경남도 마식령에서 발원하여 서남쪽으로 남류하는 임진강은 추가령구조곡을 사이에 두고 마식령산맥과 마주한다. 임진강은 남쪽으로 흐르다가 차탄천·한탄강 등과 합류하고 적성 부근에서 서남쪽으로 유로를 바꾸어 한강과 만나 황해로 흘러든다. 한탄강과 임진강은 용암대지로 깊게 패여 협곡을 이루며 곳곳에 현무암의 단애부가 발달해 있어 자연적인 경계면을 이룬다. 수량이 비교적 풍부하여 한국전쟁 이전에는 고랑포까지 배가 다녔으며 소형선박은 안협(철원)까지 운항할 수 있었다고 한다. 이들 하천의 합류지역에는 비옥한 평지가 많이 조성되어 있다. 이 지역의 고구려 성곽은 휴전선 이남을 기준으로 할 때, 임진강 상류와 한탄강, 그리고 이들 하천이 합류하는 임진강 중·하류 유역으로 나뉘어 분포한다.

먼저 임진강 상류에는 강서리보루, 고성산보루, 무등리 1·2보루, 우정리보루 등과 한탄강유역에 은대리성이 위치한다. 한탄강과 상류가 합류하는 중·하류 유역에는 당포성, 아미리보루, 호로고루, 두루봉보루, 덕진산성, 조랑진보루 등의 성곽과 천보산맥 일원으로 이어지는 교통로에 아미성이 배치되었다. 특히 이들은 임진강 상류의 서안을 따라 남북방향을 중심축으로 삼았으며 한탄강과 임진강 중·하류 유역은 북안을 따라 북동–남서방향을 중심축으로 하였다.

임진강 상류의 남안에 위치한 강서리보루에서 ∞자형으로 굽이쳐 흐

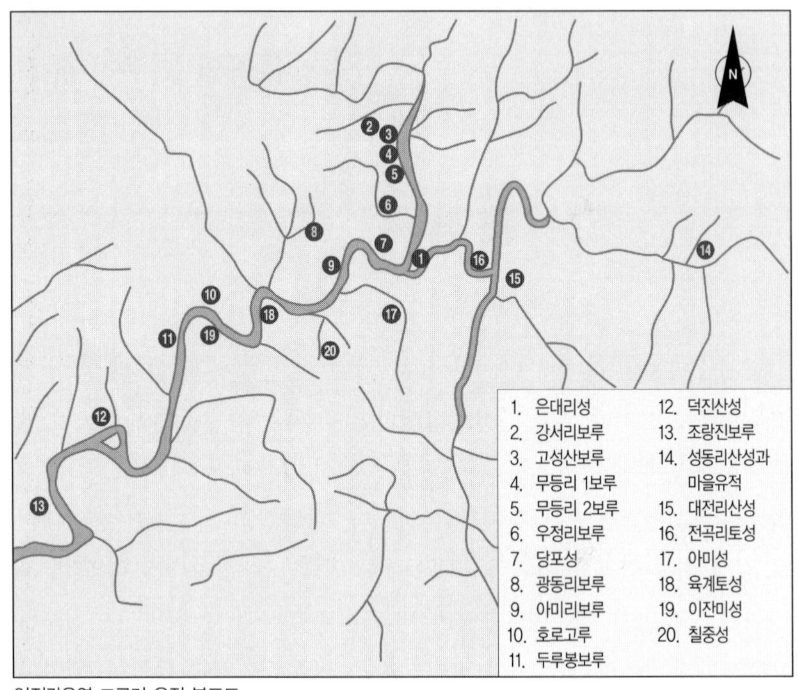

임진강유역 고구려 유적 분포도

르는 하천은 한탄강과 만나는 지점까지 남쪽으로 직류하는데, 남류하는 중간지점에 고성산보루, 무등리 1·2보루 등 4개소의 성곽이 밀집되어 분포한다. 한탄강유역에는 성동리산성과 대전리산성, 전곡리토성, 은대리성 등이 위치하며, 또 임진강과 한탄강이 만나는 중류부터는 북안에 접하여 6개소의 성곽이 규칙성을 보이며 정연하게 배치되었다. 하천이 곡류하는 부분의 시작점에 둘레 400~600m 정도의 비교적 규모가 큰 성곽이 위치하며 이들 성곽 사이의 곡류가 끝나는 지점에는 둘레 40~50m 의 소규모 보루가 배치된 형세이다. 즉 하천의 여울이 곡류하는 시점에 당포성·호로고루·덕진산성과 여울의 종점에 아미리보루·두루봉보루·조랑진보루가 규칙성을 가지며 배열되었다. 그리고 남안에는 육계토성, 칠중성, 이잔미성 등이 있다.

은대리성

1) 은대리성

隱垈里城은 한탄강과 차탄천이 합류되는 지점에 위치하는데 두 하천에 의해 침식되어 형성된 삼각형의 대지 위에 축조된 江岸平地城으로 사적 제469호이다.

유적은 현재 동쪽과 북쪽성벽의 상당부분이 훼손된 상태이지만 성 내부의 보존상태는 비교적 양호한 편이다. 최근 단국대학교 매장문화재연구소에 의해 시굴조사가 실시되었다[48].

시굴조사에 의해 밝혀진 성의 평면은 삼각형 형태로 남벽과 일부 북벽은 한탄강과 차탄천이 형성한 자연단애를 이용하고 있으며, 동쪽 평탄지에는 토석 혼축으로 동벽을 축조하였다. 은대리성은 외성과 내성의 이중 구조이고, 외성의 전체 규모는 동서 400m, 남북 130m, 둘레는 총 1,005m, 면적은 26,479㎡이다. 내성의 둘레는 총 230m로, 내부면적은

---

48) 단국대학교 매장문화재연구소, 《연천 은대리성 지표 및 시·발굴보고서》, 2004.

은대리성 내부

2,770㎡이다. 내성이 있다는 것은 당포성과 흡사하지만 내성에서 유물이 수습되지 않았기 때문에 내성과 외성의 선후관계는 확인되지 않았다.

성 내부 시설물로는 문지 3개소, 대형건물지 1개소, 치성 3개가 확인되었다. 문지가 개설된 지역은 지형이 비교적 낮은 지역이다. 북벽에서 확인된 2개의 문지는 배수구의 역할을 할 수 있는 위치에 있다.

대형 건물지는 남벽에 접하여 폭 3m 정도의 석렬로 둘러싸여 있다. 석렬이 형성하는 공간은 동서 60m, 남북 30m 정도이다. 건물지가 위치한 지역은 3개의 문지에 둘러싸여 있다. 대형 건물지에서는 건물지 벽체에 사용되었던 소토화된 점토가 확인되고 있다. 또한 건물지 서쪽에서는 투석용으로 사용되었을 석재무더기가 2군데 확인되었다. 하지만 현재 은대리성에서는 인근 관방유적에서 보이는 적갈색 고구려 기와 및 신라기와 등 일체의 기와가 출토되지 않았다.

치성은 북동 회절부와 북문지 2 및 남문지에서 확인되고 있다. 북문지 2와 남문지의 치성은 기존 성벽에서 'ㄷ' 자 형태로 돌출시켜 문지의 방

은대리성 조사작업광경

어력을 높이고 있다. 규모는 8×5m(돌출길이)로 2곳 모두 같다. 문지 주위에 방형치성을 설치하여 성문을 보호하는 구조는 고구려 산성의 특징이기도 하다. 치성은 敵臺의 기능을 수행했던 것으로 여겨진다. 이러한 적대가 확인되는 주변의 관방유적으로 포천 반월산성을 들 수 있다.

　은대리성의 축조방식은 지금까지 발굴된 토성이나 토석혼축성에서 보기 어려운 독특한 방식으로 축조되어 주목된다. 성벽의 기저부를 조성하기 위해 구지표층 위에 점토+모래의 다짐을 사용하였으며 중앙부는 2열의 석렬을 쌓아 만들었다. 동벽의 내벽부분에서는 성벽 축조시 기둥을 설치하였던 흔적이 발견되었고 2회 이상 성을 고쳐 쌓은 흔적도 확인되었다. 한편 동벽 내벽에서는 토성의 내면에 고이는 빗물을 처리하기 위한 시설인 溝가 확인되었다. 구의 규모는 동서 폭 2m정도이며, 깊이는 약 30cm정도이다. 이 시설은 동벽을 축조하면서 같이 조성되었을 것으로 보인다.

　출토된 유물의 대부분은 토기편이고 철제 유물도 소량이 출토되었다.

은대리성 출토 고구려 토기

비교적 그 종류와 시대가 일정한 시기에 국한되어 있다. 한편 삼국시대 성에서 흔히 출토되는 기와가 단 한 점도 출토되지 않았다는 특이성을 보인다. 유사한 형태의 호로고루나 당포성의 경우 후대까지 시간적으로 긴 폭을 가지고 유물이 출토되는 상황과 비교할 만하다.

토기편은 크게 백제 토기와 고구려 토기로 대별된다. 이중 95% 이상 이 고구려 토기이고 백제 토기는 극히 소량이다. 백제 토기는 모두 경질 토기로 연질토기는 없다. 대부분 파편으로 출토되어 기형은 정확히 파 악할 수 없다. 표면에 승문이 시문된 것으로 4세기 후반에서 5세기 초로 편년할 수 있는 것들이다. 이 토기들이 초축과 관련된다면 은대리성의 축조시기는 4세기 후반으로 올라갈 수 있을 것이다. 그러나 백제 토기의 수량이 극히 적을 뿐만 아니라 모두 교란층에서 고구려 토기와 섞여서 출토되어 이 토기를 초축 시기와 관련짓기에는 무리가 따른다. 오히려 동벽의 초축 시기와 일치하는 溝유구의 바닥퇴적층에 고구려 토기가 집 중적으로 출토되는 것으로 보아 이 성의 초축국은 고구려로 추정된다.

은대리성에서 출토된 고구려 토기는 양식적으로 한강유역 출토품과 유사한 것이 대부분이다. 그러나 출토품이 대형의 호류를 위주로 구성

호문토기편. 고구려 토기에는 문양이 시문된 경우가 많지 않다. 그러나 은대리성에서 출토된 토기편들은 다양한 문양들이 새겨져 있어 눈길을 끈다. 마치 휘장을 드리운 듯한 아름다운 문양들은 고구려 초기의 토기에서 많이 확인된다.

되어 있고, 비록 시문 후에 정면하였으나 타날문의 형태가 많으며, 다른 유적에 비하여 흑색이나 회색인 토기가 많다는 것은 은대리성 출토 고구려 토기의 특징으로 보인다.

이처럼 현재까지의 조사결과로 보아 일단 은대리성의 축조는 고구려에 의한 것으로 추정된다. 고구려 토기에 대한 편년이나 고구려가 이 지역에 진출하였던 역사적 상황을 고려하면, 5세기 이후에 축조되었을 가능성이 높지만 보다 정확한 시기는 아직 제시되지 않고 있다. 한편 신라 유물이 거의 출토되지 않는 것으로 보아 삼국시대 이후 일단 폐성되었을 가능성이 있다.

은대리성은 호로고루나 당포성과 같은 축조양상을 보이지만 당포성과 호로고루가 동벽의 축조방식을 각각 석축, 판축 위에 석축을 취한 것에 비해 은대리성은 석심토축을 하였다는 점에서 차이를 나타낸다. 세

은대리성 평면도

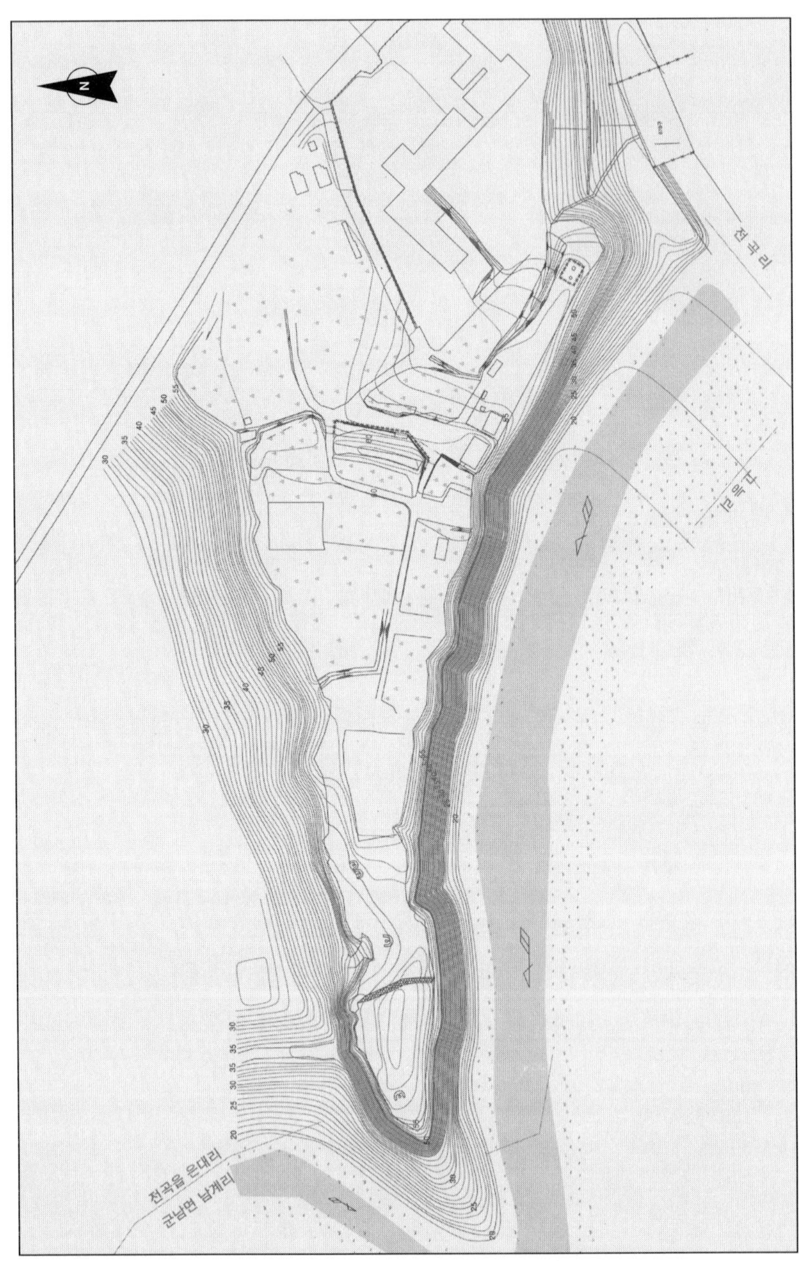

은대리성 평면도

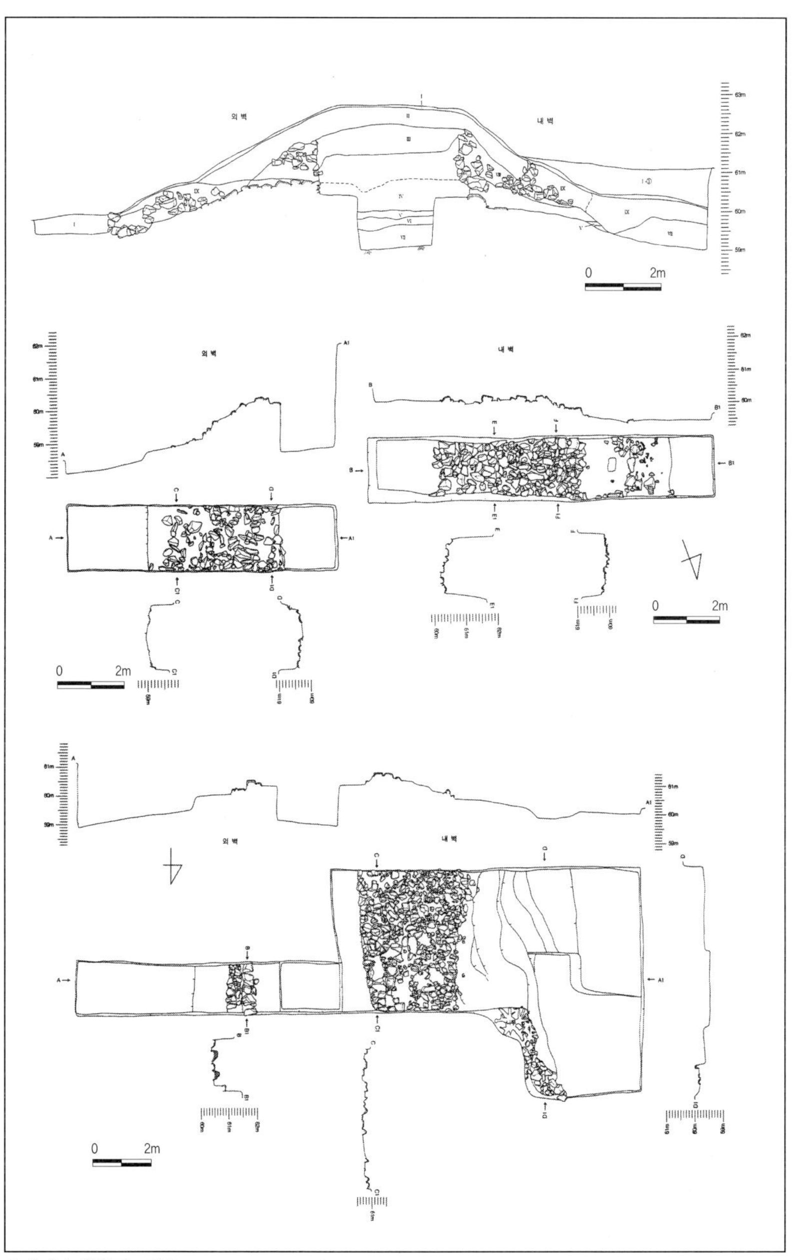

은대리성 성벽 평 · 단면도

은대리성출토 고구려 토기류 및 철제품

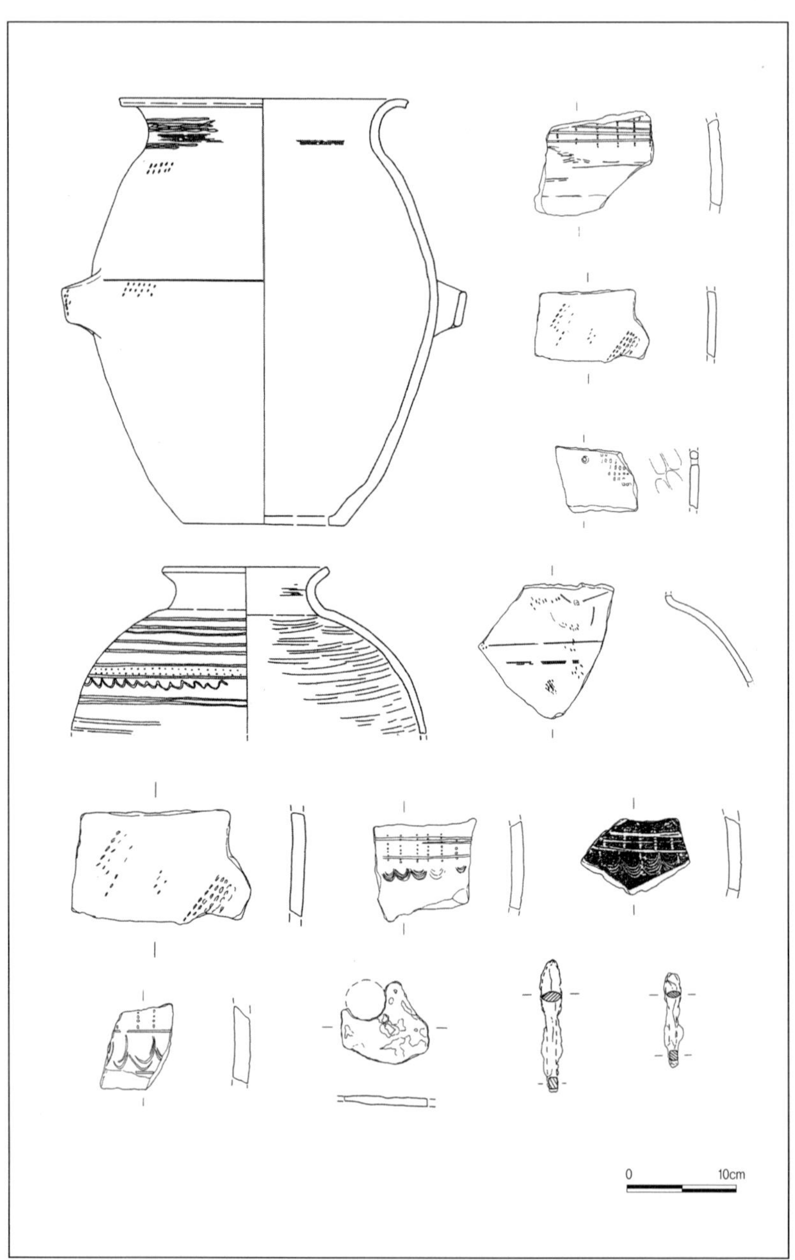

은대리성출토 고구려 토기류 및 철제품

성은 모두 한탄강 이북의 전곡 평야 일대를 방어하기에는 유리한 입지이지만 은대리성은 마땅한 도강로가 없다는 점에서 전략적으로 크게 비중을 차지하지 못하였던 것으로 판단된다. 이는 교통로 위에 자리 잡은 호로고루(고랑포)나 당포성(당개나루)에 비해 출토유물의 빈도가 낮고 점유시기가 짧은 것을 통해서도 알 수 있다.

2) 강서리보루

江西里堡壘[49]는 연천군 왕징면 고왕산(해발 355m)이 동쪽 강서리 방향으로 뻗은 능선상의 230m 고지의 정상에 위치한다.

산의 형태는 전체적으로 반구형을 취하고 있으며, 산의 정상을 원형으로 삭토하여 축성한 것으로 보인다. 성의 규모는 지름 10m, 둘레 50m, 높이 5m, 내부면적은 20여 평 정도의 소형 보루이다. 서북쪽에서 성벽의 단면이 노출되어 있어 기단부의 축조방법을 파악할 수 있다. 기단부는 산에서 쉽게 구할 수 있는 변성암재의 자연석을 이용하여 불규칙하게 흙과 다져 혼축하여 조성하였다.

강서리보루는 왕징면 일대의 구릉지대를 감제하고 보루의 앞을 지나는 324번 지방도로를 통제하는 기능을 수행하였을 것으로 보인다. 한편 북쪽으로 이어지는 마량산과 고잔리 일대의 골짜기를 방어하는 최초의 방어선이라는 점에 의의를 둘 수 있다.

3) 고성산보루

高城山堡壘[50]는 연천군 왕징면 무등리와 북삼리의 경계인 고성산 정상부(해발 150m) 정상부에 위치하고 있어서 동쪽으로 임진강이 잘 조망

---

49) 연천문화원, 《향토사료집》, 1995.
50) 육군사관학교 육군박물관, 《경기도 연천군 군사유적 지표조사보고서》, 1995.
　　경기도박물관, 《임진강》, 2001.

고성산보루 조사광경(1995)

고성산보루 내부(1995)

되는 지리적 이점을 지닌다.

유적은 동서장축 7.8m, 남북단축 5.4m의 타원형으로 전체둘레 30m 정도의 소규모 보루에 해당한다. 성내에는 현재 참호로 여겨지는 군사시설이 들어서 있어 유적의 상당부분이 파괴되었다.

군사시설이 들어선 곳에서 고구려 토기편이 발견되었고 한강변의 구의동보루와 같은 입지를 보여 고구려가 축성한 보루로 추정된다. 남쪽으로 2km 떨어진 곳에 위치한 무등리보루군과 함께 임진강을 도하하는 적을 방어하기 위해 축성한 것으로 판단된다.

4) 무등리보루군

無等里堡壘群은 연천군 왕징면 무등리와 군내면 진상리를 연결하는 화이트교 북쪽의 장대봉 정상부에 위치한다. 장대봉은 임진강 서안에 접해 길게 뻗어 있는데 500m 정도의 거리를 두고 두 개의 보루가 남북으로 대응하고 있다. 남쪽에 있는 보루가 1보루이고 북쪽의 것을 2보루라 칭한다[51].

유적은 남북으로 임진강과 나란히 위치하며 봉우리 형태로 강을 따라 장타원형이다. 보루가 위치한 곳은 해발 100m로 나지막한 봉우리이나 주변에서는 가장 높은 곳으로 전략적 요충지에 해당한다. 두 보루는 약 500m 정도 떨어져 있지만 서로 수신호가 가능할 정도로 잘 조망된다.

1보루의 전체 둘레는 168.4m이며 장축 69m, 단축 34.5m이다. 형태는 장타원형이며, 장축방향으로 남–북향에서 20°정도 서쪽으로 틀어져 있다. 임진강과 접해 있어 강 건너 군내면 방면의 움직임을 한눈에 조망할 수 있는 반면, 북고남저의 지형에 축성하여 강 건너편에서 성내부를 관측할 수 있는 단점도 있다. 정상부에는 산불감시초소가 설치되어 있고, 외곽에는 성벽을 따라 군용 참호가 폭 2m, 깊이 1m 정도 크기로 조성되어 있다. 남쪽에서 성으로 올라가는 곳에 문지가 위치할 것으로 판단된다. 성내부에서 고구려 와편이 다량 수습되었다. 동벽과 북벽은 군

---

51) 경기도박물관, 《임진강》, 2001.

무등리 1 · 2보루

사용 참호가 만들어지는 과정에서 상당부분 훼손되었고, 현재 노출된 성벽은 30~40cm 정도의 할석을 이용하여 축성하였음을 알 수 있다.

2보루는 무등리 1보루가 있는 장대봉에서 북쪽으로 길게 뻗은 능선의 중간에 높이 솟아 있는 부분에 위치한다. 유적은 해발 100m 내외의 높이에 축조되었으며, 동쪽으로 임진강에 바로 접해있다. 성벽은 높이 5~6m 정도가 잔존하나 석축으로 볼 수 없을 정도로 토사에 묻혀있다. 일부 성벽이 노출된 구간에서는 강돌과 할석으로 축성된 것이 확인된다. 성의 전체 둘레는 244m 정도이고 평면형태는 반월형이며 장축방향은 북동–남서향이다. 문지는 계곡부를 감싸고 돌아가는 지점에 있었을 것으로 보인다. 성의 남쪽과 동쪽은 거의 수직단애에 가깝게 급경사를 이루고 있으며, 서쪽부분은 비교적 경사가 완만한 편이다. 성내에서는 토기편과 와편, 그리고 철제화살촉과 탄화미 등이 수습되었다. 유물은 주로 성내 북동부의 안부에서 채집되는데 이곳은 현재 경작지로 이용되고 있다. 여기서 상당량의 고구려 토기편이 수습되었고 강변단애가 호

무등리 2보루 출토 탄화곡물 (쌀/조/탄화조)

무등리 2보루 유구노출상황

우로 끊어진 곳에서 탄화곡물이 발견되기도 했다. 탄화곡물은 두께 1.2m, 폭 10m 정도의 포함층에서 다량의 벽체편과 함께 발견되었는데, 이 때문에 이곳은 군창으로 추정되기도 한다. 탄화곡물은 6~9세기 사이의 쌀과 조로 밝혀졌다. 조는 도정이 잘 된 반면에 쌀은 도정상태가 일정하지 않았다.

　무등리보루군은 군남면 진상리와 왕징면 무등리를 잇는 유연진을 통제하는 보루이다. 《新增東國輿地勝覽》에 의하면 유연진은 마전현과 연

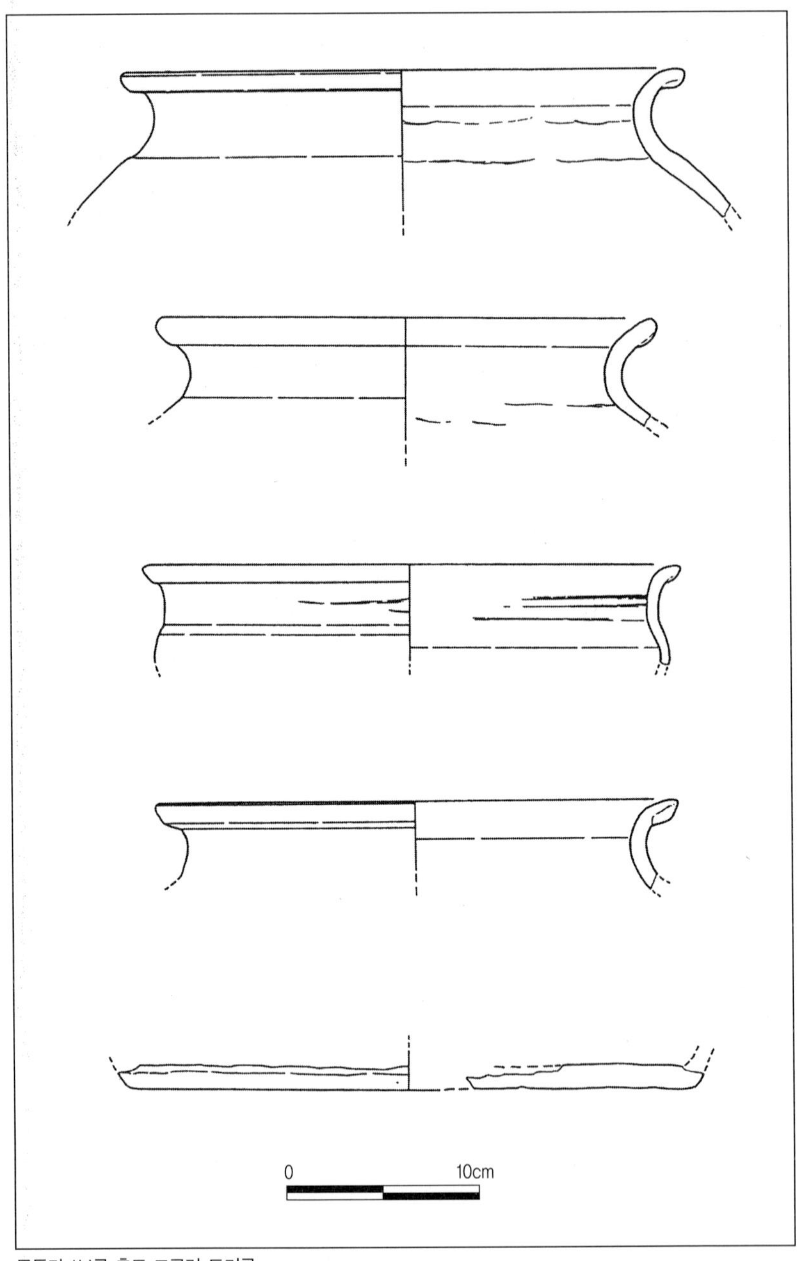

무등리 1보루 출토 고구려 토기류

무등리 1보루 출토 고구려 기와류

천을 잇던 나루였다. 이 나루를 지키고 마전방향으로 이어지는 육상교통로를 확보하기 위해 축조된 보루로 추정할 수 있다. 이 보루군은 현재 훼손일로에 있어 정확한 조사가 조속히 이루어져야 할 것으로 판단된다.

5) 우정리보루

牛井里堡壘[52]는 우정리 우정감리교회 뒤편에 있는 매봉 정상부에 위치한다. 이 봉우리는 해발 89.5m로 百濟 將臺峰으로도 불리우며 높이는 낮지만 북에서 남으로 흐르는 임진강의 서안 들판에 솟아 있어 임진강 너머의 조망이 매우 좋은 곳이다.

보루의 전체 둘레는 250m 정도로 봉우리 정상부에 테뫼식으로 축조되었다. 장축은 120m, 단축은 50m로 남북방향을 장축으로 하는 장타원형의 평면 형태이다. 성벽은 주변에서 쉽게 구할 수 있는 장타원형의 강

우정리보루

---

52) 경기도박물관, 《임진강》, 2001.

우정리보루 내부

돌을 사용하였으나 한국전쟁 당시 중공군이 주둔하면서 석재로 사용하였기 때문에 현재는 그 원형이 파괴된 상태이다. 또한, 최근에는 교통호가 들어서면서 더욱 훼손되었다. 유물은 고구려계의 토기편이 주목되는데 대부분 황갈색과 흑회색을 띠며 매우 정선된 태토를 사용하였다.

6) 당포성

堂浦城은 삼화리에서 마전리로 가는 당개나루터 동쪽의 현무암 수직단애 상에 위치한 강안평지성으로 사적 제468호이다.

이 성은 임진강과 임진강의 지류가 형성한 삼각형의 단애 위에 축성되었다. 평면형태는 삼각형이고 동서 길이 200m, 남북 길이 50m, 잔존 성벽의 높이는 6m 이며 성벽의 하단으로는 10m가 넘는 단애가 있다. 입지와 평면형태에서 호로고루나 은대리성과 흡사하다.

발굴조사[53]를 통해 밝혀진 이 성의 특징으로는 보축벽이 3~4중이며 높게 쌓았다는 점, 성벽 밖에 폭 6m, 깊이 3m의 대형 해자가 있다는 점,

성벽 상단부위에 이른바 '구멍기둥(柱洞 또는 石洞)'들이 확인된다는 점, 성벽에 일정한 간격으로 수직홈이 파여져 있고 그 끝에 동그랗게 판 확(確)돌이 연결되어 있다는 점 등이다. 또한 성벽 내부는 판축으로 성토하였으며, 이 성토층은 기저부로부터 성의 중간 높이까지 3~4m 높이에 이른다. 성의 내벽측은 성토층의 완만한 사면 위에 강돌로 덮혔으며, 기동의 편의성을 고려하여 계단을 쌓았다. 이러한 점들은 고구려의 축성술과 유사하여 앞으로 남한지역에서의 고구려성 연구에 중요한 자료로 학술적으로 매우 중요하게 평가받고 있다.

수직홈은 동벽의 조사시 발견되었는데 이러한 수직혈은 중국 집안의 환도산성, 패왕조산성, 흑구산성 등 여러 곳의 고구려 산성에서 이미 확인된 바 있다. 그러나 그 용도에 대해서 명확한 결론이 나있는 상태는 아니다.

이 시설과 관련지어 주목을 끄는 것은 그 하단부에 확이 존재한다는 점이다. 성벽상에 수직홈이 나타나는 경우는 종종 확인되었으나 이처럼 확이 설치된 사례는 당포성이 유일하다. 수직공간은 하단부가 41~42cm이며 확의 홈은 상부 지름이 31cm, 저부 지름이 22cm, 깊이가 7cm이다. 이러한 홈은 발굴조사를 통해 2개소가 발견되었으며 수직홈 사이의 거리는 171cm이다. 또한 345cm 떨어진 위치에 다른 홈이 확인 되었는데 이렇듯 수직홈의 간격은 일정하지 않은 편이다.

이와 같은 유구는 충청북도 보은의 호점산성을 비롯하여 제천의 와룡산성, 충주의 대림산성, 춘천의 삼악산성, 담양의 독락산성, 문경의 노곡산성 등 유적에서 그 사례가 보이고 있다. 그러나 아직까지 무슨 이유에서 이러한 유구가 형성되었는가에 대한 설명이 뒤따르지 못하고 있다. 다만 이 수직홈과 세트가 되는 유구는 일정한 운동성이 있어야 하는

---

53) 육군사관학교 육군박물관 · 경기도박물관, 〈연천 당포성 1 · 2차 발굴조사 지도위원회 자료〉, 2006.

당포성

당포성 내부(1994)

것으로 보이며 투석기나 弩機 같은 수성용 무기가 설치되었던 흔적으로 추정되기도 한다.

동벽 외부의 저지대에는 해자의 흔적이 확인되었다. 해자의 깊이는

당포성 성벽(1994)

당포성 성벽 조사후 전경

3m, 폭은 약 6m 정도이며 해자의 저부에서는 와편이 다량으로 출토되었다. 물을 가두기 위해 점토를 덧댄 흔적은 보이지 않으며 마지막 보축벽의 앞쪽을 굴토하여 조성된 것이 확인되어 시기는 그리 올라가지 않

당포성 성벽 주동과 확

을 것으로 보인다.

동벽의 경우 전체적으로 석축을 기본으로 하고 있어 호로고루와 기본적으로 차이를 보인다. 체성벽의 보축이 있다는 점에서는 유사하지만 호로고루가 판축위에 석축을 한데 비해 당포성은 성벽 전체를 석축하였다. 성 내부에서는 삼국시대 와편을 포함하여 고려~조선시대의 와편도 많이 발견되고 있다. 許穆의 시에 보면 조선시대 이곳에 성황사가 있었다는 내용이 있는데 성벽의 정상부 장대지가 성황사터로 추정된다.

성 내부는 현재 밭으로 경작되고 있으며, 특히 북쪽을 바라보며 참호가 많이 파여 있는 것으로 보아 북쪽으로부터의 적을 방어하는데도 유리한 것으로 판단된다.

발굴 결과 많은 양의 유물들이 출토되고 있으며 그 중 분포빈도가 가장 높은 것이 와편이다. 와편 중에는 회흑색의 선조문 계통 와편과 격자문 · 어골문 · 무문와편 등이 있으며 승문와편도 발견된다. 이 중 승문와편은 외면에는 승문이 선명하게 찍혀 있고, 내면에는 1.3cm 내외의 모골흔이 들쑥날쑥하게 찍혀 있으며, 마포흔의 위에 횡방향의 승문이 약

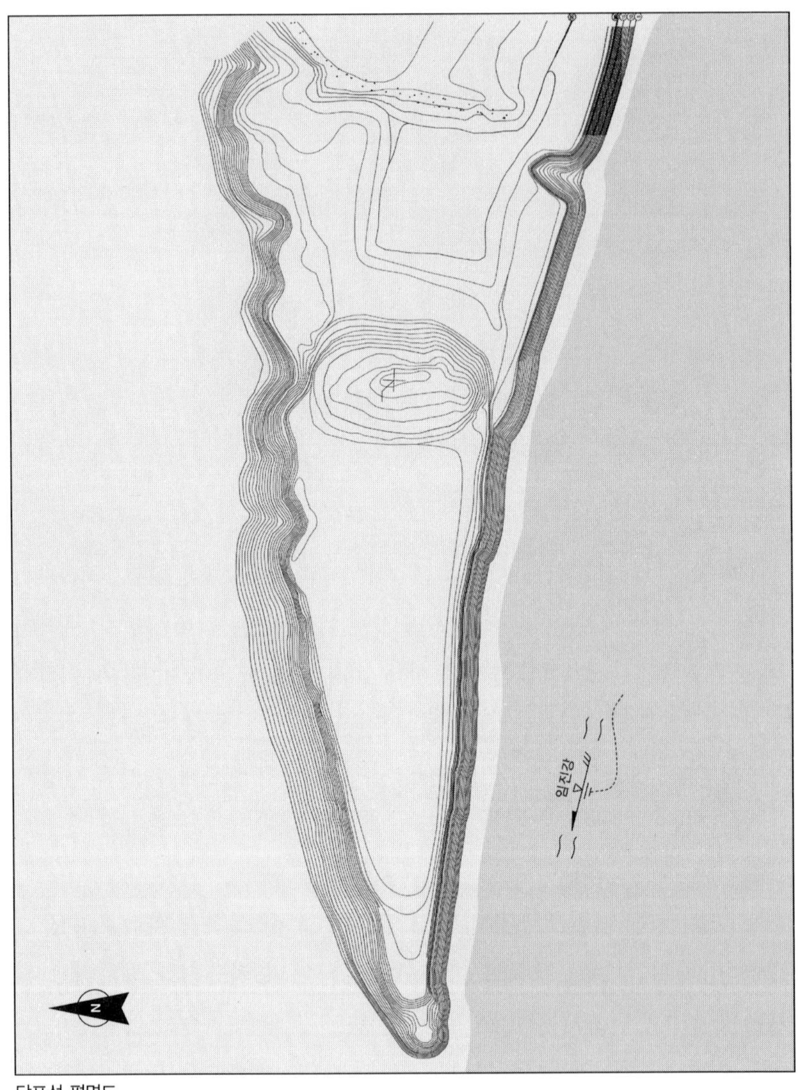

당포성 평면도

간 찍혀 있어 호로고루나 무등리 1보루에서 발견되는 고구려 기와의 제
작기법과 동일하다. 이밖에도 신라계 기와가 많이 발견되었는데 고구려
계 기와보다 많은 비율을 점하고 있다. 이 외에 성벽 상단 중간부에서는

회청색의 파도문, 갈색의 어골문 기와가 다량 출토되었다. 이는 성이 폐성된 이후 성황사가 들어선 것과 관계된다.

토기편은 황갈색 니질의 고구려 토기편이 출토되었고, 이후 시기의 유물은 회청색 경질토기류와 주름무늬병, 덧띠무늬병 등 8~9세기로 편년되는 신라계의 유물이 주종을 이룬다. 그리고 철제 유물이 다량 출토되었는데 대표적인 것이 단면 삼각형의 철모와 단면능형의 철촉 · 문고리 차축두, 가위 등을 들 수 있다.

당포성이 관할하는 당개나루는 수철성과 아미성의 사이에 개설된 간파천로의 초입에 해당한다. 특히, 당포성의 배후에는 개성으로 향하는 길목인 마전현이 자리잡고 있어 양주분지 일대에서 북상하는 적을 방어하는데 필수적인 성곽이다. 대부대의 이동에는 호로고루 앞의 고랑포나 육계토성 앞의 가여울이 이용되었을 것이지만 이 두 여울은 양안에 모두 튼튼한 요새가 자리잡고 있어 도강에 매우 불리하였을 것으로 판단된다. 따라서 당포성은 가장 단거리의 요도를 차단한다는 점에서 의미를 지닌다. 반면에 북진시에는 강의 북안에 교두보를 확보해야 하는 절실함이 있었기 때문에 신라의 점령기에도 꾸준히 이용되었던 것으로 보인다.

7) 광동리보루

廣洞里堡壘는 경기도 연천군 미산면 광동리와 백석리 경계의 봉화재 정상(해발 179m)에 위치한다[54]. 한국전쟁이후 군진지가 들어서 내부는 대부분 훼손되었으며 이 주변에서 석축흔적이나 소토편과 니질태토의 고구려토기편이 수습되고 있다. 이 보루는 당포성이 소재한 동이리에서 백학면으로 넘어가는 송고개를 감제하기 위해 설치되었다. 주 기능은

---

54) 연천문화원, 《향토사료집》, 1995.
　　한국토지공사 토지박물관, 《연천군의 역사와 문화유적》, 2000.

광동리보루 원경

광동리보루 내부 군사시설

광동리보루 성돌

당포성에 진출입하는 병력을 제어하였을 것으로 생각된다. 유물은 적갈
색과 명갈색의 동체부편으로 태토는 니질인 고구려토기편이다. 두께는
0.5~0.7cm이다.

8) 아미리보루

峨嵋里堡壘[55]는 아미리와 백학면 구리미가 경계를 이루는 능선에 돌출된 독립소봉의 정상에 위치하고 있다.

아미리보루 조사광경(1995)

아미리보루 석축

유적은 자연석을 이용해 정상부에 원형으로 축조되었는데 직경은 6m 정도이다. 석축은 견고하지 못하여 풍우로 인해 붕괴되고 정상부 주위에 석재들이 흩어져 있다.

이 보루의 주변에서는 유물이 전혀 발견되지 않아 초축 시기는 알 수 없으나 인접한 당포성의 위성보루로 추정되고 있다. 특히 유적의 남쪽 구미리에는 토막포라는 지명이 남아 있어 이 나루와 관련된 방어시설로 추정할 수 있다.

9) 호로고루

瓠蘆古壘는 연천군 장남면 원당리의 고랑포 북쪽에 위치한다. 이곳은 임진강과 지천이 합류하는 지점으로 삼각형의 대지를 형성하고 있다. 소하천으로 인해 임진강의 단애면이 끊어져 있으며 여울이 발달하여 고대로부터 중요한 교통로로 활용되었다.

성은 임진강 북안의 넓은 벌판위에 우뚝 솟아 있어 財尾山 혹은 財尾城으로도 불린다. 또한 紫微城, 紫眉城, 眉城, 二殘眉城 등으로도 불렸다. 현재는 북쪽의 것을 호로고루라고 하고 남쪽의 것은 이잔미성이라 구별하여 부른다. 호로고루는 사적 제467호로 지정되었으며, 2000년부터 2001년 사이에 한국토지공사 토지박물관에 의해 동벽부분에 대한 발굴조사가 진행되었다[56].

호로고루의 전체 둘레는 401m이다. 그중 남벽은 161.9m이고 북벽은 146m이며, 동벽은 현재 남아 있는 부분이 89.3m이고 진입로 부분을 포함하면 93.1m에 달한다. 성내부의 사용가능한 면적은 약 1,600평 정도이다.

성벽은 평지로 이어지는 방향에 조성하였고 나머지 두 벽은 암벽의

---

55) 육군사관학교 육군박물관, 《경기도 연천군 군사유적 지표조사보고서》, 1995.
56) 한국토지공사 토지박물관, 《연천 호루고루 1차 발굴조사 약보고서》, 2001.

호로고루

훼손되기 이전의 호로고루(1993)

윗부분에 4~5m 높이까지 편축식으로 쌓았다. 남벽은 임진강에 연해있어 80° 정도의 기울기를 가지며, 북벽은 이보다 약한 60° 정도의 기울기를 가진다. 동벽은 하단부 폭이 약 40m이고 길이는 90m 정도이며, 높

호로고루 동벽(1994)

호로고루 동벽 발굴후 전경(2001)

이는 장대지 부분이 10m 정도로 가장 높고 남쪽 말단부는 6m 정도를
유지하고 있다. 마을 주민들은 동벽을 재미산이라 부르고 있다. 성벽의
정상부부터 동사면에 이르는 구간은 한국전쟁 이후 계속되는 진지구축

호로고루 동벽(2005)

호로고루 내부(2005)

으로 훼손되었으며 현재는 참호가 설치되어 있다. 성벽 정상부 주변에
는 고구려 토기편을 비롯한 삼국~조선시대에 이르는 각종의 유물이 흩
어져 있는데 전략적인 중요성이 사라진 이후에는 정자 같은 것이 설치

호로고루. 임진강과 지천이 합류하는 고랑포 북쪽에 위치한 호로고루는 남진을 위한 장기적인 안목에서 축성된 중요한 전략 거점이었다. 호로고루의 '호로'는 고구려 말로 성(城)을 뜻하는 홀(忽)이 변형된 이름으로 '임진강에 세운 오래된 보루'란 의미를 담고 있다.

되었을 것으로 생각된다.

동벽의 남단은 절개되어 도로로 사용되고 있으며 성의 전체 횡단면이 노출되어 있다. 노출된 성벽의 단면은 약 1m 정도 점토+사질토를 판축한 기초 위에 좌우 대칭으로 성벽을 쌓았다.

남쪽과 북쪽에 2개의 치가 설치되어 있다. 남쪽의 치는 반원형으로 구축되었는데 이 반원형 치의 안쪽에서 원래의 치와 외벽이 확인되어 2차에 걸쳐 보축되었음이 밝혀졌다. 현재 출입구로 이용되는 동벽의 함몰부 이외에 다른 출입시설은 확인되지 않았다.

성내부는 전체적으로 평탄하며 크게 3개의 평탄지로 나뉜다. 이 중에서 가장 동쪽의 평탄지는 심하게 훼손되었다. 하지만 이곳을 제외한 나머지 부분의 지표하에는 유구가 존재할 것으로 판단된다. 이 밖에 우물이 있었다고는 하나 확인되지 않았으며 지표 아래 2.4m 지점에서 저수시설로 추정되는 뻘층이 노출되었다. 기타 유구로는 병사들의 소형막사

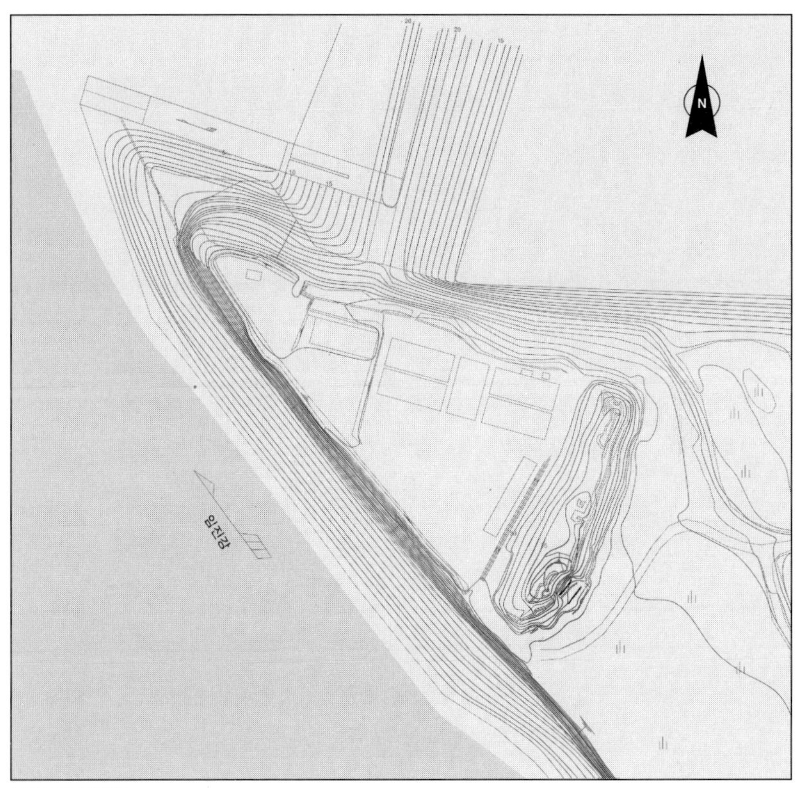

호로고루 평면도

로 추정되는 토광유구 2개소에서 신라토기편이 집중적으로 출토되었다.

고구려 기와편과 토기편은 주로 성의 동북쪽과 서쪽 하단부에서 주로 발견되고 있는데 비해 성의 중앙부에서는 신라 기와편이 많이 출토되고 있다. 고구려 토기류는 대형호와 시루 등이 주류를 이루고 대상파수가 부착되었으며 외면은 매끄럽게 마연되었다. 그러나 성내부의 고구려 관련유구가 대부분 파괴되어 파편으로 출토되고 있다. 기와류는 전형적인 고구려 양식을 보여주고 있는데 니질의 태토로 산화 소성된 적갈색의 기와로서 수키와의 경우 표면 문양이 없으며 암키와의 표면에는 승문, 거치문, 횡선문 등이 시문되었다. 암키와의 내면에서는 모골흔이 관찰

호로고루 출토 기와류

호로고루에서 본 고랑포 방면

된다. 측면분할 방식은 분할 후 2~3회 정면했으며 모서리 귀접이가 확인된다.

통일신라기의 유물은 단각고배류, 파상문 장경옹, 완 등이 출토되는

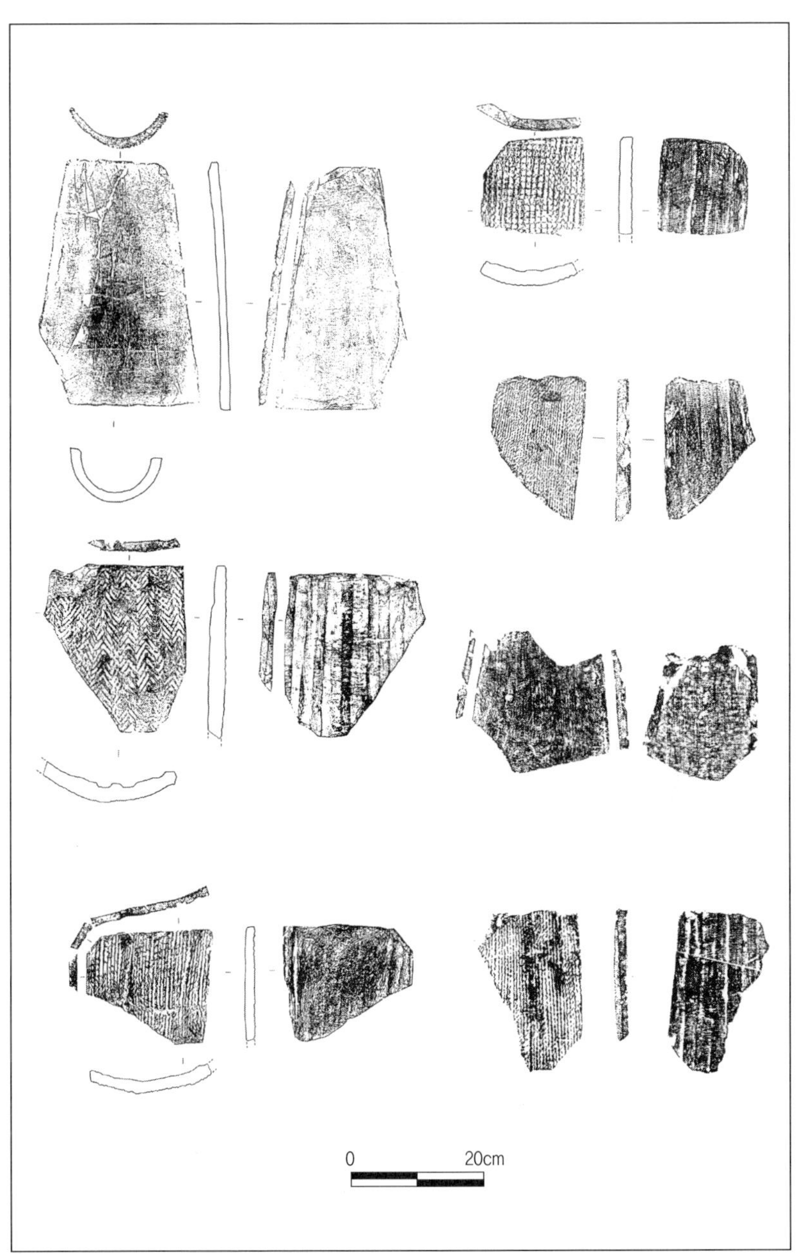

호로고루 출토 각종 기와류

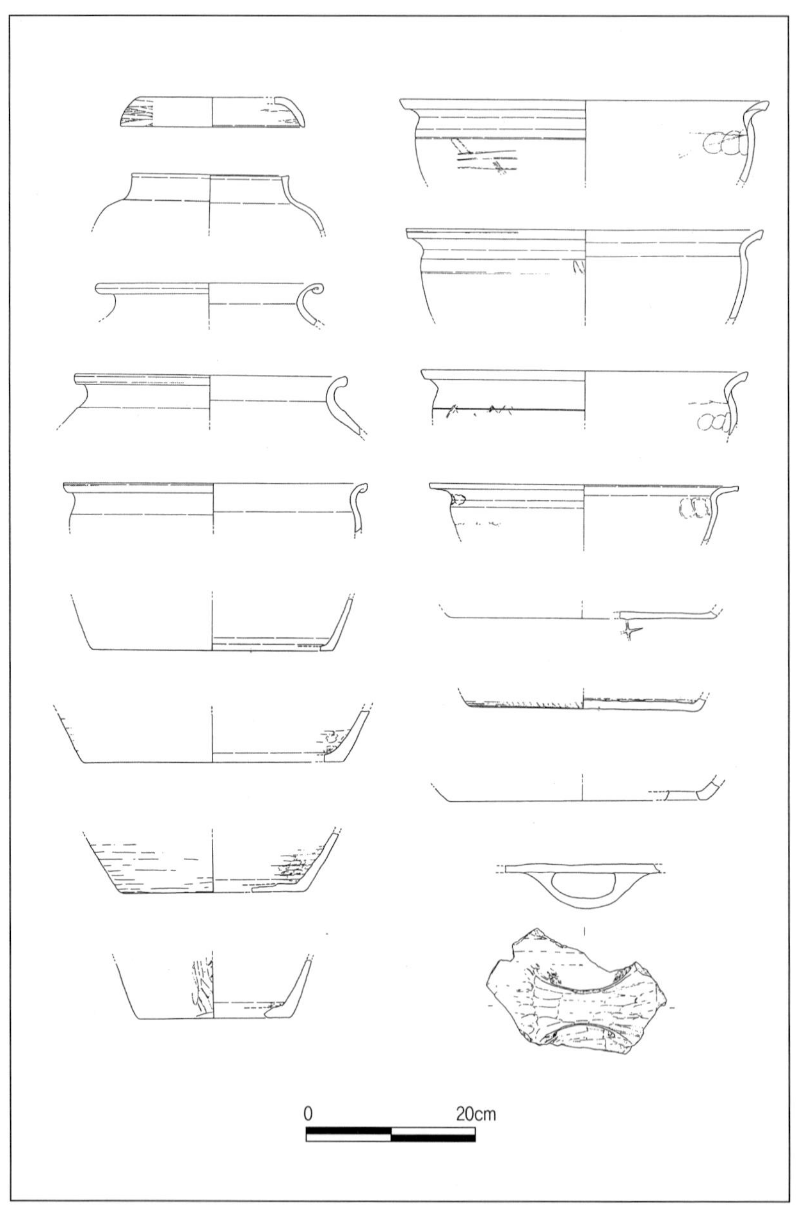

호로고루 출토 고구려 토기류

데 7세기대의 특징을 보여주는 유물이 주류를 이룬다.

그 밖의 유물로는 지표조사시 구석기시대의 주먹도끼가 채집되었고 원삼국시대 토기편부터 고려~조선시대에 이르는 토 · 자기편이 두루 출토되었다. 발굴조사 과정에서 금동불상 한 점이 출토되었는데 중앙의 불좌상 좌우에 보살상이 한구씩 배치되었으며, 그 사이에 합장한 인물상이 하나씩 서있는 독특한 양식의 3존상이다. 특히 좌 · 우 보살상은 교각자세와 반가좌를 취하는 특이한 형태로 주목받았다.

유물을 통해 본 호로고루의 초축시기는 4세기 말경으로 토루나 목책 등의 초보적인 형태의 방어시설로 구축되었다가 고구려의 남진 이후 본격적인 축성이 이루어진 것으로 추측된다. 이때부터 7세기 중반경까지 고구려의 영역에 속했다가 고구려 멸망 이후 신라에 의해 임시적으로 운영되었던 것으로 판단할 수 있다.

호로고루는 고구려 기와가 출토되는 몇 안 되는 유적이며 장기적인 안목에서 축성된 중요한 전략거점으로 활용되었음을 짐작할 수 있다. 또한 판축토 위에 석축을 덧붙여 쌓고 보축한 형태의 석축방법은 축성사 연구에 있어서도 매우 중요한 의미를 갖게 될 것으로 판단된다.

10) 두루봉보루

頭壘峯堡壘[57]는 연천군과 파주시의 경계에 위치한 두루봉 정상(해발 69.8m)에 축성되었다. 이곳은 고랑포와 임진강 일대의 평야지대가 잘 조망되는 지점이다. 유적에서 북동쪽으로 4km 지점에는 호로고루가 위치하며, 남서쪽으로 7km 지점에 덕진산성이 자리하고 있다. 유적은 한국토지공사 토지박물관에 의해 지표조사가 이루어졌으며 군사시설물로 인해 크게 훼손된 상태이다.

보루는 돌출된 두루봉 정상부에 남북 장축, 동서 단축의 장타원형으

---

57) 육군사관학교 육군박물관, 《경기도 연천군 군사유적 지표조사보고서》, 1995.

두루봉보루

로 축조되었다. 성벽의 총 둘레는 대략 50m 정도이며 남북 장축 15m, 동서 단축 10m이다. 성내부에서 고구려 토기와 기와류 등이 발견된다.

두루봉보루는 규모가 비교적 작은 유적이지만 고구려 기와가 출토되었다는 점에서 주목받는 유적이다.

11) 덕진산성

德津山城은 파주시 군내면 초평도에서 서북쪽에 위치한 구릉(해발 85m)의 정상부에 축성되었다. 동쪽으로는 초평도와 임진나루 일대, 남쪽으로는 수내나루와 문산읍 장산리 일대의 조망이 매우 용이하여 북진을 막고 남진에 필요한 교두보로서의 역할을 수행하기에 매우 좋은 입지이다. 최근 육군사관학교 화랑대연구소의 시굴조사를 통해 자세한 내용이 파악되었다[58].

---

58) 육군사관학교 화랑대연구소 , 〈파주 덕진산성 시굴조사 지도위원회 자료〉, 2004.

덕진산성

덕진산성에서 본 초평도

　　성은 남쪽으로 뻗은 두 개의 능선을 이용하여 U자형으로 축조하였는데, 내성과 외성으로 이루어졌다. 내성은 나란한 두 봉우리를 연결하였으며, 강안은 자연지형을 그대로 이용하였고 그 외는 삭토하여 10여 m

덕진산성 내부

덕진산성 성벽 축조
상태

의 평탄지를 만든 후 편축식으로 석축하였다. 성의 전체 둘레는 984m
이고, 평균 높이는 4m 정도이다. 성벽은 서향의 작은 계곡으로 나가는
문지 근처에서 확인되는데, 방형으로 치석한 석재를 정연하게 쌓고 안
쪽은 할석을 채웠으며 상면에는 폭 5m의 회곽도가 조성되었다. 내성 사

덕진산성 외성

덕진산성 저수시설

이에는 저수시설로 추정되는 직경 15m, 깊이 5m 정도의 구덩이가 있고
내부에는 23m 정도의 석축이 확인되었다. 또한 조선시대 개축과정에서
조성한 것으로 보이는 토성의 흔적이 있다. 성내 작은 봉우리의 정상에

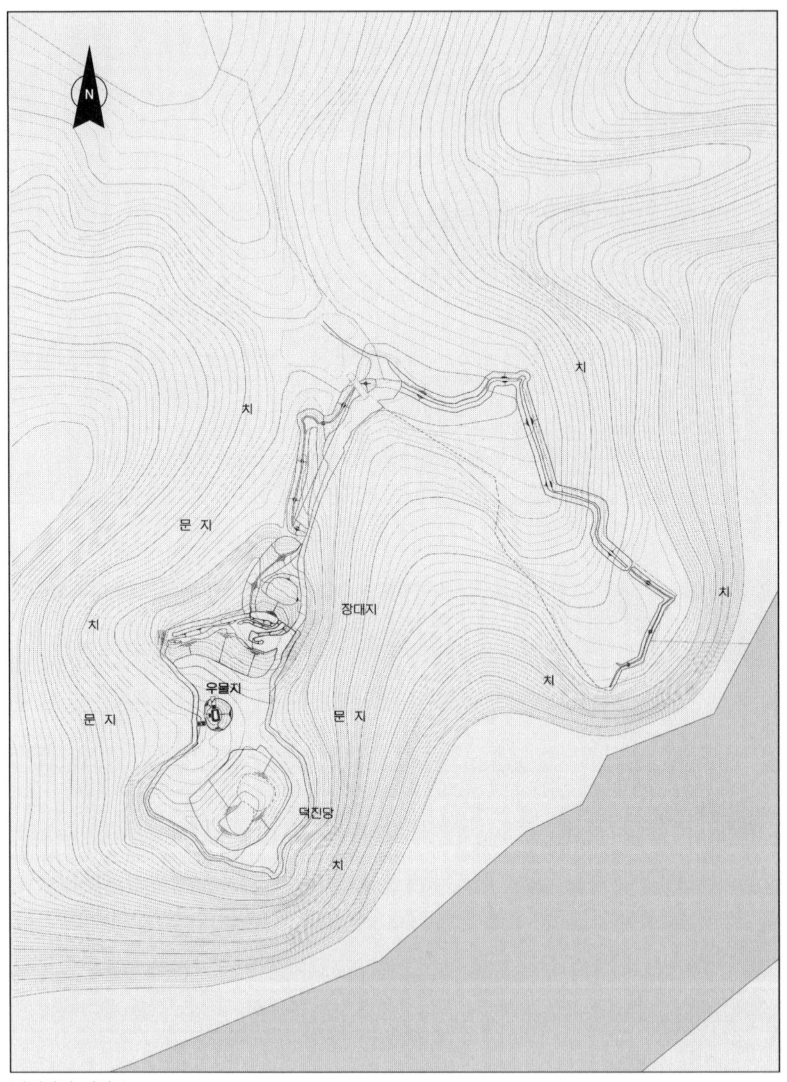

덕진산성 평면도

는 건물지가 있는데 국가 中祀로 기록된 德津壇이 자리하였을 가능성이 있다.

성내 시설물은 문지 2개소와 성가퀴로 추정되는 부분이 확인된다. 외성과 내성 사이에는 계곡부가 완경사를 이루며 강변으로 이어지고 있어 배의 접안이 가능하였을 것으로 보인다.

성내에서는 토기편과 기와편, 자기편 등 다양한 유물이 수습된다. 가장 이른 시기의 유물로는 고구려 토기편으로 추정되는 적갈색 연질토기와 경질의 호형토기 등이 있다. 시굴조사시 삼국시대 것으로 추정되는 격자문 와편과 나뭇잎 모양을 시문한 와당이 출토되어 관심을 끌었다.

덕진산성은 호로고루나 당포성, 은대리성, 두루봉보루, 무등리보루 등과 함께 임진강의 북안에 설치된 고구려의 방어시설로 추정된다.

12) 조랑진보루

朝浪津堡壘[59]는 파주시 장단면 노하리에 위치한 조랑진의 북쪽에 있는 산에 있으며 강에 인접한 능선의 끝부분에 위치한다. 이곳은 임진강이 남쪽으로 사행곡류하는 곳으로 강폭이 좁아지기 시작한다. 臨津江으로 향하는 능선 정상부(해발 89m)의 남동쪽은 평지로 되어있어 넓은 시야를 확보할 수 있는 지형적 조건을 갖추고 있다. 이곳은 강건너 문산읍 일대를 잘 조망할 수 있는 곳으로 비교적 높지 않은 고지에 손쉽게 조성되어 이 일대 평야를 감제하는 역할을 수행 하였던 것으로 보인다.

강과 인접한 부분과 구릉 정상부에는 석렬과 석재가 노출되어 있으며, 주변으로 기와들이 산포되어 있다. 아직까지 조사가 제대로 이루어지지 않았고 잔존상태가 좋지 않아 정확한 유구의 성격을 파악하기가 어렵다.

---

59) 육군사관학교 육군박물관, 《경기도 파주군 군사유적 지표조사보고서》, 1994.

성동리산성

13) 성동리산성과 마을유적

城東里山城은 경기도 포천군 영중면 성동리 잣골마을의 해발 180m의 殘丘性 산지에 축조된 테뫼식 석축산성이다[60].

평면은 동서로 긴 사다리꼴의 형태를 하고 있으며 단면은 북고남저 · 동고서저의 형태이다. 성벽은 8~9부 능선상인 해발 157~167m의 높이에 축조하였으며, 평지와의 비고는 100m 정도로 비교적 높은 고도에 위치한다. 동벽은 영평천과 포천-철원간의 교통로와 인접하여 경사도가 매우 급한 반면, 서벽은 불무산의 지맥을 막아 축조하여 접근하기가 비교적 용이하다. 남북벽 역시 서벽과 같이 서쪽에서 뻗어 나온 능선으로 인해 성벽으로의 접근은 양호한 편이다.

성벽은 편축법으로 축조되었으며 성벽의 기초부인 암반은 L자형으로 굴착한 후 그 위로 장방형의 석재를 사용하여 수평을 맞춰가며 축조하

---

60) 백종오, 〈抱川 城東里山城의 變遷過程 檢討〉, 《先史와 古代》 20, 韓國古代學會, 2004.

성동리산성 성벽

성동리산성 성벽실측
광경

는 바른층 쌓기를 하였다. 상부와 하부의 석재가 동일한 크기를 유지하고 있는데, 이는 고대의 축조방법이라 할 수 있다. 내부면적은 3,259평이고 성벽 둘레는 401.9m이다. 성의 규모로 볼 때, 대규모의 병력이 오랜 기간 주둔하기에는 많은 제약이 있었을 것으로 보인다. 하지만 남쪽의 포천천과 영평천 혹은 포천-철원간의 육로를 통해 쉽게 접근할 수 있어 적은 병력으로도 소기의 효과를 거둘 수 있는 전략적 요충지에 해

성동리산성 우물지

당된다. 성내 구조물은 남문지, 북동치성, 우물지, 장대지, 수구지가 각 1개소 씩, 건물지는 3개소 정도로 파악된다. 현재, 성벽 상면을 따라 군사용 교통호와 지하참호가 조밀하게 조성되어 있으며 성내부에도 군시설이 설치된 상태이다.

문지는 남벽의 서측에 마련되었는데 어긋문의 형태를 하고 있다. 동북회절부에서 확인된 치성은 북쪽의 철원과 영평천 방면의 방어상의 취약점을 보완하기 위해 축조한 것으로 여겨진다. 이 치성은 면석이 모두 현무암으로 축조되었으며, 이는 궁예가 한탄강에서 돌을 날라다가 하룻밤 만에 축성하였다는 전설과 잘 부합되는 구조물이다. 산성내 건물지로 추정되는 지역은 상단대지에 2개소, 중단대지에 1개소 등 모두 3개소이며 장대지는 해발 180m의 정상부에 위치하고 있다. 음료유구는 상부의 평면형태가 원형이며 하부는 팔각형을 띠고 있다. 지름 약 2m, 깊이 1.7m로 비교적 대형의 우물지였음을 알 수 있다.

유물은 기와·토기·자기편들이 성내외에서 다량 출토되었다. 기와

성동리 마을유적 2호 주거지

의 문양은 직선문, 사선문, 격자문 등이며 대부분 회청색과 적갈색을 띠고 있다. 적갈색 연질기와가 일부 확인되는데, 이는 임진강 유역의 호로고루성과 당포성 등지에서 출토되는 고구려 기와와 연관하여 보는 견해가 있다. 토기는 백제토기로 추정되는 타날문 토기편이 출토되었는가 하면 아차산 4보루에서 출토된 것과 같은 연속 고리문 토기편이 수습되기도 하였다. 나말려초기의 유물로는 편병 덧줄무늬병과 같은 토기편들이 확인되었다.

성동리산성은 영평천-한탄강을 따라 배치된 고소성 · 주원리산성과 함께 남북 동서방향의 교통로에 입지하여 길목을 차단하는 전방에 위치한 산성으로 판단된다. 그리고 성동리산성에는 봉수가 성내에 위치하지 않고 성밖의 인접지역에 봉수대가 자리하고 있다. 즉, 북쪽으로 약 2km 떨어진 곳에 彌老谷烽燧가 위치해 있다. 이는 다른 지역에서는 확인되지 않는 독특한 구조이다.

성동리산성의 반경 15km 내에는 반월산성 · 대전리산성 · 고소성 ·

주원리산성 · 성령산성 · 보가산성 · 냉정리산성 · 명성산성 등이 위치한
다. 이 산성들은 대체로 포천천-영평천-한탄강 배후에 입지하며 해발
300m 이하의 구릉성 산지에 위치하고 있다. 이들 구릉성 산지는 주변의
높은 산악지대에 비해 상대적으로 높이가 낮은 편이다. 그러나 조망되
는 지역이 넓고 교통로를 확보하기에 유리한 조건을 가지고 있다.

한편 이 산성은 3~5세기 백제에 의해 초축되어 5~6세기에는 고구려
에 의해 사용되다가 6~7세기에는 신라의 북진기지로 이용되었다. 후에
이 지방에 태봉국이 건설되고 궁예에 의해 도성방어를 목적으로 개축되
어 크게 4시기의 변천과정을 겪고 있다.

한편 성의 아래에 자리 잡은 마을유적[61]의 2호 주거지 북동쪽 기둥구
멍 내에서 고구려 토기편이 출토되었다. 이 토기는 내외면의 색깔이 흑
갈색 내지 황색이며 연질이다. 문양은 암문의 연속고리문과 횡선이 돌
아가는데 이 횡선은 대상파수가 붙는 위치를 표시한다. 암문은 고구려
토기의 특징적인 요소로 토기를 성형하여 말린 후 소성하기 전에 단단
한 도구로 문질러서 문양효과를 낸 것이다. 이런 고구려 토기는 임진강
유역의 은대리성, 당포성 등과 천보산맥일원의 고구려 보루군, 한강유
역의 아차산일대 보루군에서도 출토되었다. 그중 암문의 연속고리문은
아차산 4보루에서도 동일한 문양이 출토된 바 있으며 이 유적은 5세기
중반에서 6세기 중반으로 편년된다.

이처럼 산성과 주거유적에서 함께 출토되는 고구려 혹은 고구려계 유
물은 지정학적인 요충지라는 중요성으로 인해 유적이 지속적으로 이용
된 증거라고 할 수 있다.

---

61) 경기도박물관, 《포천 성동리 마을유적》, 1999.

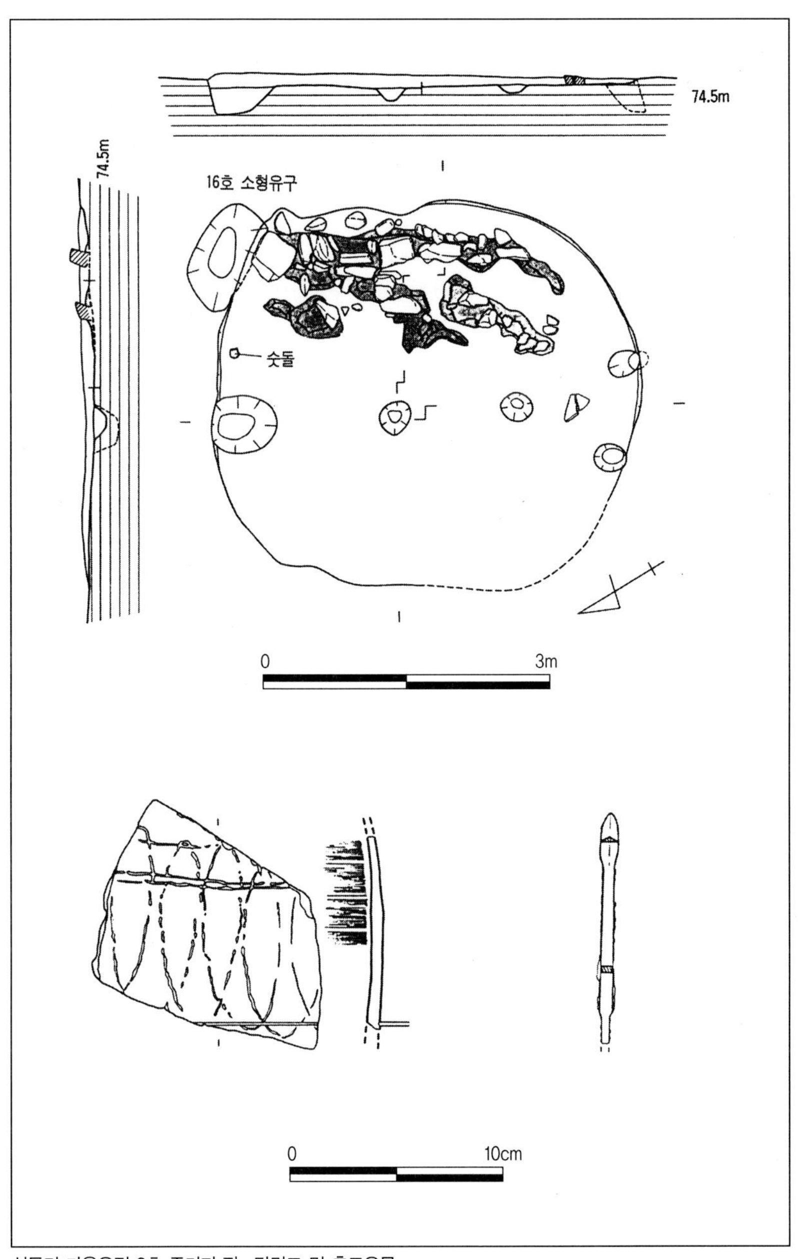

성동리 마을유적 2호 주거지 평 · 단면도 및 출토유물

대전리산성 성벽

14) 대전리산성

大田里山城[62]은 연천군 대전리와 장탄리의 경계를 이루는 성재산(해발 137.5m)에 축조되어 있다. 성재산은 서쪽으로는 한탄강에 접해있고, 남쪽은 신천이 동에서 서로 흘러 한탄강에 합류된다. 또한 현재 철원-연천-동두천-의정부를 잇는 3번 도로가 가까이 지나고 3번 도로의 지선인 37번과 322번 도로, 인근 경원선 철도 등이 서로 얽혀 있는 교통의 요지이다.

대전리산성은 테뫼식 산성이며, 산 정상부에서는 전곡 일대의 넓은 평야가 모두 조망된다. 또한 정상부는 완만한 대지를 형성하고 있으나, 외곽쪽으로는 골짜기가 이어지는 급경사 지역이다. 전체둘레는 약 700m이며, 현재 대부분의 성벽이 토사에 묻혀 있고 군사시설물이 들어서 있어 자세한 사항을 알 수 없다. 성의 제일 남쪽 부분에 문지로 추

---

62) 연천문화원, 《향토사료집》, 1995.

대전리산성 조사광경

대전리산성에서 본 전곡읍 일대

정되는 흔적이 확인되고, 성 남동쪽 정상부에서는 장대지로 추정되는 흔적이 관찰되지만 군사시설로 인해 많이 훼손되었다. 정상에서는 45×30×20cm, 40×50×20cm 정도의 현무암 석재들이 발견되며 주변

한탄강에서 본 대전리산성

에서는 많은 양의 와편이 흩어져 있다. 와편들은 주로 태선선조문과 격자문이 위주로, 태토는 고운 니질의 정선된 태토를 사용하였다. 색조는 회색과 적갈색을 띤다. 내면에는 마포흔이 선명하게 관찰되고 있어 고구려기와의 특징을 보인다. 이 외에 토기편이 소량 확인되었다.

이 산성은 전곡읍 일대를 조망할 수 있는 가장 좋은 위치를 차지하고 있으며 성의 밑에 있는 장군나루와 한여울을 통제하는 기능을 수행했을 것이다. 고구려군은 이 산성을 교두보로 삼아 임진강 남안에서 양주분지 일대로 이어지는 교통로를 장악했으리라 추정된다. 한편 신라에 점령된 이후로는 임진강 북안에서 남하하는 적을 방어하기 위해 사용되었을 것이다.

15) 전곡리토성

全谷里土城은 곡류하는 한탄강이 서향하면서 형성된 대지에 위치한다. 이곳은 전곡리 선사유적지로 잘 알려져 있는 지역이다.

전곡리토성

전곡리토성

성의 형태는 방형에 가까우며 둘레는 약 1.8km, 성내부 면적은 49,000평이다.

현재 성벽은 서벽을 제외하고는 잘 남아 있고, 북벽의 서쪽 일부분과

전곡리토성 내부

서벽 및 남벽의 일부는 상당부분 훼손된 상태이다. 북벽은 완경사구릉지를 이용하여 성벽 바깥쪽의 흙은 삭토하고 정상부 쪽은 흙을 성토하여 성벽을 구축하였다. 동벽은 북벽과 직각으로 만나며 일직선으로 구축되어 있는데 약 200m 정도가 남아있다. 바깥쪽의 높이는 3~4m 정도이다. 성내에서 가장 높은 곳은 북벽과 동벽이 만나는 교차되는 지점으로 장대가 구축되었을 것으로 보이는 100여 평의 평탄대지가 조성되어 있다. 문지였을 것으로 추정되는 동벽의 중간부분은 도로로 인해 15m 정도가 절단되었다. 동벽은 남벽과 완만한 곡선을 이루며 연결되어 약 200m 정도 이어지다 흔적이 희미해지며 다시 남쪽의 단애면 안쪽으로 성벽이 잘 남아있다. 남쪽은 높이 10m 내외의 현무암 단애면이 길게 형성되어 북쪽이나 동쪽보다는 방어에 유리했을 것으로 보인다. 북벽은 능선을 따라 밖으로 돌출되어 있어 동쪽으로 곡저부를 따라 깊게 내만한 성벽을 마치 옹성처럼 감싸 안고 있다. 곡저부의 안쪽으로는 북문지가 있었을 가능성이 있다. 선사유적지로 들어서는 도로의 동쪽에 성벽

단면이 노출되어 있는데 높이 약 5m, 기저부의 폭 약 20m 정도이다. 반대쪽은 경작으로 인해 기저부만 남아있다. 도로로 인한 절개지의 기저부에서 할석이 쌓여있는 것이 확인되었는데, 이는 이 성곽이 석심토축 방법으로 축조되었음을 알려준다.

유물은 성내에서는 거의 수습되지 않았고 37번 국도에서 성내로 진입하는 곳에 좌측 밭 일대에서 흑색의 마연된 고구려 토기편이 수습되었다[63].

전곡리토성의 형태는 강안 평지성인 호로고루와 은대리성, 당포성과는 축성방법이 다르다. 앞의 성들이 삼각형으로 돌출된 강변의 자연지형을 이용하여 단애면은 그대로 두고 한쪽면만 성벽을 구축하여 성을 축조한데 비해 이곳은 거의 4면 모두 지상구조물을 구축하였으며, 돌보다는 흙을 주재료로 하였다는 점에서 차이가 있다.

구석기 유물을 제외한 토기편이나 와편 등 다른 유물들은 거의 발견되지 않고 있기 때문에 출토된 유물만으로는 축성시점을 추정하기가 매우 어렵다. 유적의 성격상 성내에서 장기간 거주하기가 어려웠을 것으로 추정되는데, 현재 성내부 전체는 신생대 제4기에 해당하는 점토층이 형성되어 있어 해빙기나 여름철 장마 때 통행이 어려울 정도로 질고 미끄럽기 때문에 통행이 매우 불편하였다고 한다.

16) 아미성

阿未城은 파주시 적성면 적암리와 연천군 전곡읍 눌목리 경계의 봉우리(해발260m) 정상부에 위치한 테뫼식의 석축성으로 둘레는 302m이다[64]. 내부의 지형은 북고남저 · 동고서저이며 평면은 장타원형이다.

성벽은 북쪽의 정상부에서 남쪽으로 길게 뻗은 능선을 따라 축조하였

---

63) 경기도박물관, 《임진강》, 2001.
64) 육군사관학교 육군박물관, 《경기도 파주군 군사유적 지표조사보고서》, 1994.

아미성 동벽

아미성 성벽 축조상태

다. 동벽은 비교적 양호한 상태로 남아 있는데 급경사를 이루고 있는 자
연절벽과 암반위에 축조하였다. 남·서·북벽은 산의 경사면을 삭토하
여 축조하였으나 후대에 구축한 군사시설이 있어 대부분 무너진 상태이
다. 동벽 바로 아래 간파천이 한탄강으로 북류하며 현재 이 하천을 따라

368번 지방도가 개설되어 있다. 성내 북동쪽과 남동쪽에 주변에 비해 2~3m 정도 높은 대지가 형성되어 있으며, 이곳에서 동쪽의 간파천 일대의 시야의 확보가 매우 양호한 점으로 보아 장대지 등 주요 건물이 있었던 것으로 추정된다. 유물은 고구려 기와, 토기편이 채집되었다.

17) 육계토성

六溪土城은 파주시 적성면 주월리 임진강변에 위치하고 있다. 이곳은 한성백제시기의 주월리 유적으로도 잘 알려져 있다. 임진강이 사행곡류하며 형성된 강안대지 위에 축조되었다. 이곳은 임진강에서도 가장 수심이 낮은 가여울과 두지나루를 통제할 수 있는데 가여울은 한국전쟁 때 북한의 전차부대가 도하한 지점이기도 하다. 성내 서북쪽에는 성벽을 이용한 군시설이 있었으나 현재는 철수한 상태이다.

육계토성의 평면은 동북·서남 방향에 장축을 둔 장타원형에 가까운 형태를 하고 있으며 내성과 외성의 이중구조로 되어 있다. 즉 중앙부에서 서편으로 치우쳐 남북으로 뻗은 두 줄의 평행한 토루가 성내부를 구획하는 구조를 이루고 있다. 성내부는 대부분 논과 밭 등의 경작지로 이용되고 있으며, 1996년 수해복구 작업으로 인해 성벽과 성내부가 상당 부분 훼손된 상태이다. 내성의 중앙부 토루는 1996년 홍수로 사라졌으며, 서편 토루는 군부대의 방벽으로 이용되고 있다.

외성은 판축기법으로 축조된 것으로 추정되고 동남쪽 내벽구간에서는 하부에 현무암석재와 강돌을 이용한 높이 1m 내외의 석축이 관찰되고 있으나 성벽과 직접적인 관계여부는 추후 정밀조사가 요구된다. 토루는 동벽과 남벽구간에서 비교적 잘 남아있으며, 동벽과 북벽은 5·6년 전 군이 제방을 겸한 대전차 방벽을 쌓고 동굴진지를 축조하는 과정에서 파괴되었다. 동벽과 북벽은 상면 폭 6~20m, 하면 폭 7~28m, 내벽 높이 1.5~5m, 외벽 높이 1.5~5m 정도가 남아있다. 구간에 따라 잔존 현상의

사미천 방향에서 바라본 육계토성(2005)

남쪽에서 바라본 육계토성(2005)

차이가 큰 것은 홍수에 의한 성과 성주변의 지형변경과 성벽 상면에서 이루어지는 경작행위에 의한 것으로 보인다.

성내부는 동벽과 서벽에서 중앙부로 갈수록 단이 지며 낮아지는 지형

육계토성 성벽

으로 가장 낮은 지역에는 성을 남북으로 양분하는 수로가 조성되어있
다. 이 수로는 성의 동북쪽에서 남쪽으로 흐르며 서남회절부 부근에서
임진강으로 유입된다. 강변의 대전차 방벽에 의해 막혀지기 전까지는
임진강의 물이 성안으로 들어올 수 있는 구조를 하고 있어 수로를 이용
해 배가 직접 성안으로 출입할 수 있었던 것으로 여겨진다. 시설물로는
동문지·남문지·서문지 등 4개소를 각 방향에 따라 조성하였으며 북동
회절부와 남동회절부에 망대지의 역할을 수행하였을 것으로 보이는 고
대지가 확인되었다. 동남벽과 서남벽의 회절부 안쪽에 우물지 2개소가
남아있다.

유물은 구석기를 비롯하여 빗살무늬토기편·무문토기편과 삼국시대
~조선시대 그리고 한국전쟁에 이르기까지 전시기에 걸친 유물이 채집
되고 있다. 1996~1997년 경기도박물관과 한양대학교 박물관에 의해 성
내부에 대한 발굴조사가 실시되었는데, 조사결과 주거지 구덩유구 등과
토기류·철기류·장신구 등 초기백제시대의 유물이 다량 수습되었다.

육계토성 내 주거지(한양대2호) 노출상황

고구려토기 노출상태

그 중 '한양대 2호' 주거지 내부에는 온돌시설, 판재로 만든 벽체시설과 四耳廣口壺, 張胴壺 같은 고구려 토기를 비롯하여 대형옹, 철모, 찰갑편 등이 출토되었다[65].

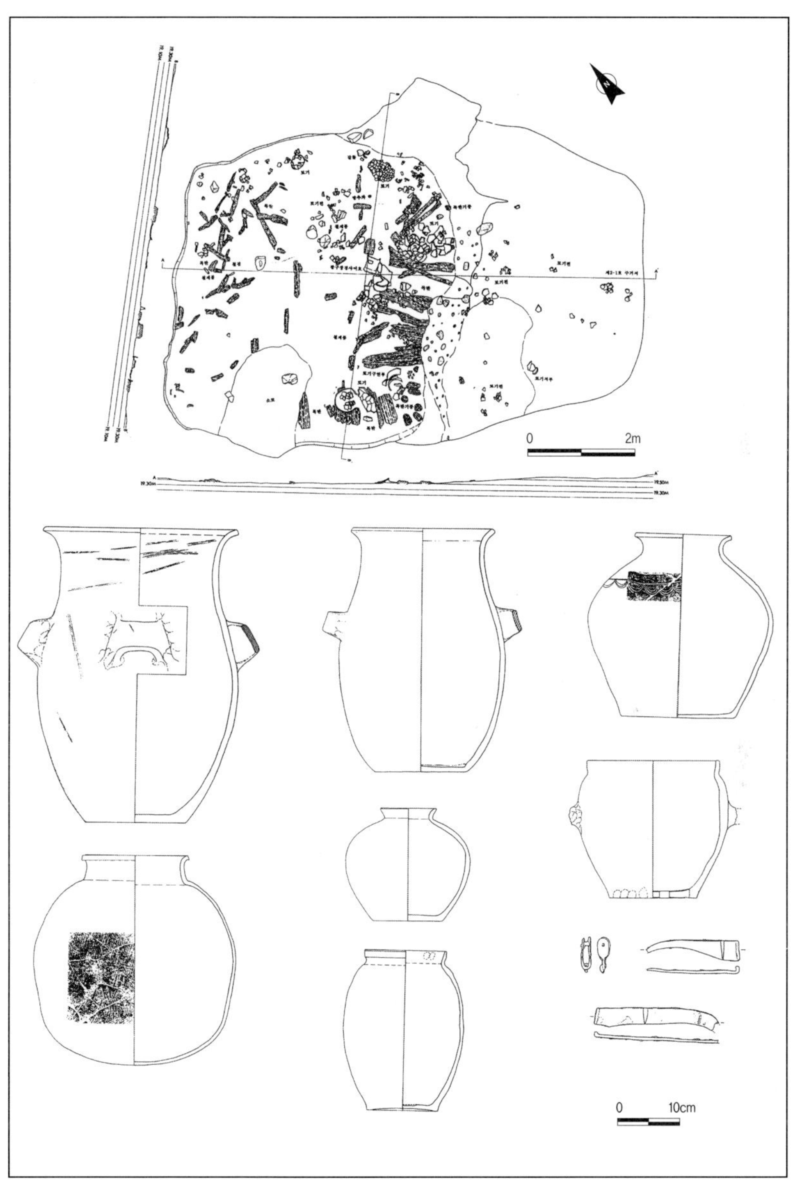

육계토성 내 주거지(한양대 2호) 평·단면도 및 출토유물

65) 경기도박물관, 《坡州 舟月里 遺蹟》, 1999.

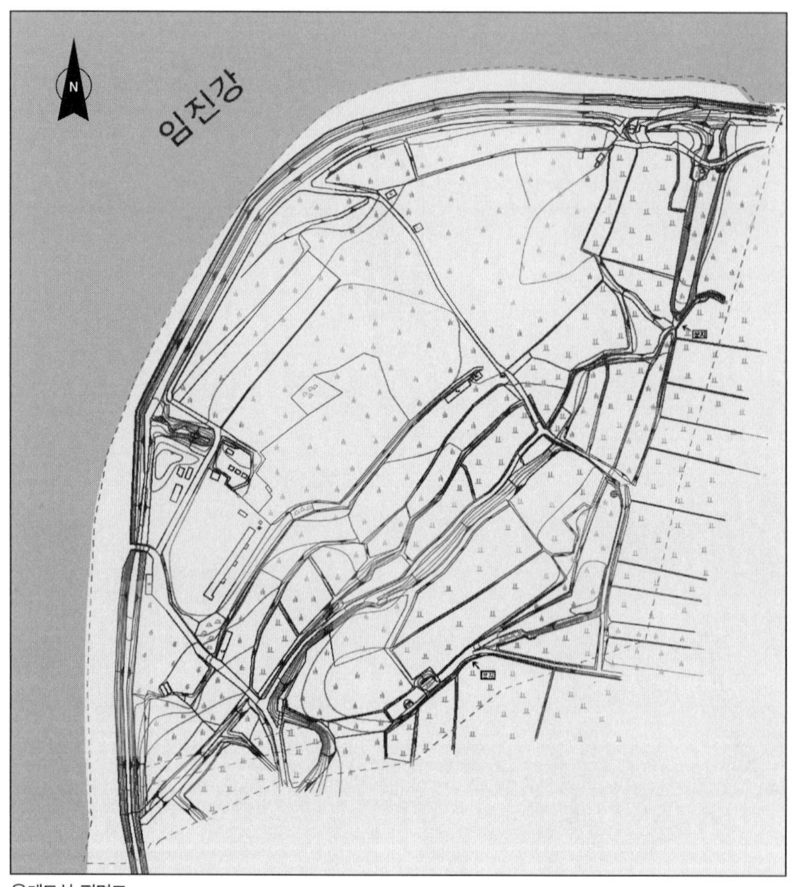

육계토성 평면도

인근 관방유적으로는 직선거리로 3km 떨어진 거리에 호로고루와 이 잔미성이 있다. 이 두 성은 임진강이 북쪽으로 만곡하여 흐르는 남·북 안의 돌출부에 축조된 강안평지성이다. 육계토성에서 남쪽으로는 칠중 성이 자리 잡고 있는데 직선거리로 약 3km 떨어져 있으며 상호 관망이 가능하다. 칠중성과 육계토성에서 발견된 고구려 유물로 미루어 이곳이 삼국시대 치열한 격전지 였음을 알 수 있다.

18) 이잔미성

二殘眉城[66]은 파주시 적성면 장좌리의 임진강 남안에 있는 작은 구릉 상(해발 40m)에 위치하고 있다. 임진강과 접한 쪽은 현무암의 단애가 발달하여 수직의 절벽을 이루고 있다. '남안 호로고루' 또는 '장좌리보루'라고도 일컬어진다.

현재 이잔미성은 군부대의 관할 구역이며, 군부대의 대공초소가 설치되었다. 기록에는 석축으로 둘레는 약 306m라 하였으나, 군부대의 진지가 조성되는 과정에서 원래 지형이 훼손되어 윤곽을 확인할 수 없으며 현재 석축으로 추정되는 구간을 일부 찾을 수 있을 뿐이다. 유물은 지표조사에 의해 선조문 기와편과 타날문 토기편, 장경호 등이 수습되었다.

《三國史記》에는 이 지역을 둘러싼 삼국간의 각축전이 묘사되었는데 백제 초기에는 말갈-백제간 각축이 있었고 이후 삼국이 교통로를 둘러

이잔미성

66) 국립문화재연구소, 《군사보호구역내 문화유적 지표조사보고서》경기도편, 2000.

이잔미성 북벽과 문지

이잔미성 성벽조사광경

싼 전쟁을 끊임없이 벌이고 있다. 이 지역이 북방에서 한강유역으로 남하하는 루트였기 때문에 고구려에 의해 중요시된 반면, 신라의 입장에서는 원산만 방면이나 평양방면으로 향하는 지름길이었기 때문에 결코 빼

이잔미성 성돌

앗길 수 없는 지역이었다. 이러한 중요성은 주변에 강안평지성인 육계토성과 금파리성이 자리 잡게 되는 배경이 되었고, 남쪽으로는 고구려와 신라에 의해 거점성으로 사용된 칠중성이 축조되는 계기가 되었다.

19) 칠중성

七重城은 파주시 적성면 구읍리 중성산(해발 149m)의 8~9부능선을 따라 축조된 테뫼식의 석축산성으로 사적 제437호 이다. 중성산은 紺岳山에서 서북쪽으로 뻗어 내린 낮은 봉우리에 불과하지만 북쪽으로 임진강변에 이르기까지 평야지대가 펼쳐져 있어 임진강을 둘러싼 남북일대의 평야지대가 한 눈에 조망되는 지리적 위치에 있다.

성의 전체 둘레는 603m이며 장축 198m, 단축 168m로 평면형태는 남북이 긴 장방형 형태이다. 지형은 서고동저로 현재 진입로 부분이 가장 낮고 북동쪽이 상대적으로 높다. 칠중성은 명칭 때문에 성벽이 여러 겹으로 된 복곽성일 가능성이 여러 차례 제기되었고, 2001년 실시된 지표조사[67]에서는 남벽의 2개소에서 중복된 성벽이 노출되어 복곽성일 가능성이 높아졌다.

칠중성에서 본 육계토성

칠중성에서 본 호로고루

　지표조사 결과 6개구간에 걸쳐 체성벽과 보축성벽이 확인되었다. 이
것은 칠중성이 신라초부터 꾸준히 보축되어 통일 이후의 양식까지 나타

---

67) 단국대학교 매장문화재연구소, 《파주 칠중성 지표조사보고서》, 2001.

성벽을 따라 구축된 참호

칠중성 잔존 성벽

나는 것으로 해석할 수 있다. 문지로 추정되는 곳은 동쪽과 서쪽에 있다.

칠중성에서 채집된 유물은 기와류와 토기류가 주류를 이루는데, 기와류는 선문, 격자문 등의 문양이 있으며 '七' 자명 명문기와가 출토되었

임진강에서 본 두지나루와 칠중성

다. 이 기와는 '칠중성'이라는 성의 명칭과 관련이 있는 유물로 확인되었다. 소량의 고구려 토기 및 기와편을 비롯하여 신라계 유물과 고려시대 토기편들이 다수 확인되었다.

산성의 동북쪽으로는 적성평야가 펼쳐지고 3km 떨어진 곳에 강안평지성인 육계토성이 있다. 칠중성 남쪽으로는 임진강의 지류하천인 설마천이 감악산의 서쪽으로 흐르고 있다. 이 설마천의 수계를 따라 형성된 설마천로는 임진강유역에서 한강유역으로 진입하는 주요 교통로이다. 여기서 설마치를 넘으면 간파천로와 만나는데 이 간파천로는 양주 일대로 진입하는 요로이다. 현재 설마천로는 323번 지방도로의 구간과 일치한다.

설마천로의 주변에는 감악산 보루와 무건리 보루가 직선거리 3km 지점에 위치하고 있는데 이 주요로를 통제하고 차단하는 역할을 하였던 것으로 보인다. 동쪽으로 6km 떨어진 곳에는 아미성이 있으며, 북서쪽의 임진강안에는 이잔미성과 호로고루가 자리하고 있다. 이처럼 칠중성

칠중성 평면도

주변으로는 임진강과 그 지류하천을 따라 성곽과 보루들이 집중적으로 분포하고 있다. 즉 칠중성은 주변 보조성을 거느린 거점성의 역할을 하였다고 여겨진다.

2

양주분지 일대의 고구려 유적

서울과 원산을 이어주는 추가령구조곡의 남쪽에 해당되는 양주분지는 주변이 산지를 이루며 돌아가고 그 사이에 좁은 분지가 북동에서 남서방향으로 발달하였다. 동쪽산지는 의정부 북부에서 시작되는 천보산맥이 반원형으로 이어지며 서쪽은 두줄기의 산지로 겹을 이룬다. 안쪽은 도락산(해발 441m)과 불곡산(해발 460m) 등 400m 내외의 산지이고, 그 바깥으로 감악산(해발 675m), 노고산(해발 401m), 앵무봉(해발 622m) 등 높은 산간지대가 펼쳐져 있다. 동서산지 사이에 있는 좁은 저지대를 신천과 청담천 등이 모여 북류하다가 한탄강으로 흘러간다. 중앙의 저지대는 북쪽에서는 협소하지만 남쪽의 주내면과 회천읍 일대로 가면서 산지가 침식되어 구릉지대와 분지가 비교적 넓게 발달하고 있다.

양주분지를 중심으로 분포하는 천보산맥 일원의 보루는 추가령구조곡에 의해 동서로 양분되어 나타난다. 동반부는 천보산맥과 분지의 회암천과 청담천 주변에, 서반부는 양주분지로 진입하는 산간지대에 環狀 형태로 분포한다. 그리고 임진강유역에서 양주분지로 이어지는 교통로인 신천로·간파천로 등이 통과하는 주요지점에 위치한다.

천보산맥일원은 크게 環狀의 外郭堡壘群과 菱形의 內郭堡壘群으로 나누어진다. 먼저 외곽보루군인 천보산보루군은 포천천로에서 양주분지로 이어지는 고개를 통할할 목적을 가진 것으로 여겨진다. 그래서 고개를 중심으로 등간격을 이루도록 배치하였다. 예컨데 천보산 2·3보루

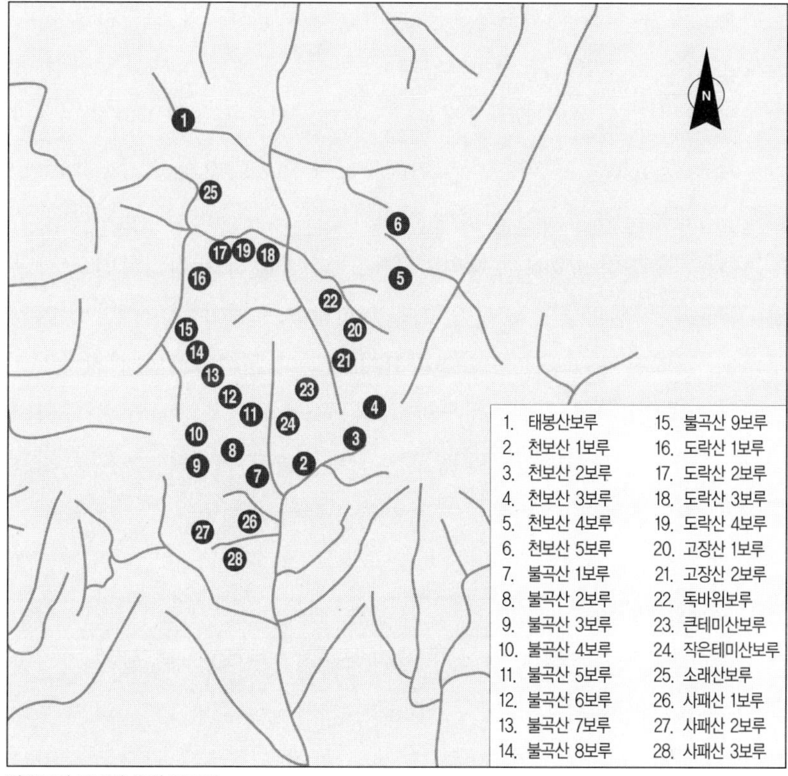

양주분지 고구려 유적 분포도

는 탑고개, 천보산 3 · 4보루는 양주분지로 진입하는 천보산맥의 백석이고개와 어야고개 그리고 동쪽 구릉지대의 축석령, 천보산 4 · 5보루는 남진하는 포천천로에서 양주분지로 이어지는 회암령 투바이고개와 석문령을 통제하고 있다.

이와 마찬가지로 소래산보루는 남북으로 연결되는 신천로가 서향하여 직각으로 곡류하는 지점에 위치하며, 노고산보루와 기산리보루 역시 임진강 하류에서 시작되는 문산천로가 양주분지의 초입에 해당하는 비암리 견진바위고개의 좌우에 포진하였다. 이렇게 외곽보루는 양주분지로 이어지는 고개를 중심으로 환상형태로 돌아가고 있다.

　다음으로 능형의 내곽보루군은 신천로와 중랑천로의 연결지점에 마름모 모양으로 조밀하게 배치되었다. 불곡산보루군은 서쪽 대모산성 방향의 작고개를, 동쪽의 고장산보루군·큰테미산보루 등과 대응하며 3번 국도와 중랑천로를, 북쪽의 도락산보루군과 대응하며 청엽굴고개를 통할 수 있는 지정학적인 지점에 위치하였다. 그리고 이들 내외곽의 보루는 외곽의 포천천로에서 백석이고개를 넘어 분지로 진입하면 고장산보루군과 독바위보루에, 포천천로에서 회암령을 넘어 진입하면 회암리보루에, 감악산의 어룡고개와 간파고개 그리고 문산천로의 견진바위고개를 넘어 진입하면 도락산보루군과 불곡산보루군에 맞닿도록 배치되었다. 따라서 천보산맥일원의 보루는 거미줄처럼 연결되어 양주분지로 진입할 수 있는 길목에 빈틈없이 배치된 형태를 보여준다.

1) 태봉산보루

　경기도 양주시 은현면 운암리 일원(봉암리 산72)의 태봉산에 자리한다. 보루는 정상에서 서쪽으로 250m 가량 떨어진 해발 157m의 봉우리에 위치하고 있다. 이곳의 서쪽으로는 입암천이 흐르고 남으로 도락산보루군과 남서로는 망당산, 그리고 북으로 감악산과 마차산이 돌아가며 동으로 소래산보루와 멀리 천보산맥이 둘러쳐져 있다. 성내 진입은 서벽과 북벽의 가지능선를 통해 가능하며 동남벽의 연접부를 통해서는 태봉산 정상으로 오를 수 있다.

　전체 둘레는 122m이고 성벽을 따라 군교통호가 돌아가고 있으며 주변에 성벽의 석재로 추정되는 판석형 부재가 어지럽게 널려져 있다. 동벽과 남벽은 비교적 잔존상태가 양호한 편이나 북벽과 서벽은 성벽을 관통하여 군시설이 들어서 있다. 동벽은 협축의 흔적이 보이고 그 너비는 1.5m 정도이다. 일부 구간에서는 얇은 판석형 석재를 쌓은 성벽이 남아있고 동남회절부에는 대형의 다듬은 석재가 교통호상에 놓여있다.

태봉산보루 전경(입암천 방면에서)

태봉산보루 근경

이 회절부에 접해 지적삼각점인식표(1994.10.22)가 설치되어 있으며 주변으로 평탄지가 조성되었는데 이곳에서 한단 더 내려와 서벽과 연결되는 또 하나의 평탄지가 형성되어 있다. 즉 남북으로 긴 상하 2단의 평탄

태봉산보루 성벽

태봉산보루 출토 고구려토기

지가 남아있는 것이다. 특히 하단대지에는 바위가 3군데 노출되어 있으며 중간의 바위상면에는 알구멍이 20여 군데 파여 있다. 지석묘에서처럼 정형성을 갖춘 배열을 보이고 있다.

치성은 동남회절부에서 그 윤곽이 보이며 수구는 북벽과 서벽의 중간부에 위치하는 것으로 여겨진다. 보루 밖의 서사면과 남사면에는 채석장으로 사용된 암반이 많이 노출되어 있다.

유물은 서벽부 교통호를 중심으로 다량의 고구려 토기편이 수습되는데 그 종류는 대형옹편과 대상파수, 소형호, 벽체편 등이다. 대체적으로 니질의 태토이며 소성도가 낮아 손으로 만지면 묻어나는 연질토기들이다. 일부는 매끄럽게 정면한 것도 있으며 경도가 높은 경질토기도 관찰된다. 색깔은 회색과 황색, 황적색 계통이 주를 이룬다.

지금까지 조사된 양주분지의 고구려 보루 중 보존상태와 출토유물이 가장 양호하게 남아있는 유적이며, 추후 정밀한 조사를 통해 양주지역 보루군의 구조와 성격에 많은 자료를 제공해줄 것으로 판단된다.

2) 천보산보루군

天寶山堡壘群은 양주분지의 동쪽에 남-북방향으로 형성된 천보산맥을 따라 형성되어 있다[68]. 양주분지의 동반부에 해당되며 모두 5개소가 확인되고 있다. 주변 성곽들 사이의 거리를 보면, 먼저 외곽의 천보산은 1 · 2보루만 270m의 가까운 거리를 두었고, 2 · 3보루는 4km, 3 · 4보루는 6km, 4 · 5보루는 3.5km로 5km 내외의 간격을 하고 있다. 서쪽으로 돌아가는 천보산 5보루에서 소래산보루까지는 6km, 소래산보루에서 노고산보루까지는 10km, 노고산보루 · 기산리보루 · 천보산 1보루는 각각 9km의 간격을 보인다. 즉 양주분지를 둘러싸고 있는 외곽보루군의 동반부는 5km 내외, 서반부는 6~10km의 배치간격을 두었다.

천보산 1보루는 의정부시 금오동 마전리에 소재한다. 이곳은 천보산 개암사 뒷편의 해발 299m의 낮은 봉우리 정상부로 전체 둘레가 약 40m에 이르고, 높이는 3m 가량 되는 방형의 석축단으로, 주변에는 석축에

---

68) 한국토지공사토지박물관, 《양주군의 역사와 문화유적》, 1998.

천보산 1보루 내부 석축

천보산 2보루 내부

사용되었던 할석들이 노출되어 있다. 석축은 1m 정도의 대형 석재를 사용하여 축조하였으며, 석축단의 윗부분에는 배수지 시설과 철조망이 둘러져 있다. 이 유적은 지정학적인 위치상 고려~조선시대의 의례용 건물이 있었던 것으로 추정되며, 본래 보루로 축조되었다가 후대에 다른 용도로 재사용된 것으로 보인다.

유물은 석축단과 그 주변에서 기와편을 비롯한 토기편이 다수 발견되었다. 먼저 기와편은 대체로 어골문과 파상문이 주류를 이루며, 고구려 것으로 보이는 적갈색 토기편 1점이 수습되었다.

천보산 2보루는 의정부시 금오동에 위치하며 해발 336.8m의 천보산 정상부에 해당한다. 유적이 위치한 곳은 주변지형 중 가장 높은 곳으로, 사방의 조망이 뛰어나 전략적으로 매우 중요한 요충지였음을 알 수 있다. 유적은 본래 세장한 타원형이었을 것으로 추정되나, 전체 유적의 90% 이상이 군사시설물과 이동통신시설로 인해 이미 파괴된 상태여서 정확한 형태를 알 수 없다. 현재 확인되는 유구는 북쪽 말단부로 성돌이 1단 정도 남아 있으며, 보루 정상부에서 북동쪽으로 약 5m 지점에는 집수 시설로 추정되는 방형 유구가 남아 있다. 이 방형 유구의 규모는 남-북이 460cm, 동서가 520cm이며 내부에는 고운 마사토와 흑색의 부식토가 채워져 있다. 보루 주변에서는 많은 양의 고구려 토기편이 발견 되고 있으며, 백제토기로 추정되는 연질토기편도 확인된다.

천보산 3보루는 의정부시 자일동의 소봉(해발 282m) 정상부에 위치한다. 보루의 전체적인 형태는 장란형의 형태이며, 조망이 좋아 주내면 일대가 한 눈에 보인다. 현재 유적의 대부분은 흙 속에 묻혀있다. 보루의 둘레는 약 88m이며, 장축은 43m, 단축은 24m이다. 성벽의 높이는 2~3m로, 20~30cm 크기의 할석을 사용하여 조성하였다. 현재 내부에는 군용 헬기장이 들어서 있고, 군데군데 참호도 확인된다. 또한 주변에는 후대의 것으로 보이는 도랑들이 곳곳에 파여져 있다. 성내부에서는 삼국시대 토기편이 소량 수습된다.

천보산 4보루는 석문령 북쪽의 소봉 정상부(해발 342.8m)를 삭토한 후 30~40cm 정도 크기의 할석을 사용하여 조성하였다. 평면형태는 원형

천보산 3보루 원경

에 가까우며, 전체둘레 46m, 장축 15m, 단축 14m, 높이 2~3m이다. 현재 체성벽 외벽은 붕괴되거나 흙 속에 묻혀 정확한 계측이 어려우며 부분적으로 석축이 노출되어 있을 뿐이다. 유물은 성내부에서 소량의 토기편이 발견되는데, 삼국~통일신라 시기의 토기들이 대부분이다.

천보산 5보루는 회암령 투바이 고개 정상부 북쪽에 위치한 해발 423m 봉의 정상부에 소재한다. 성내부는 평탄한 편이며, 평면형태는 장타원이다. 성의 둘레는 120m 정도이며, 장축은 41m, 단축은 20m, 높이는 3~5m이다. 산의 남쪽에서 정상으로 오르는 길목에 3~4단 정도의 석축이 2m 정도 남아 있는 것이 확인된다. 성벽과 성내부에는 잡목이 우거져 있고, 토사에 묻혀 있어 정확한 상황을 알 수는 없다. 유물은 소량의 토기편이 수습되었다.

천보산보루군은 양주분지의 동쪽을 감싸고 있는 외곽보루군으로 포천천로에서 양주분지로 이어지는 고개를 통제하기 위해 축조되었다. 천보산 1·2보루는 포천천로에서 중랑천로로 이어지는 분수령에 해당된

천보산 4보루 내부

천보산 5보루 잔존 성벽

다. 천보산 2 · 3보루는 탑고개, 천보산 3 · 4보루는 양주분지로 진입하
는 천보산맥의 백석이고개 · 축석령 · 어야고개와 동쪽 구릉지대의 축석
령 · 동남방향의 왕숙천로를, 천보산 4 · 5보루는 남진하는 포천천로에
서 양주분지로 이어지는 회암령 투바이고개와 석문령을 통제하기 위해

고개를 사이에 두고 등간격을 유지하고 있다. 특히 천보산 3보루는 동쪽의 고모리산성에 대응하고 있다. 인접한 소래산보루는 남북으로 연결되는 신천로가 서향하여 직각으로 곡류하는 지점에 위치한다. 이렇게 외곽보루는 포천방면에서 양주분지로 이어지는 고개를 주 방어대상으로하여 양주분지 일대에 환상으로 축조되어 있다. 한편 유사시 포천천로와 중랑천로를 통해 이동하는 적을 제압하는 역할도 담당할 수 있었을 것이다.

3) 불곡산보루군

양주의 진산인 불곡산은 추가령구조곡의 서쪽에 위치하고 있으며, 여기에는 모두 9개소의 보루가 2열로 배치되어 있다. 이 일대에는 서울에서 북쪽으로 올라가는 간선 도로망인 3번 국도를 기준으로 하여 동쪽으로는 큰테미산과 작은테미산 보루가, 서쪽으로는 佛谷山堡壘群이 서로 마주보며 위치해 있어, 이 지역 일대가 전략적으로 중요한 요충지임을 알게 해준다.

불곡산 1보루는 불곡산의 동남쪽 능선 말단부에 축조되어 있다. 유적은 두개의 봉우리 즉, 해발 240.8m의 봉우리와 북쪽으로 인접한 239m의 봉우리를 연결하여 장타원형의 형태로 축조하였다. 이 곳은 주변의 조망이 좋아 남쪽으로는 의정부 일대가 동쪽으로는 3번국도 주변이 한눈에 들어온다.

전체둘레는 175m이며, 장축은 66.5m, 단축은 21m, 높이는 3m 정도이다. 유적의 서쪽부분으로 체성벽의 일부가 2~3단 정도 노출되어 있는것을 제외하고는 대부분 토사에 덮여 있어 자세한 사항을 알 수가 없다. 성의 내부에는 집수시설로 보이는 구덩이들이 확인된다. 유물은 소량의 삼국시대 토기편이 발견된다.

불곡산 2보루는 1보루에서 서북쪽 500m 지점인 해발 288m의 봉우리

불곡산 1보루 무너진 석축

불곡산 2보루에서 본 의정부 일대

정상부에 위치한다. 이곳은 불곡산 정상과 동두천 일원이 잘 조망되는 곳으로, 정상부는 평탄면을 이루고 있다. 보루의 평면형태는 장타원형이며, 장축방향은 북서-남동을 향한다. 전체둘레는 76m 정도, 장축은

불곡산 2보루 내부 잔존 석축

28m, 단축은 14m, 높이는 2m이다. 현재 대부분이 퇴적토에 매몰되어 자세한 상황은 알 수 없으나, 남동쪽 진입로의 일부분만은 20~30cm 크기의 화강암 성돌이 노출되어 있다. 성내부에는 집수시설이 있었을 것으로 추정되는 직경 5m 정도의 흔적이 확인된다. 유물은 고구려계토기편으로 추정되는 저부편과 신라토기편이 수습된다.

불곡산 3보루는 2보루에서 서쪽으로 550m 떨어진 불곡산의 남쪽 능선 말단부의 봉우리(해발 274.3m)에 있다. 유적은 이 봉우리의 정상부를 돌아가며 축조되었다. 보루의 평면형태는 장타원형이고, 전체둘레는 98m 정도이며, 남-북 장축은 28m, 동-서 단축은 14m이다. 대체로 20~30cm 정도 크기의 치석된 석재를 사용하였으며, 부분적으로 3~4단 정도의 석축이 남아 있다. 보루의 내부는 2m 정도의 단이 져 있는데, 윗부분과 아랫부분 중간에 석축을 둘렀다.

불곡산 4보루는 불곡산의 남쪽 지봉(해발 300m)으로써, 3보루와는 500여 m 떨어져 있다. 유적은 봉우리의 정상부를 편평하게 삭토한 후

불곡산 4보루 무너진 석축

돌아가며 축조되었다. 보루의 평면형태는 장타원형이며, 장축방향은 북동-남서를 향한다. 전체둘레는 약 105m, 장축은 35m, 단축은 18m 정도이며, 석축은 폭 5~10m 범위에 걸쳐서 무너진 상태이다.

불곡산 5보루는 불곡산 4보루에서 동북쪽으로 400m 가량 떨어져 위치한다. 이곳은 불곡산 정상부의 남동쪽 해발 443.5m 지점이다. 유적은 20~30m 정도의 자연암벽을 활용하여 쌓았으며, 정상부에서 5m 정도 하단으로 암벽을 따라 축조하였다. 유적의 평면형태는 장타원형으로 장축방향은 북서-남동을 향한다. 성벽의 전체둘레는 105m, 장축은 29m, 단축은 20m 정도이다. 성돌은 30~50cm 정도 크기의 할석을 사용하여 바른층 쌓기를 하였으며, 서쪽 성벽으로 2~3단 정도의 체성벽이 노출되었다.

한편 성내부에는 문확으로 추정되는 지름 21cm, 깊이 19cm 정도의 구멍이 확인된다. 유물은 소량의 고구려 토기편을 비롯하여 삼국~고려시대 토기편이 수습되었다.

불곡산 6보루내 건물 주공

불곡산 6보루 잔존 석축

불곡산 6보루는 5보루에서 북서쪽으로 약 100m 가량 떨어져 위치하며, 해발 468.7m의 상투봉 정상부에 형성된 자연암벽을 사용하여 축조되었다. 봉우리 동북쪽은 자연암벽을 살리고, 서쪽 하단부에 석축하였

불곡산 7보루 석축

다. 유적의 평면형태는 반타원형이며, 전체둘레는 220m, 높이는 3~4m 이다. 현재 유적이 노출되어 있는 곳은 성의 서북쪽 체벽이다. 성벽은 길이 10m, 높이 1.8m 정도가 확인되며, 30~40cm 정도의 할석들과 1m 정도의 장대석들이 함께 사용되었다. 또한 성벽 곳곳에서 2~3단 정도의 외벽이 부분적으로 확인되기도 한다. 성내부 남서쪽에는 약 10×10m 정도의 평탄지가 조성되어 있으며, 집수시설로 추정되는 지름 2.5m, 길이 50cm 정도의 구덩이가 남아 있다.

불곡산 7보루는 6보루에서 서북쪽으로 150m 가량 떨어져 있는데 해발 424m와 426m의 두 봉우리를 연결하여 축조하였다[69]. 동북쪽은 별다른 시설없이 자연절벽을 그대로 이용하였다. 평면은 장타원형으로 둘레는 110m이고 장축은 20m, 단축은 10m 가량이다.

성벽은 20~30cm 크기의 치석된 할석재를 사용하여 바른층 쌓기를

---

69) 한국토지공사 토지박물관, 1998, 《양주시의 역사와 문화유적》, 248~249쪽.

불곡산 7보루 내부

하였으며 서쪽으로 2~3단 정도의 외벽이 노출되어 있다. 그리고 북쪽 바위부분에는 후대에 보수한 듯한 석축이 길이 3m에 높이 2m 정도로 남아있다. 유물은 고구려토기편이 채집되었는데 흑갈색 연질의 동체부와 저부편으로 표면이 반질반질하며 니질태토이다. 두께는 0.7cm, 1.4cm이다.

불곡산 8보루는 해발 445.3m의 봉우리 정상부에 위치한다. 이곳은 불곡산 7보루에서 서북쪽으로 약 500m 가량 떨어진 지점으로 불곡산 1보루와는 2,300m 가량 떨어져 있다. 유적은 봉우리 서쪽으로 형성되어 있는 자연암반에 기대어, 동쪽을 위주로 축조되었다. 성의 평면형태는 가운데가 잘록한 장타원형이며, 전체둘레는 140m, 장축은 56m, 단축은 15m, 높이는 3~4m 정도이다. 한편 유적의 남쪽 모서리 부분에는 성벽 외곽으로 보축을 하였으며, 석축외벽은 1~2m 정도만 남아있다. 유물은 삼국~고려시대의 토기편이 소수 확인된다.

불곡산 8보루에서 뻗어 나온 북서쪽 지맥인 해발 320m 봉우리에 9보

불곡산 8보루

루가 자리한다. 정상부에서는 불곡산일대와 북동쪽의 도락산보루군 그리고 광적면일대가 한눈에 들어온다. 유적은 봉우리 두개를 연결하며 쌓은 마안형의 형태이나 그 내부에 군시설이 들어서 있어 대부분 훼손된 것으로 추정된다. 남서쪽으로 길이 10m, 높이 2m의 석축이 10~20단 정도 잔존하고 있다. 석재는 장방형과 판석형을 일부 다듬어서 축성하였다. 내부에서는 회백색, 회갈색, 회흑색계통의 고구려 토기편이 수습되었다. 동체부편과 저부편으로 내 · 외면에서 물손질흔이 관찰된다. 두께는 0.7~0.9cm이다.

菱形의 내곽보루군을 형성하고 있는 불곡산보루군은 신천로와 중랑천로의 연결지점에 능형을 기본틀로 하며 조밀하게 배치되어 있다. 불곡산보루군은 서쪽 대모산성 방향의 작고개를, 동쪽의 고장산보루군 · 큰테미산보루 등과 대응하며 3번국도와 중랑천로를, 북쪽의 도락산보루군과 대응하며 청엽굴고개를 통할할 수 있는 지정학적인 지점에 위치하고 있다. 불곡산보루중 불곡산 3 · 4보루는 대모산성과 대응관계를 이루

불곡산 9보루

불곡산 9보루 잔존 석축

도록 남서향하는 지맥에 축조되었다.

또한 불곡산 6보루를 중심으로 북서-남동방향의 5·7보루는 100~150m의 아주 가까운 거리에 위치하고 있어 중심보루와 보조보루라는 기능상의 차이를 반영해 주고 있다.

4) 도락산보루군

道樂山은 불곡산의 북쪽에 위치한 작은 산으로 4개소의 보루가 확인 된다[70]. 이 곳은 남쪽으로 자리한 불곡산 일원의 보루들이 잘 조망되며, 또한 광적면 일대의 움직임을 한 눈에 파악 할 수 있어 전략적으로 매우 중요한 지점이다.

도락산 1보루는 도락산 능선 남쪽 말단부 해발 327m 지점에 위치 한다. 이곳은 남서방향의 백석면 방성리와 경계지점이며, 북쪽으로는 도락산 정상부와도 연결된다. 그리고 북쪽으로는 광적면 일대가, 남 쪽으로는 불곡산 보루군이 한눈에 들어온다. 유적의 평면형태는 원형 으로 직경이 10.7m이며, 20~30cm 정도 크기의 판석을 이용하여 축 조하였다.

전체둘레는 33m, 높이는 3m 정도이며, 현재 정상부의 중앙에는 목재

도락산 1보루

---

70) 경기문화재단, 《경기도의 성곽》, 2003.

도락산 1보루에서 본 광적면 일대

도락산 2보루 잔존 석축

로 만든 팔각정이 들어서 있어 유적의 대부분이 파괴되었다. 유물은 정상부와 사면에서 많은 양의 토기편들이 흩어져 있는데, 삼국시대의 유물 이외에 점토대토기가 확인된다.

도락산 2보루는 도락산 1보루에서 동북쪽으로 1.5km 가량 떨어진 지점에 위치한다. 이곳은 광적면 가납리와 백석면 방성리의 경계지점이기도 하다. 유적의 평면형태는 장타원형이며, 장축방향은 동-서를 향한다. 전체둘레는 170m 정도이며, 내벽의 둘레는 150m, 장축은 67m, 단축은 18m이다. 자연경사면을 포함한 전체 높이는 4~5m이며, 석축된 부분은 2m 내외이다. 또한 방어에 취약한 지점인 동쪽 능선 쪽에는 내벽의 바깥 쪽에 다시 한 겹의 성벽을 둘렀다.

현재 유적은 대부분 토사에 묻혀 있으나 부분적으로 석축렬이 노출되어 있고, 성의 동북쪽으로 폭 10m 정도의 석축외벽이 확인된다. 석축은 바른층쌓기를 하였으나 퇴물림쌓기는 하지 않았으며, 10단 내외의 석축이 약 1.2m 정도 남아있다. 성돌의 크기는 35~40cm 정도이며 윗돌과 아랫돌은 중간 정도 맞물리도록 쌓았다.

보루의 내부는 높이에 따라 3단으로 구분된다. 최정상부의 첫 번째 단에는 협축형태로 쌓아 올린 석축구조물과 배수로가 확인된다. 두 번째 단에서는 짚단이 섞여있는 소토가 다량 발견되는데, 이는 집체시설의 일부로 판단되며 따라서 이 부분에 주거 시설이 있었을 것으로 추정된다. 세 번째 단은 비교적 음습한 지대로 지름 5m, 깊이 1m 정도의 구덩이가 보여 집수시설이 있었던 것으로 추정된다.

유물은 상당수의 토기편과 기와편이 발견되고 있는데, 토기는 고구려계 토기가 주를 이루고 와편은 고려~조선시대의 것이 다수 보인다.

도락산 3보루는 해발 440.8m의 도락산 정상부에 자리 잡고 있어 동쪽으로는 3번 국도 일대와 천보산맥 서쪽지대가 남쪽으로는 불곡산 일대가 조망된다.

보루는 타원형에 가까운 평면형태를 지니는데 전체 둘레는 약 20m이고, 직경은 5m, 높이는 3m 정도이다. 석축은 크기 20~30cm 정도의 할석을 사용하여 축조하였다. 현재 보루의 서쪽과 남쪽 부분이 상당부분

도락산 3보루 잔존 석축

훼손되어 있으며, 또한 토사에 의해 덮여 있어 자세한 상황은 알 수 없다. 성내부에서는 벽체로 추정되는 짚이 섞인 붉은색 소토가 발견되어 건물이 들어서 있었음을 알 수 있다.

유물은 주로 토기편들이 확인된다. 주로 고구려계 유물인 적갈색 니질 토기편들이 많으며, 회백색 연질의 승석문토기편과 회청색 경질토기편도 일부 발견된다.

4보루는 2보루와 3보루사이의 안부에서 확인되는데 평면은 방형을 띠고 크기는 동서 9.5m, 남북 9.7m이다. 둘레는 50m 정도이다. 기단석은 비교적 대형의 석재를 놓고 그위로 장방형 또는 판석형의 할석재를 높이 1~1.5m에 10~12단 정도 쌓아 올렸다. 내부는 진지구축으로 인한 원형의 함몰부가 있으며 북벽을 제외한 나머지 성벽은 축조양상을 파악할 수있을 정도로 양호한 편이다. 유적이 위치한 곳이 2보루와 3보루 사이의 능선부로 남북으로 형성된 계곡부를 통제하기 위해 설치된 것으로 여겨진다. 석축단 사이에서 적갈색과 회백색, 흑갈색계통의 고구려 토

도락산 4보루 잔존 석축

도락산 4보루 돌확

기편을 채집하였다. 모두 동체부편으로 니질과 연질이며 내·외면에는 물손질흔이 보인다. 두께는 0.6~0.8cm이다.

한편 도락산보루군에서 수습되는 유물들은 대부분 고구려계 토기편들이 주류를 이루며 삼국~조선시대 유물까지 다양하게 수습된다. 또한 도락

도락산 4보루 출토 고구려토기

산 1보루에서는 초기철기시대의 점토대토기가 수습되기도 하였는데, 이로 보아 도락산 일대는 오래전 부터 사람들이 생활하였던 곳임을 알 수 있다.

한편 각 보루간의 거리를 보면, 1보루에서 북동쪽으로 1.5km 가량 떨어진 지점에 2보루가 위치하며, 여기에서 남서쪽으로 350m 가량 떨어진 지점에 3보루가 위치한다. 이와 같이 2보루를 중심으로 하여 1보루는 먼 거리에, 3보루는 비교적 가까운 거리에 위치하는 것으로 보아 2보루는 불곡산 6보루와 동일한 성격인 중심보루의 역할을 했던 것으로 생각된다. 지형에 따라 천보산·불곡산·도락산보루군으로 묶어 보았을 때, 각 보루군의 간격은 4~5km 내외를 보인다.

5) 고장산보루군

양주시 회천읍 덕계리에 위치한 高嶂山은 천보산맥으로 둘러싸인 양주분지 동반부의 구릉지대에 해당된다. 고장산은 인근의 큰테미산보루 및 작은테미산보루와 마찬가지로 추가령구조곡의 동편에 위치하여 전

고장산 1보루

고장산 1보루 석축

략적으로 매우 중요한 위치를 점하고 있다. 유적은 두개의 보루가 능선을 따라 250m 간격을 두고 위치해 있다.

고장산 1보루는 고장산의 남쪽(해발 199.8m) 봉우리 정상부에 위치한

고장산 2보루

다. 이 곳은 주변의 조망이 좋아 북동쪽 방향의 독바위보루와 북서-남동방향으로 흐르는 청담천이 한눈에 들어온다. 또한 북쪽으로 형성되어 있는 고장산 주봉과도 잘 연계되어 있다.

유적의 둘레는 약 21m 정도로 소형의 석축 보루이며, 현재 석축의 대부분이 토사에 덮여 있어 자세한 상황은 알 수가 없다. 그러나 부분적으로 30~40cm 정도의 할석들이 노출되어 있다. 성내부 중앙에는 지름 2m, 깊이 1m 정도의 구덩이가 확인되는데 이는 집수시설로 판단된다. 유물은 회청색 경질토기편이 소량 확인되었다.

고장산 2보루는 고장산 주봉 정상부(해발 200.3m)에 위치하며, 고장산 1보루에서 능선을 따라 북쪽으로 250m 가량 떨어져 있다. 이곳은 군사시설이 들어서면서 유적의 대부분이 파괴되어 자세한 사항은 알 수가 없다. 다만 부분적으로 원토층이 살아 있는 곳에서 삼국시대의 토기로 보이는 갈색 연질 토기편들이 확인된다.

포천천로에서 천보산맥의 백석이고개를 넘어 양주분지로 진입하면

고장산보루군과 독바위보루에 닿게 되는데 1차적으로 천보산보루군에
서 통제된 적이 2차적으로 고장산보루군 등의 내곽보루군에 의해 저지
됨을 알 수 있다.

6) 독바위보루

유적이 위치한 곳은 양주시 회천읍 옥정리의 독바위(해발 181m) 정상
부이다. 이곳은 주변에 높은 산이 없는 독립된 구릉으로써 사방의 조망
이 좋으며, 서쪽으로는 청담천이 남동–북서 방향으로 흘러 회암천과 합
류된 후 한천으로 유입된다. 독바위는 산 정상부에 독처럼 생긴 커다란
바위가 노출되어 있다고 해서 붙여진 이름이다.

현재 성벽은 토사에 덮여 있어 정확한 둘레를 알 수 없으며, 성벽의
높이는 2~3m 정도이다. 평면형태는 소봉의 정상부를 중심으로 동쪽으
로 길게 타원형을 이루게 축조되었다. 북쪽과 동쪽은 석축하였고, 남쪽
과 서쪽은 자연 암벽 경사면을 이용하였다. 성 내부에서는 벽체의 일부

독바위보루

독바위보루 내부

로 보이는 붉은색 소토덩어리가 발견되어 성내에 건물이 있었음을 말해
준다. 그리고 서쪽 최정상부에는 가로 10m, 세로 10m 정도의 평탄지가
확인되기도 한다. 또한 집수시설의 흔적으로 추정되는 직경 2m, 깊이
50cm의 구덩이가 평탄지 동쪽 3m 지점에 위치한다. 1998년 한국토지
공사 토지박물관의 지표조사 당시 정상부에서 완형에 가까운 적갈색 연
질토기호와 흑색마연된 토기호가 수습되었다[71].

7) 큰테미산보루

큰테미산은 양주시 주내면 고읍리·광사리·산북리와 회천면 덕계리
에 걸쳐 남북으로 길게 뻗어 있다. 서울에서 북쪽으로 올라가는 주요 간
선도로망인 3번 국도 주변을 방어하는데 매우 유리한 지정학적 위치를
점하고 있다. 유적이 위치한 곳은 해발 219m의 산 정상부라 전해지나,

---

71) 한국토지공사 토지박물관, 《양주군의 역사와 문화유적》, 1998.

큰테미산보루

현재 군부대가 주둔해 있어 접근이 어렵다. 또한 기존에 조사된 바도 없어 보루에 대한 현상은 알 수가 없다.

일반적인 고구려 보루의 구조적 특징을 보면, 구릉의 정상부에 석축으로 구축된 보루에는 치가 구축되며, 내부에 건물지와 온돌구조, 배수로, 집수시설을 갖추고 있다. 온돌은 'ㄱ'자형과 직선형의 두 종류가 있으며, 모두 외고래형식으로 판석을 세워서 벽체를 만들고 그 위에 납작하고 긴 판석으로 뚜껑을 덮은 형태이다.

집수시설은 방형을 이루며 생토나 암반을 그 위에 납작하고 긴 판석으로 뚜껑을 덮은 형태이다. 집수시설 벽체는 짚 같은 것을 섞은 점토로 바르고 내부에 판자를 대었기 때문에 고구려유적에서는 대체로 벽체의 잔존물이 수습되고 있다. 지붕은 갈대나 짚 등으로 덮었던 것으로 보인다. 따라서 큰테미산보루 역시 이와 유사할 것으로 판단된다.

큰테미산보루와 작은테미산보루

8) 작은테미산보루

작은테미산보루는 양주시 주내면 광사리와 마전리의 경계에 있는 작은 테미산 정상부(158.5m)에 위치한다. 이 곳은 추가령구조곡을 따라 형성된 3번 국도의 동측면으로 이 일대를 제어하기에 유리한 지점에 해당된다.

보루의 평면형태는 원형에 가까우며 전체 둘레는 105m, 성벽의 높이는 2~3m 정도이다. 성벽은 산 정상부에서 3m 정도의 아래쪽을 돌아가며 쌓았으며, 남쪽의 진입로 부분으로 석축이 일부 노출되어 있다. 그러나 노출되어 있는 부분 역시 석축이 정연하지 않고, 20~30cm 정도 크기의 할석들이 불규칙하게 쌓여 있다.

유적의 남쪽부분은 비교적 넓고 평탄한 지역에 해당되나, 현재 청주한씨의 묘역이 들어서면서 성내부 유구를 상당부분 훼손하였다. 유물은 약간의 토기편이 발견되고 있다. 토기편은 대체로 신라~통일신라계 유물로 판단되며, 건물의 벽체편으로 추정되는 소토덩어리가 몇 점 발견되었다.

9) 소래산보루

蘇萊山堡壘는 양주시 은현면 선암리의 소래산 정상부(해발 228.8m)에 위치한다. 유적의 동쪽으로는 신천이 남-북으로 흘러 한탄강에 유입되

소래산보루

소래산보루 내부

는데, 주변으로 시계를 가리는 방해물이 없어 신천의 흐름이 한눈에 들어온다. 또한 하천의 흐름과 동일하게 3번 국도가 놓여져 있어, 고대로부터 현대에 이르기까지 주요 교통로를 방어하는 중요한 위치를 차지하고 있다.

현재 유적은 군사시설에 의해 대부분 파괴된 상태라서 유적에 대한 정확한 계측은 어렵지만 주변으로 석축에 사용되었을 것으로 추정되는 석재들이 일부 노출되어 있어 이곳에 보루가 있었음을 알게 해준다. 유물은 주변의 퇴적토에서 갈색의 연질토기편들이 발견되는데 고구려계통의 토기로 추정된다.

소래산보루는 남북으로 연결되는 신천로가 서향하여 직각으로 곡류하는 지점에 위치한다. 신천로를 따라 북진하면 바로 임진강유역까지 닿을 수 있어 신천로를 감제하는 소래산보루의 중요성은 여기서 잘 부각된다고 하겠다.

10) 사패산보루군

賜牌山堡壘群[72]이 위치하고 있는 사패산은 북한산 국립공원의 북단에 해당되며, 행정구역상 양주와 의정부의 경계가 되는 지점이다. 이곳은 의정부 일대가 한눈에 들어오는 자리이며 북쪽으로는 천보산맥 일대가 동남쪽으로는 수락산 일대가 모두 조망되는 전략적인 요충지이다.

유적은 모두 3지점에서 확인되는데 사패산 3보루를 중심으로 하여 삼각형으로 배치되어 있다. 1보루와 2보루의 간격은 약 200m 정도, 1 · 3보루, 2 · 3보루의 간격은 각각 800m와 900m이다.

사패산 1보루가 위치한 곳은 사패산 동쪽 가지능선의 해발 355m 지

---

72) 세종대학교 박물관, 《의정부시의 역사와 문화유적》, 2001.

사패산 1보루

사패산 1보루 석축

점이다. 성내부인 암벽의 정상부에 오르면 3번 국도를 중심으로 북쪽에
는 천보산맥 일대가, 남쪽에는 수락산 일대가 한 눈에 들어와 전략적으
로 매우 중요한 자리임을 알 수 있다. 이 보루는 대부분이 자연 암벽을
그대로 살려 이용하였고, 바위 사이의 방어가 취약한 곳을 몇 군데 석축

사패산 1보루 수습
유물

으로 연결한 것이다.

암벽사이의 빈틈을 메워 석축으로 쌓은 지점은 모두 3곳이다. 먼저 서쪽지점의 석축은 높이 5m, 너비 7~8m 정도, 남쪽지점은 높이 2m, 너비 3.5m, 북쪽 지점은 높이 5m, 너비 1m 정도이다. 석축과 암벽을 연결한 전체 둘레는 20m이다. 또한 성 내부의 경사가 급하여 주거시설이나 집수시설 등이 들어설 평탄지가 매우 협소한 편으로 이들 시설이 있었다 하더라도 소규모의 형태였을 것으로 추정된다.

유물은 대부분 고구려계 토기편이 확인된다. 주로 대형 항아리의 동체부편으로 황갈색 및 회흑색을 띤다. 내면과 외면은 반질반질하게 마연되었다.

사패산 2보루는 1보루에서 서쪽으로 200m 가량 떨어진 지점에 위치한다. 이곳은 사패산 1보루와 마찬가지로 자연지형을 그대로 살려 활용하였으며, 화강암반으로 이루어진 해발 430m 소봉이다. 유적을 이루는 바위 정상부에는 약간의 석축 시설이 남아 있으나, 대부분이 토사에 묻혀 있어 자세한 상황은 알 수가 없다.

사패산 2보루

사패산 2보루 건물
주공

　유물은 바위 아래쪽에서 상당량의 토기편이 수습되고 있다. 주로 삼
국~통일신라 계통의 것이 대부분이며, 고구려계 토기로 추정되는 회청
색 경질토기편도 소량 관찰된다.
　사패산보루는 양주분지 일대의 보루군과 아차산 일대의 보루군 사이

사패산 3보루 붕괴된 석축

사패산 3보루 잔존 석축

에 위치하기 때문에 고구려의 남진로를 추정할 수 있는 유적이다. 사패
산보루의 존재는 고구려군이 중랑천로를 중요하게 여겼음을 알 수 있게
한다.

사패산 3보루에서 본 의정부 일대

11) 국사봉보루

보루는 경기도 남양주시 별내면 광전리의 國射峯(해발 330.5m)에 자리한다[73]. 평면은 장타원형이고 둘레는 103m로 장축은 40m, 단축은 17m이다. 동쪽은 자연절벽을 그대로 활용하였으며 서쪽과 남동쪽에 석축의 일부가 노출되어있다. 서벽은 길이 5m, 높이 0.5m 정도이고 면석은 바른층쌓기를 하였다. 내부는 군시설 조성시 삭평되어 기반암과 풍화암반층이 드러나 있다. 국사봉보루의 북쪽에는 부용산보루, 동쪽에는 퇴뫼산성, 서쪽에는 불암산성이 있어 이들 성곽을 연결하면 국사봉보루가 삼각형의 중간교차지점에 해당한다. 이런 입지는 북쪽에서 한강유역으로 남하하는 주요교통로인 중랑천로와 왕숙천로를 전방위에서 감제할 수 있도록 불암산성과 퇴뫼산성을 동서로 연결시키는 전술적 성격을 말해준다. 유물은 신라토기와 함께 회백색, 황갈색계통의 고구려토기편

---

73) 경기도박물관, 《한강》 경기3대하천유역 종합학술조사Ⅱ, 2001.
　　육군사관학교 육군박물관, 《남양주시의 국방유적》, 2003.

국사봉보루

국사봉보루 내부

이 채집되었다. 모두 동체부편으로 내·외면에 횡방향의 물손질흔이 희미하게 보이며 니질의 태토이다. 두께는 0.6~0.7cm 정도이다. 이 지역은 앞으로의 정밀조사에 따라 고구려 유적의 증가를 기대해 볼 만하다.

IV 한강·금강유역의 고구려 유적

1

한강유역의 고구려 유적

강원도 금강산과 태백산 부근에서 발원한 한강은 경기도 양평군 양수리에서 합류하여 큰강을 이루며 계속 서쪽으로 흐르면서 왕숙천·중랑천·안양천 등의 지류와 합류하여 김포평야를 지나 황해로 흘러간다. 범람원인 김포·일산평야는 토양이 비옥하고, 경기만의 조수가 한강 하구에서 약 20km 떨어진 인도교까지 영향을 미치는 感潮河川이다

한강유역의 고구려 성곽은 남한강과 북한강이 합류하며 시작되는 곡류부가 끝나는 지점에 해당하는 아차산 일원에 입지한다. 보루군의 분포는 아차산 정상부에서 이어지는 北東-南西方向의 중심능선과 그 지맥이 뻗어나가는 용마산과 홍련봉, 시루봉, 봉화산에 역 y자 형태를 하였다. 아차산에는 아차산보루군과 망우산보루 그리고 남서방향의 지맥에 홍련봉보루군이 위치하고, 아차산 정상에서 서남향하는 지맥에 용마산보루군과 동향하는 지맥에 시루봉보루가 배치되어 있다.

그리고 천보산맥 일원과 한강유역을 연결해 주는 중랑천로의 동쪽에는 수락산보루와 봉화산보루가 자리한다. 수락산보루와 봉화산보루는 중랑천 방향으로 돌출된 구릉상에 입지하여 임진강유역에서 천보산맥으로 이어지는 하천로의 주요지점을 연결해 주는 보루와 동일한 양상으로 파악된다.

천보산맥일원에서 발원하는 중랑천과 왕숙천은 양주분지에서 한강유역으로 이어지는 하천변의 교통로를 제공하는데, 성곽의 분포로 보아

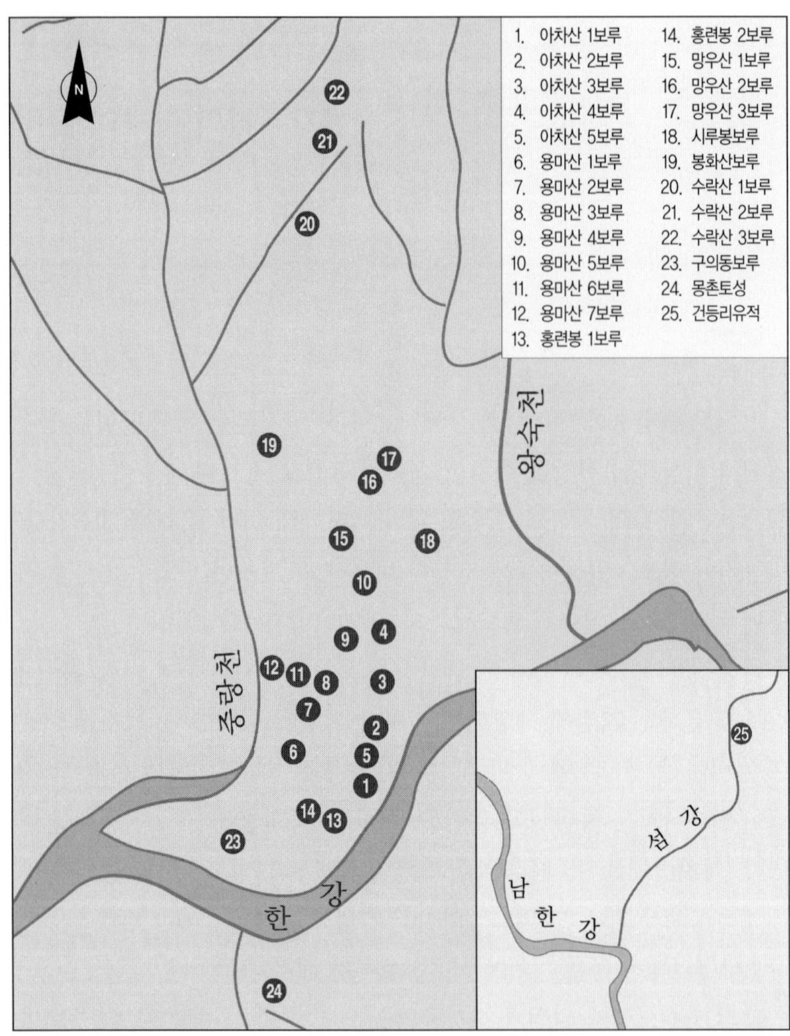

한강유역 고구려유적 분포도

주요 교통로는 중랑천을 비중있게 이용한 것으로 생각된다. 한강유역의
보루는 왕숙천과 중랑천, 그리고 한강과 그 남안의 풍납토성·몽촌토성
을 통할할 수 있는 지정학적인 위치를 점하고 있다. 이처럼 한강유역의
고구려성곽은 아차산을 중심으로 서쪽으로는 중랑천과 동쪽으로는 왕
숙천을 넘지 않는 분포범위를 보여주고 있다.

1) 아차산보루군

阿且山(峨嵯山 해발 285.8m)은 구리시 서쪽과 서울시 동쪽의 경계로, 일반적으로 서쪽의 용마봉과 북쪽의 봉화산 등 주변의 봉우리를 포함하는 명칭으로 불려진다. 동쪽으로는 중랑천, 서쪽으로는 왕숙천을 따라 남북방향의 교통로가 개설되어 있다. 아차산은 인근에서 가장 높은 봉우리여서 남쪽으로는 한강이남 지역이 한눈에 조망되고, 북쪽으로는 멀리 의정부에 이르는 길목까지 한눈에 조망할 수 있다.

아차산보루군 중 아차산 4보루는 1997년에서 1998년에 걸쳐 서울대학교 박물관에 의하여 발굴조사가 실시되었다[74]. 그리고 2003년에는 서울시의 서울소재 성곽조사를 통하여 아차산 5보루가 새로이 확인되었다[75]. 최근에는 3보루 근처에서 디딜방아 시설로 추정되는 유구가 발견되기도 하였다. 2004년 아차산보루군과 용마산보루군, 홍련봉보루군, 수락산 1보루, 망우산 1보루, 시루봉보루 등 총 17개의 보루가 사적 제455호로 지정되었다.

아차산 1보루는 아차산의 주능선이 북쪽에서 남쪽으로 뻗어나가다가 돌출된 해발 250m 봉우리에 위치하며, 아차산보루군 중에서 가장 남쪽에 위치한다.

아차산 1보루의 전체둘레는 103m이고, 평면형태는 장타원형으로 토루가 중앙의 평탄지를 둘러싸고 있는 형태이다. 유적의 크기는 상부를 기준으로 장축은 약 50m, 단축은 38m 내외이다. 높이는 안쪽 약 1.5m 이고 하단부의 폭은 약 6m 가량이다. 토루의 외곽 일부 구간에서 3~4단 정도의 석축이 노출되어 있는 것으로 보아 석축시설이 남아 있을 것으로 추정된다. 보루의 내부는 평탄하며, 가운데 부분은 표토층이 거의 유실되어 암반토인 마사토가 드러나 있으며 북쪽부분에는 약 20~30m

---

74) 서울대학교 박물관, 《아차산 제4보루-발굴조사 종합보고서-》, 2000.
75) 서울특별시, 《서울소재 성곽조사 보고서》, 2003.

아차산 1보루

아차산 1보루 내부

두께의 퇴적층이 확인된다.

남동쪽으로 난 등산로는 유적 외곽의 일부분을 삭토하면서 형성되었다. 등산로와 인접한 부분에 성벽으로 보이는 석축이 일부 노출되어 있

아차산 2보루에서 본 구리시와 한강 일대

다. 등산로 주변에는 성벽이나 건물의 석축으로 사용된 듯한 석재들이 다량으로 흩어져 있으며, 등산로의 계단을 만들면서 성벽 석재를 재사용하였음을 확인할 수 있다.

유물은 성벽의 정상부와 바깥쪽의 퇴적토에서 주로 발견되고 있다. 수습된 유물은 대부분 토기편들로 흑색마연된 동이류가 많으며, 이외에 황갈색이나 홍갈색의 연질토기들도 있다. 아차산 1보루는 현재 등산로 정비과정에서 동쪽부분의 성벽이 너비 3m 정도 절단되어 단면이 노출되어 있고, 많은 등산객들로 인하여 지속적으로 훼손되고 있는 실정이다.

아차산 2보루는 아차산 주능선에서 동쪽으로 갈라져 나간 능선이 돌출하며 형성된 봉우리(해발 276.2m)에 위치한다. 보루의 둘레는 약 40m이며, 보루의 남서쪽에는 雉로 보이는 시설물이 있고 윗부분에는 근래에 조성된 돌탑이 있다.

유적은 작은 봉우리의 정상부를 돌아가며 쌓은 석축부분과 그 안쪽의

아차산 3보루 내부

소토부분으로 나뉜다. 성벽은 직경 15m 정도의 원형으로 현재 3단 정도가 노출되어 있다. 성벽은 치석된 30~40cm 크기의 납작한 화강암 판석을 엇갈려 쌓기 수법으로 쌓았는데, 위로 올라가며 들여쌓기를 하였다. 남쪽 부분에는 돌출된 석축시설이 길이 1.6m, 폭 1.2m로 노출되어 있으며, 비교적 잘 치석된 석재를 사용하여 축조하였다. 아차산 2보루는 원형의 성벽과 치, 그리고 안쪽의 소토부 등 기본적인 구조와 규모로 볼 때 구의동보루와 유사하다. 이는 보루의 축조시에 규모에 따른 일정한 기준이 마련되었음을 말해주는 것으로 생각된다.

보루 내부에는 직경 2m 정도 범위에 걸쳐 불에 탄 붉은 흙과 토기편이 노출되고 있다. 보루 주변에서도 토기편이 수습되는데 대체로 흑색 연질토기와 황갈색의 연질토기가 주종을 이루고 있다.

아차산 3보루는 둘레 350m로 아차산 일대에 분포하고 있는 15개소의 고구려 보루 중 가장 큰 규모이다. 이미 여러 차례의 지표조사를 통해 성격의 일단이 확인되었으며 현재는 사적(제455호)으로 지정되어 있다.

하지만 등산로와 체육시설로 인해 계속적인 유적의 훼손이 진행되어 조속한 조사와 보존대책이 요구되어 왔다. 이에 아차산 3보루의 구조와 성격 등에 대한 학술 자료를 확보하고 이를 바탕으로 향후 유적의 활용을 위한 정비 · 복원의 기초자료를 제공하고자 고려대학교 고고환경연구소에 의해 발굴조사(1차)가 실시되었다[76].

발굴조사를 통해 계단식 출입시설과 온돌을 갖춘 건물지 9기, 방앗간 및 저장시설, 그리고 용도미상의 수혈유구 등이 확인되었다. 성벽은 지형을 따라 쌓았는데 경사면의 풍화암반토를 수평으로 정지하여 기저부를 마련한 후에 적당히 다듬어진 석재를 이용하여 정교하게 축조하였다. 계단식 출입시설은 남쪽에 동벽 쪽으로 치우쳐 설치되었는데, 서쪽의 경우 원래 쌓은 석축 외에 두 겹의 석축을 추가로 축조하였고 그 바깥쪽에 별도의 타원형 석축을 쌓아 보강하였다. 건물지는 모두 9기로 모든 건물 내부에는 'ㄱ'자 또는 직선형의 온돌이 설치되었다. 출토 유물은 토기와 철기가 주를 이루며 대부분 고구려 토기의 전형적인 특징을 보이고 있다. 이러한 아차산 3보루는 6세기 전반에 축조된 것으로 파악되었다.

아차산 4보루는 아차산 정상(해발 285.8m)에 위치한다. 유적은 아차산 능선의 마지막 봉우리로 남쪽으로 아차산 보루들과 연결되고 서북쪽으로는 용마산과 연결된다. 1997년과 1998년에 걸쳐 서울대학교 박물관에 의하여 발굴조사가 실시되었다.

보루의 전체 둘레는 210m이며, 성벽은 타원형으로 동쪽과 서쪽에 각 1개소의 치가 조사되었다. 성벽은 유적 정상부에서 5~7m 바깥쪽에 쌓여 있으며, 동쪽은 비교적 많은 부분이 남아 있다. 동벽은 잘 다듬어진 화강암을 이용하여 정교하게 쌓았으나, 북벽은 다소 조잡한 석재를 사

---

76) 고려대학교 고고환경연구소, 〈아차산 3보루 발굴조사현장설명회자료〉, 2005.

아차산 4보루 내부

아차산 4보루내 노출된 온돌시설

용하는 등 지점별로 차이가 나타난다. 또한 지형에 맞추어 경사가 급한
지점은 성벽을 낮게 쌓고 경사가 완만한 지점은 높게 쌓아서 연결하였
다. 성내의 시설물로는 건물지 7기, 저수시설 2기, 온돌 13기, 치 2기 등

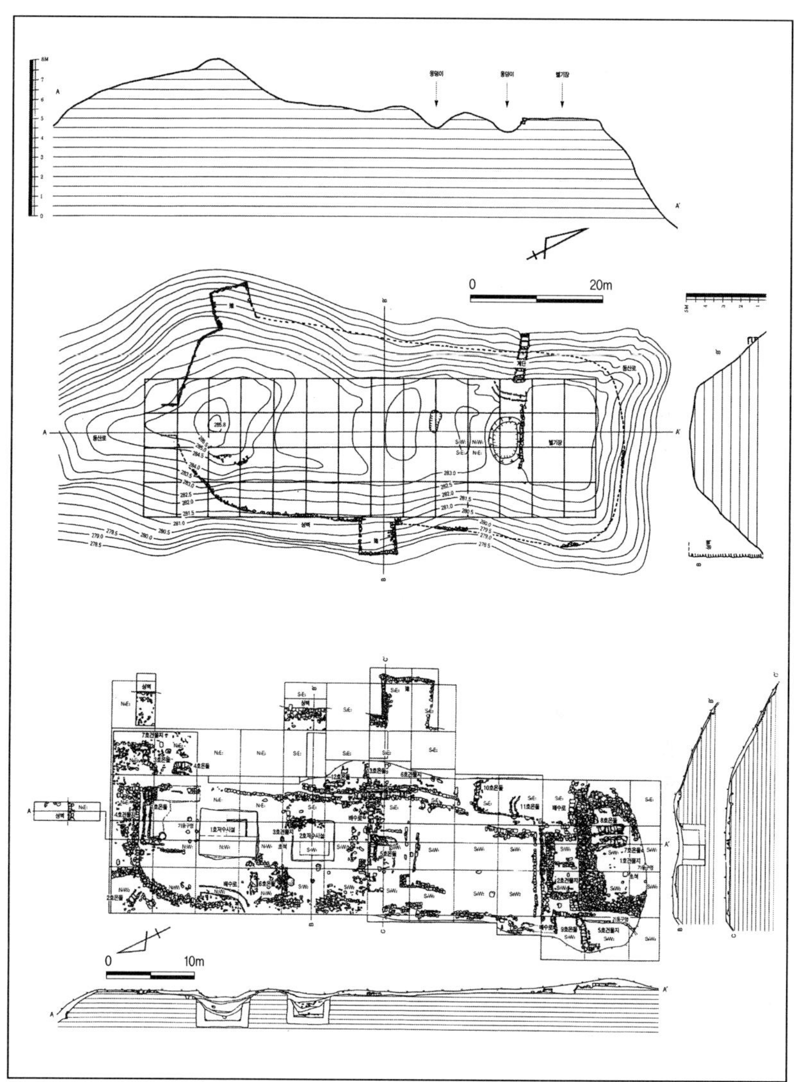

아차산 4보루 평 · 단면도 및 유구 배치도

이 확인되었다.

건물지 내부에는 1기 이상의 온돌이 설치되었으며, 남쪽의 1기를 제외하면 모두 남북방향으로 성벽의 장축방향과 일치하게 조성하였다. 또

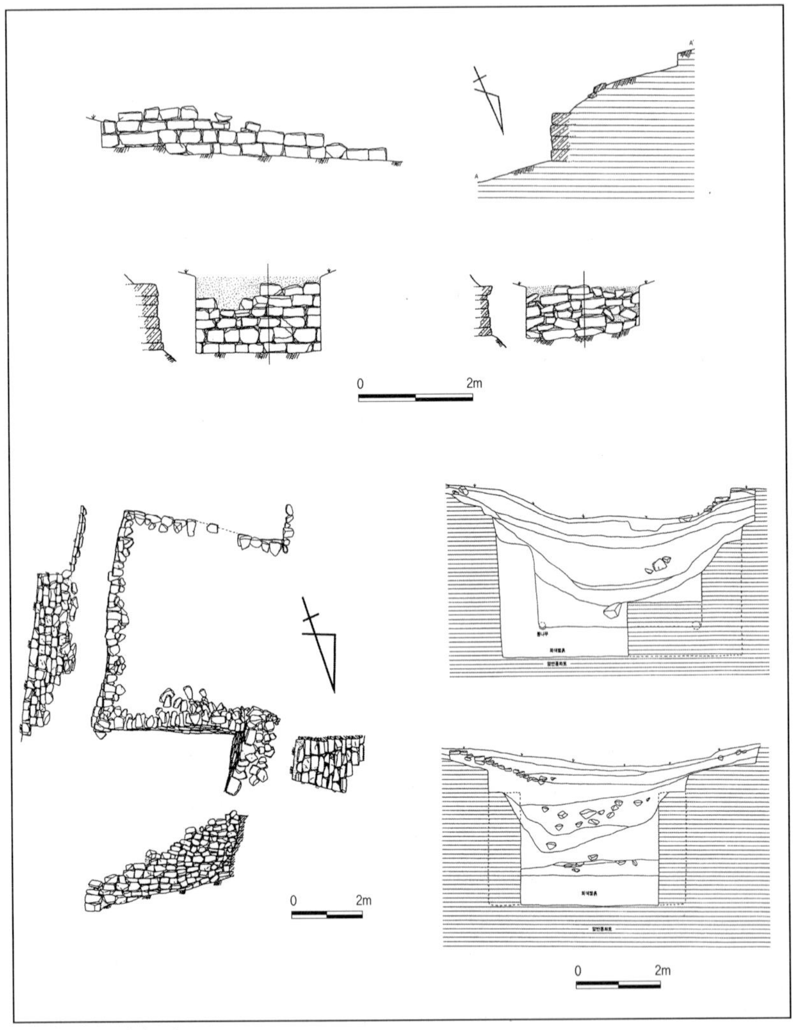

아차산 4보루 성벽 · 치

한 3호 건물지 북서모서리 외곽에 간이대장간 시설도 1기 설치되었다.

저수시설은 2기가 확인되었고, 2기 모두 풍화암반토를 파내고 바닥과 벽에 뻘을 발라 방수처리 하였고, 통나무를 직각으로 연결하여 뻘흙이 무너지지 않도록 시설하였다.

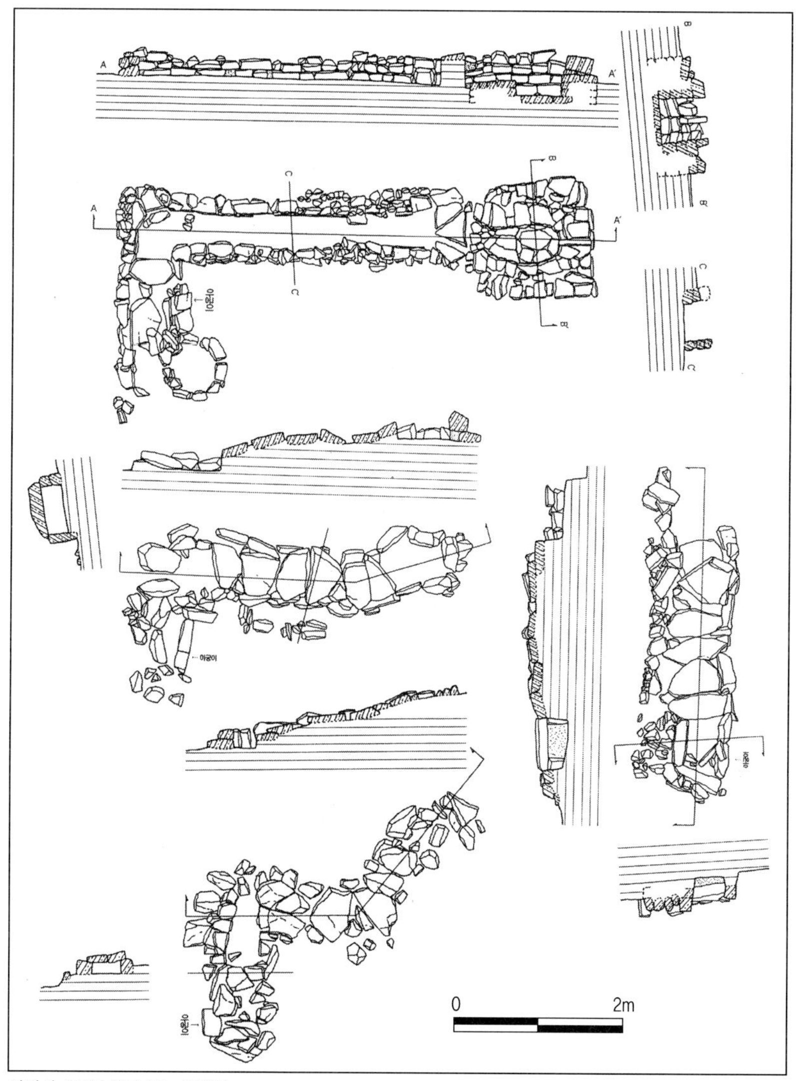

아차산 4보루 온돌 평·단면도

온돌은 2호 온돌을 제외하면 모두 건물 내부에서 확인되었고 13기 모두 납작한 할석으로 벽을 쌓고 뚜껑돌을 얹은 후 점토를 발랐다. 평면형태는 직선형과 'ㄱ'자형으로 나뉜다. 아궁이는 온돌 고래의 진행방향과

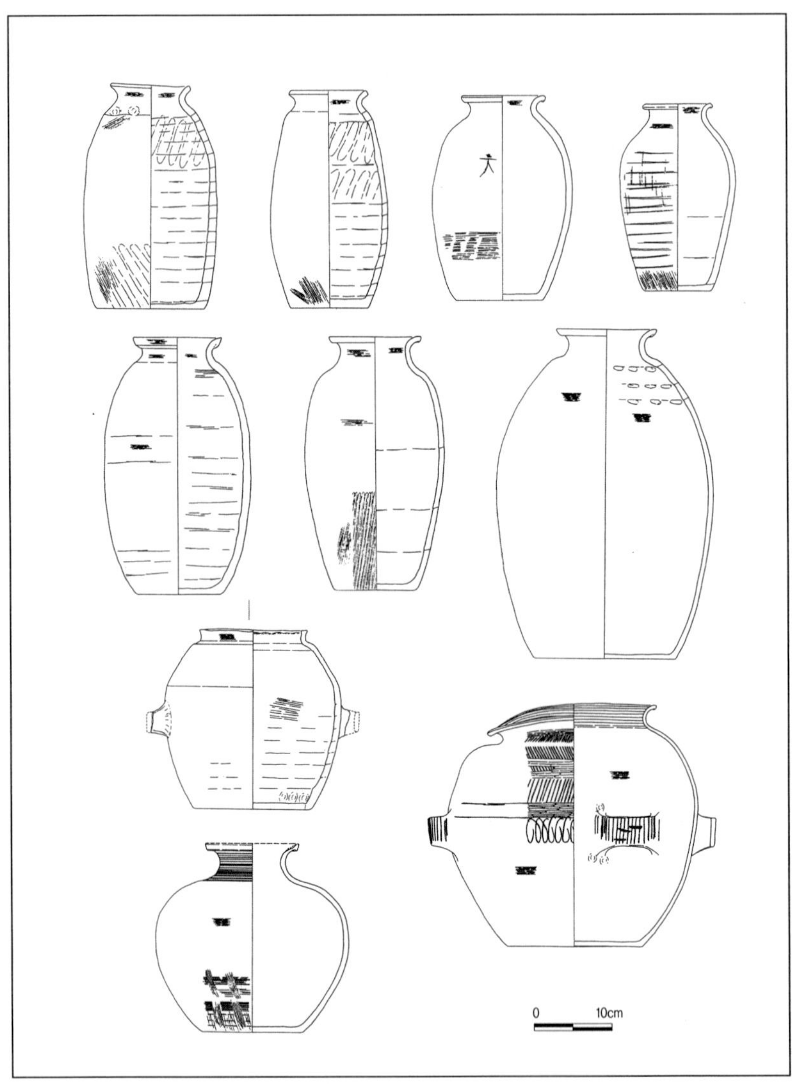

아차산 4보루 출토 고구려 토기류(호)

수직으로 설치되었다.

4보루에서는 토기류가 26종 538개체가 출토되었는데, 기종은 옹류 · 장동호류 · 호류 · 접시류 · 동이류 등이다. 주로 온돌유구 주변에서 출

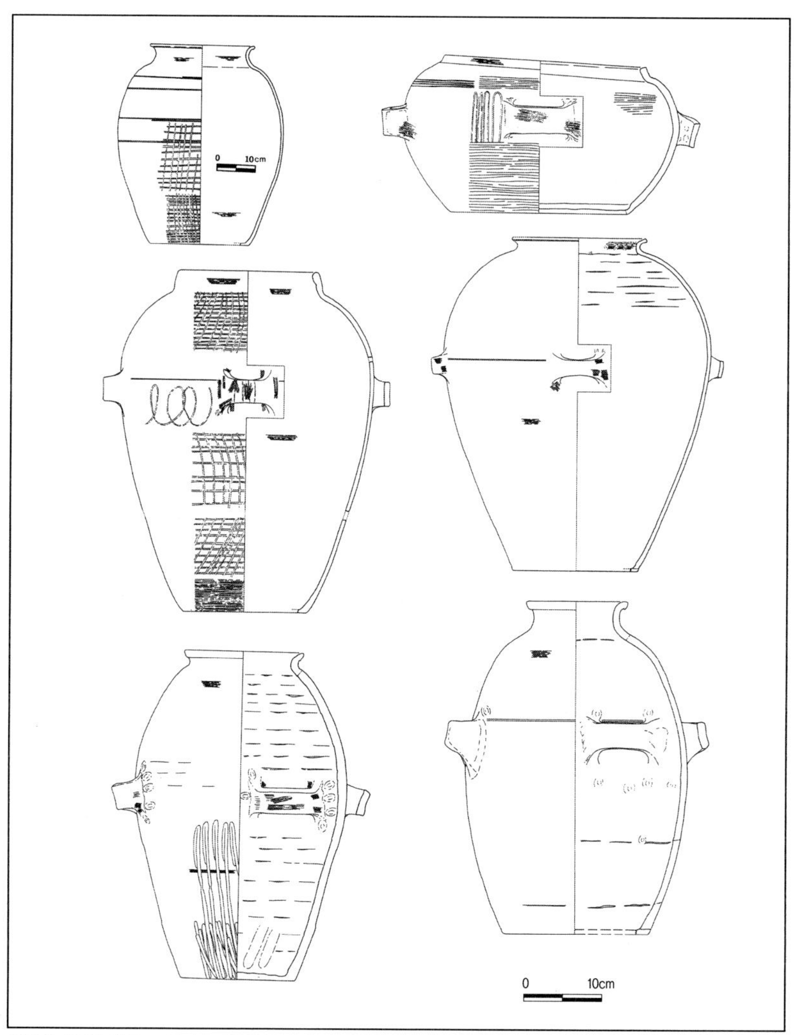

아차산 4보루 출토 고구려 토기류(옹)

토되었으며, 기능상으로 저장용기 · 운반용기 · 조리용기 · 배식용기 등
으로 구분된다. 토기류는 대략 6세기 이후로 편년된다. 철기류는 총 319
점이 출토되었는데, 무기류 · 마구류 · 농공구류 · 용기류 등으로 구성되
었다.

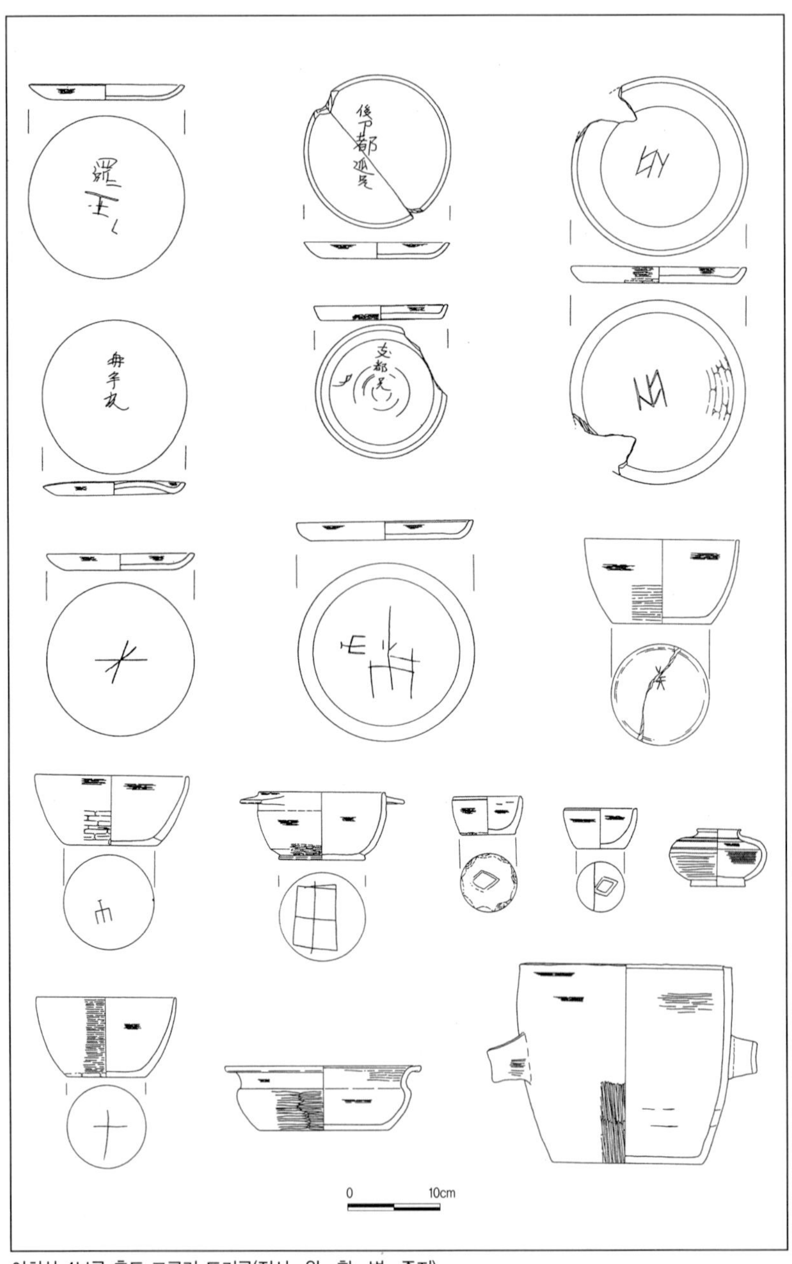

아차산 4보루 출토 고구려 토기류(접시 · 완 · 합 · 병 · 종지)

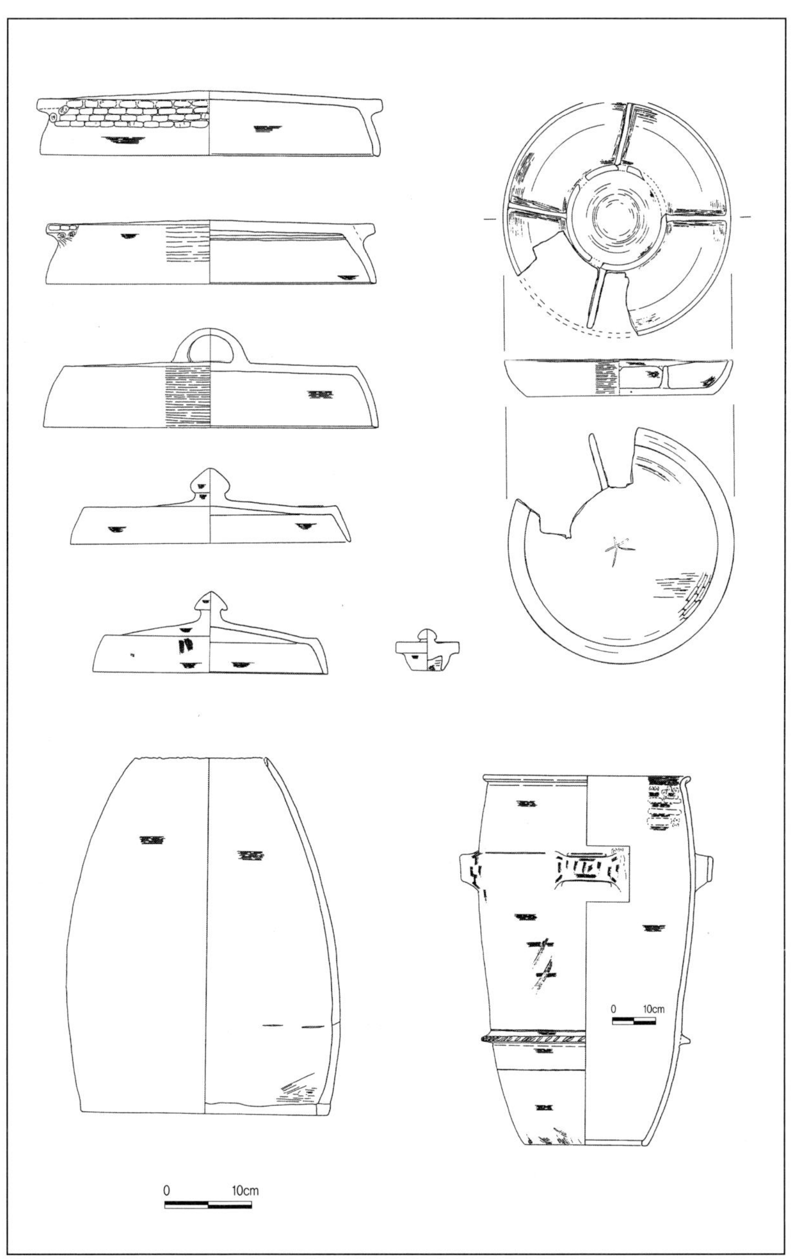

아차산 4보루 출토 고구려 토기류(뚜껑 · 구절판 · 시루 · 굴뚝)

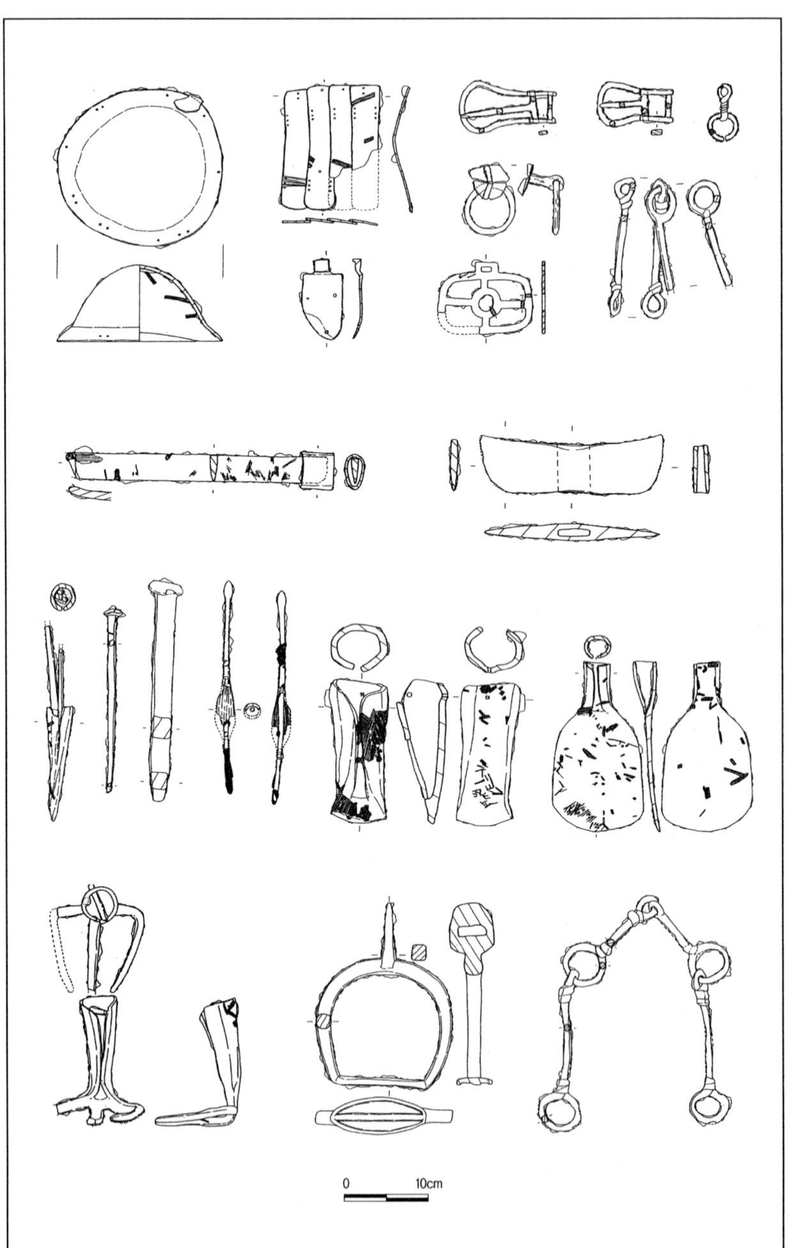

아차산 4보루 출토 각종 철제품

2) 아차산성

阿且山城은 서울특별시 광진구 광장동 산 31번지 일대에 위치하며 의정부에서 서울방면으로 흘러내리는 아차산의 남단에 자리한 포곡식 석축산성이다. 산성의 전체 둘레는 1,038m이고 성내부의 면적은 63,810㎡이다. 평면형태는 부정형에 가까운 6각형을 이루고 있다. 1973년에 사적 제234호로 지정되었다. 1994년에 구리시와 구리시문화원에서 아차산성의 문헌조사와 지표조사[77]를 실시하였으며[78] 1997년과 1998년에는 명지대학교부설 한국건축문화연구소에 의해 성벽의 기초조사와 실측조사가 실시되었다[79]. 이 후 1999년에는 서울대학교박물관에서 시굴조사를 실시하였다. 광진구에 자리한 워커힐 호텔의 뒤쪽 능선을 따라 오르면 산성에 이르게 된다.

유적은 남동쪽으로 한강의 북안과 이어지고 있으며, 북으로는 의정부에서 서울북동부로 뻗은 구릉성 산지에 속하고 있다. 산성은 가장 높은 곳이 해발 205.5m로 낮은 지형에 위치하고 있으나 남동쪽으로는 한강과 그 너머의 평야지대가 조망되어 풍납토성, 몽촌토성, 암사동 백제 고분군 등 백제의 한강 유적이 한눈에 조망된다. 서쪽으로는 장성벽과 중랑천이 자리하고 있으며, 북으로는 구릉성 산지에 고구려의 보루들이 다수 이어지고 있다. 또한 산성이 위치한 광장동은 예로부터 나루가 발달하여 한강의 남북을 연결하는 중요한 요충지이다.

문헌기록은 『광개토대왕비문』 영락 6년조에 광개토대왕이 공취한 58城의 城名에서 阿且城으로 처음 나타나며, 《三國史記》백제본기 개로왕 21년조에 "고구려 장수왕이 군사 3만을 거느리고 내려와 북성을 7일 만에 빼앗고 남성을 공격하여 성문에 불을 놓자 왕이 달아났다. 이에 고구

---

77) 구리시, 구리문화원, 《아차산의 역사와 문화》, 1994.
78) 명지대학교부설 한국건축문화연구소, 《아차산성−기초학술조사보고서》, 1998.
79) 서울대학교인문학연구소, 서울대학교박물관, 《아차산성−시굴조사보고서》, 2000.

려 장군 재증걸루, 고이만년 등이 개로왕을 잡아 얼굴에 세 번 침을 뱉고 그 죄를 헤아린 다음 阿旦城 아래로 압송하여 죽였다.”고 전하고 있어 아차산성이 처음에는 阿旦城으로 불린 것을 알 수 있다. 아단성이 아차성으로 명칭이 변한이유는 아단의 '旦'이 조선의 시조 이성계의 이름 '旦'과 같아 그것을 피하기 위해 후세에 일부러 글자모양이 비슷한 '且'로 고쳐 써서 아차성이 되었다고 한다[80].

산성은 아차산의 남쪽능선에 위치한 해발 205.5m의 봉우리의 장대지에서 능선을 따라 서남쪽으로 내려오다가 동남쪽으로 꺾이고 해발125m 지점에서 등고선을 따라 계곡을 가로질러 장대지에서 능선을 따라 내려오는 성벽과 만나게 된다. 산성의 전체둘레는 1,038m이고 성내부의 면적은 63,810㎡이다. 또한 성내에 크고 작은 평탄지가 조성되어 있어 다수의 건물지가 있었을 것으로 추정된다.

성벽은 능선에 축조된 동벽과 서벽은 내외협축으로 축조하였고 북벽과 남벽은 경사면을 이용한 내탁법을 사용하여 축조하였다. 성돌은 화강암을 30~40cm 크기로 치석하여 사용하였다. 북벽은 자연 경사면에 내탁법을 사용하여 높이 8~10m에 70~80°의 경사를 유지하도록 축조하였다. 부분적으로 여장시설로 보이는 폭 1m, 높이 1~2m의 석축이 남아 있다. 동벽은 여타성벽보다 높고 견고하다. 성벽의 높이는 높이 8~10m에 이르고 70~80°의 경사면을 이루고 있다. 자연적으로 노출된 부분이 있어 축조방법이 확인된다. 성벽의 축조방법은 엇갈려 쌓기 방법을 자연 경사면에 맞추어 자연스럽게 경사를 이루도록 하였다. 남벽은 성 전체에서 가장 낮은 지역으로 계곡을 가로 지르고 있다. 한강과 마주하는 지역으로 방어상의 취약점을 보강하기 위하여 동벽과 서벽을 남벽보다 길게 나오게 하여 옹성의 역할을 하게 하였다. 문지가 1개소

---

80) 이병도, 〈광주 풍납리토성과 백제시대의 사성〉, 《진단학보》 10, 1939.

있으며 주된 출입로로 추정된다. 서벽은 경사가 비교적 완만한 지역으로 능선위에 높이 10m 가량의 높은 성벽을 내 · 외협축의 방법으로 쌓았다. 내부 시설물로는 문지와 장대지 · 건물지 · 우물지 등이 있다. 문지는 남문지 1개, 서문지 1개, 동문지 2개가 확인되었다. 장대지는 산성의 북쪽 정상부에 위치하며 남벽을 제외한 부분은 성벽과 붙어있다. 장대지는 평면 장타원형의 형태로 토사의 유실을 막기 위해 석축을 쌓았다. 장대지에서는 서울시내 전역과 한강변 일대의 풍납토성 · 몽촌토성 · 이성산성 · 남한산성 · 북한산성 · 미사동유적 등이 잘 조망된다. 또한 성벽이 꺾이는 지점마다. 평탄지가 조성되어 있어 소규모의 장대가 있었을 것으로 추정된다. 음료유구는 성의 중앙부의 계곡을 따라 석재로 조성된 수로와 저수시설, 우물 등이 확인된다. 저수시설과 우물은 후대에 보수된 흔적이 있으나 수로는 보수의 흔적이 없다. 수로는 바닥 폭 83cm 정도로 판석을 깔고 그 가운데 덮개돌을 받치기 위한 석재를 놓았다. 벽체는 다듬어진 석재를 2~3단 쌓고 덮개돌을 2단 쌓았다.

아차신성은 백제의 阿旦城으로 비정되고 있으나 서울대학교 인문학연구소와 동 대학박물관의 시굴결과 신라에 의해 초축되었을 가능성이 제기되는 등 논란의 여지가 남아있다. 그러나 이산성의 입지조건과 주변지역에 위치한 삼국시대유적을 볼 때 한강유역을 둘러싼 삼국의 쟁패과정에 있어 중요한 위치를 차지한 성임은 부인할 수 없다.

3) 용마산보루군

龍馬山堡壘群은 아차산 정상에서 서남향하는 용마산의 지맥에 위치한다. 이곳은 중랑천, 한강 그리고 그 남안의 풍납토성 · 몽촌토성을 통제할 수 있는 군사적 요충지이다. 2003년 서울시의 서울소재 성곽조사를 통해 용마산 1보루에서 7보루까지 소개되었다[81].

용마산 1보루는 서울시 광진구 중곡동 용마산(해발 348m) 정상부에서

용마산 1보루 내부

남쪽으로 뻗어 내린 능선의 마지막 봉우리(해발 183m)에 위치한다. 전체 둘레는 77m이며, 한강유역의 보루 가운데 작은 편에 속한다. 보루는 능선 정상부의 좁은 지형을 활용하여 직경 5m, 길이 16m 정도 규모로 좁고 길쭉하게 구축하였다. 성벽을 정연하게 쌓은 부분이 노출되어 있지는 않지만 30~40cm 정도의 할석들이 곳곳에 노출되어 있다. 석축 시설의 안쪽은 비교적 평탄하고 흙이 쌓여 있는데 그 남쪽 부분 퇴적토 속에서 상당량의 고구려 토기편이 채집되었다.

용마산 2보루는 용마산 1보루에서 북쪽으로 약 250m 거리에 있다. 유적은 용마산 정상부에서 남쪽으로 이어진 능선이 돌출하며 형성된 봉우리 정상부(해발 230m)에 위치한다.

6·70년대에 사방공사를 실시하여 대부분 성벽이 멸실되었고 최근까지도 체육시설과 등산로가 개설되어 있어 유적의 보호대책이 시급히 요청되

---

81) 서울특별시, 《서울소재 성곽조사 보고서》, 2003.

용마산 1보루 석축

용마산 1보루 내 노출된 유구

어 왔다. 다행히 2006년 서울대학교 박물관에 의해 조사가 이루어졌다[82].

82) 서울대학교박물관, 《용마산 2보루 발굴조사 현장설명회자료》, 2006.

용마산 2보루 석축

용마산 2보루 성벽/서울대학교 박물관(2006)

　　보루의 전체 둘레는 보축한 성벽을 포함하여 대략 110m 내외로 추정
되며 평면형태는 동－서방향을 장축으로 하는 장타원형 인데 동서 40m,
남북 30m이다. 보루는 원지형을 최대한 이용하여 축조하였다. 즉, 지형

용마산 3보루

이 높은 곳은 암반을 굴착한 후 다듬어 건물지의 벽으로 이용하였고 낮은 곳은 석축 후 흙을 채워 평평한 대지를 조성하였다. 한편, 건물지의 외부는 자연암반을 따라 여러 겹으로 석축하여 건물지의 기초를 보강하였는데 이는 다른 보루에 비해 규모가 작은 대지를 최대한 활용하기 위한 방법으로 여겨진다. 성 내부에서는 1기의 저수시설과 최소 4기 이상의 건물지, 그리고 간이 대장간 시설 등이 확인되었다.

2보루에서 출토된 유물의 대부분은 토기류와 철기류이다. 토기는 모든 고구려 토기의 기종이 출토되었는데, 니질태토, 대상파수가 부착된 평저기형, 무문 등 전형적인 고구려 토기의 특징을 갖추고 있다. 이 중에서 상대적으로 많은 수를 보이는 완류, 접시류, 반류 등 개인의 식기류의 바닥에는 여러 가지 부호가 새겨진 예가 많아 개인 식별을 위한 방법으로 파악되었다. 이 밖에도 용마산 2보루에서는 대형 어망추들과 기존 한강유역에서는 볼 수 없었던 특이한 기형의 토기들이 2점 출토되었다.

용마산 3보루는 전체둘레가 216m로 아차산일대의 보루 중에는 큰 편

용마산 3보루에서 본 중랑천 일대

에 속한다. 성벽은 정상부에서 3~4m 아래쪽을 돌아가며 구축하였던 것
으로 추정되는데, 남서쪽 등산로변과 북서쪽으로 뻗어나간 능선 정상부
의 평탄면에서 석축성벽이 확인된다. 석재는 30~40cm 정도의 화강암
으로 바른층 쌓기로 정연하게 구축하였다. 용마산 3보루에서는 아차산
일대의 모든 보루가 한눈에 들어오는데 역y자로 배치된 아차산 일대 보
루군의 중심 부분에 해당한다. 이곳은 중랑천일대뿐 아니라 왕숙천유역
도 잘 조망되고 있어 아차산일대 보루군 가운데 가장 중심적인 역할을
수행하였을 것으로 추정 된다. 하지만 1910년 이곳에 서울 최초의 측량
기준점이 설치된 이후 지속적인 훼손이 거듭되어 유적의 흔적을 찾기는
쉽지 않다.

　용마산 4보루는 용마산의 주능선이 북동-남서향으로 뻗으면서 형성
한 세 개의 봉우리 가운데 중간봉(해발 300m)에 위치한다. 보루는 정상부
의 평탄지 외곽을 따라 돌아가며 구축된 것으로 보이고 전체적인 형태는
동-서향을 장축으로 하는 타원형이다. 보루의 전체둘레는 228m 이며,

용마산 4보루 내부

용마산 4보루 내 노출된 유구

아차산 일대의 보루 중 큰 규모에 속한다. 용마산 4보루는 용마산 줄기와
아차산 줄기, 그리고 중랑천 일대까지 한눈에 조망되는 전략적 요충지에
입지한다. 평탄지의 동쪽 부분에는 민묘가 조성되어 있으며, 민묘 주변

용마산 5보루 내부

으로 많은 양의 토기편이 수습되었다. 토기는 회흑색의 연질토기로 대형의 항아리편이 주종을 이루고 있으며, 대상파수편도 수습되었다.

용마산 5보루는 아차산 능선과 용마산 능선이 만난후 북쪽으로 뻗어가는 능선상의 첫 번째 봉우리(해발 316.3m)에 위치한 유적이다. 북쪽 부분에는 헬기장을 포함해 평탄면이 있고 남쪽 부분은 이보다 약간 높은 소규모 구릉을 형성하고 있다. 성벽은 북동방향의 경사면에 성벽으로 추정되는 석축이 노출되어 있는데, 평탄면의 외곽과는 6m의 간격이 있다. 성벽은 많이 무너진 상태이지만 판형의 석재를 바른층 쌓기 하여 축성한 것으로 보인다. 정상부의 단축 길이는 약 16m이며 장축길이는 60m 이상이다.

보루의 북동쪽 부분에서 소토층과 목탄층이 비교적 넓은 범위에서 확인되고 있으며, 북동쪽의 석축부분은 상당부분 훼손된 상태이다. 보루 북쪽에서 파손되어 지표에 노출된 토기 1점과 철제품 한 점을 수습하였다. 철제품은 창을 바닥에 꽂을 수 있도록 창의 자루 끝에 끼워 놓은 물

용마산 5보루 석축

미로 추정되는데, 부채꼴 모양의 철판을 감아서 원뿔모양으로 만들었으며 목봉에 끼우고 고정용 못을 박았던 흔적이 남아 있다.

용마산 7보루는 용마산 최고봉(해발 348m)에서 서북쪽으로 뻗은 능선을 타고 내려가다가 돌출된 봉우리(해발 250m)의 정상부에 위치한다. 보루는 동쪽을 제외한 서쪽 · 남쪽 · 북쪽의 조망이 매우 양호하다. 보루의 전체 둘레는 40m이며, 평면형태는 동–서방향을 장축으로 하는 장타원형으로 일대의 보루 중 가장 작은 규모이다. 성벽은 보루의 정상부를 돌아가며 축조하였다. 성벽은 전체적으로 무너진 상태이나 남쪽부분에서 일부 석축이 남아있다. 석재는 30cm 정도 크기의 화강암을 사용하였다.

4) 홍련봉보루군

紅蓮峰堡壘群은 서울 성동구 구의동 홍련봉 정상부에 위치한 테뫼식 보루군이다. 홍련봉은 아차산 남쪽 말단부의 서쪽에 있는 독립구릉으로, 남 · 북 쪽은 경사가 급하고, 동 · 서 쪽은 상대적으로 완만한 지형이다.

홍련봉보루에서 본 풍납토성 일대

홍련봉보루에서 본 아차산 1보루와 용마산 3보루

보루는 홍련봉 정상부에 구축되어 있는데, 1보루는 남쪽에, 2보루는
북쪽에 위치한다. 홍련봉 1보루에서 아차산성까지는 직선거리로 600m
정도 떨어져 있다. 홍련봉은 정상부와 주변지역의 비고가 약 60m 정도

홍련봉 1보루 발굴조사 광경

홍련봉 1보루 외벽

로 산이라기보다는 구릉에 가깝다. 그러나 아차산 능선을 제외한 서쪽
과 남쪽일대에는 장애물이 없어 풍납토성과 몽촌토성이 위치한 한강 남
쪽의 넓은 지역이 한눈에 조망되는 전략적 요충지이다.

홍련봉 1보루 출토유물/고려대학교 매장문화재연구소(2004)

홍련봉보루는 1994년 구리문화원이 실시한 아차산 일대에 대한 문화유적 지표조사에서 정밀조사가 실시되어 고구려 보루일 가능성이 제기되었으며[83], 2004년 고려대학교 매장문화재연구소에 의해 홍련봉 1보루가 발굴조사 되었다[84].

홍련봉 1보루는 전체 둘레 120m이고, 남북 최장 46m, 동서 37m 가량으로 평면형태는 타원형이다. 성벽은 지형을 따라 쌓았으며, 남동 모서리에 치를 설치하였다. 석재의 크기는 일정치 않으며, 쌓는 수법도 정교하지 못하다. 성내 시설물로는 건물지 21기, 온돌유구 13기, 저수시설 3기, 수혈주거지 3기가 확인되었다.

온돌은 작은 할석을 이용하거나 가로·세로 각 20cm 가량의 판석을 이용해 벽석을 세웠다. 저수시설은 풍화암반을 굴토하여 조성하고 규모

---

83) 구리시·구리문화원, 《아차산의 역사와 문화유산》, 1994.
84) 고려대학교 매장문화재연구소, 〈홍련봉 1보루 발굴조사 약보고〉, 2004.
_______________, 〈홍련봉 1보루 2차 발굴조사 약보고〉, 2004.

는 남북 710cm, 동서 666cm, 깊이 278cm 이다. 바닥은 두께 70cm 정도 뻘로 채웠으며, 벽체에도 통나무를 쌓아 가면서 뻘을 발랐다.

출토유물은 대부분 토기류와 철기류이며, 아차산일대 보루군 가운데 유일하게 기와가 출토되었다. 토기는 무문의 평저기형에 대상파수가 부착된 전형적인 고구려 토기이다. 기종은 호, 옹류, 동이류, 완류, 접시류, 뚜껑류 등으로 제작기법이 아차산 4보루와 유사하다. 이중 완과 접시의 바닥에는 여러 가지 부호가 새겨진 예가 많으며, '夫'·'癸' 명이 새겨진 토기류 2점이 출토되었다. 기와류는 적색과 회색의 승문기와가 대부분이며, 연화문 막새가 4점 출토되었다. 막새는 옅은 적갈색으로 單瓣蓮花文과 變形花瓣을 교대로 네 판씩 배치하였다. 연판 사이에는 8개의 삼각형 珠文을 돋을새김하였고, 가운데 자방에는 2조의 돋을테를 둘렀다[85].

홍련봉 1보루는 출토 유물이나 역사적 상황을 통해 볼때 대략 500년을 전후로 축조되어 551년까지 사용된 것으로 추정되며, 한강을 경계로 중랑천변의 평지를 방어하기 위한 기능을 하였다. 또한 홍련봉 1보루의 특징이 아차산 4보루나 시루봉보루와 구조상 동일한 것으로 볼 때 6세기 당시 정형화된 고구려 군사시설을 확인할 수 있는 중요한 자료로 판단된다.

홍련봉 2보루는 전체 둘레가 179m이며, 장축방향은 북서–남동의 장타원형으로 장축은 약 70m, 단축은 30m 정도이다.

성 내부는 평탄지와 함몰부로 구분되어 있다. 성의 북편에 해당되는 평탄지에는 외곽을 돌아가며 약 2m 정도 두께의 석축시설이 일부 노출되어 있을 뿐 별다른 시설은 확인되지 않는다. 함몰부는 평탄지에 비하여 약 2m 정도 낮은 상태이다. 함몰부 내·외곽에는 인위적으로 쌓은

---

85) 고려대학교 매장문화재연구소, 〈홍련봉 1보루 발굴조사 약보고〉, 2004.

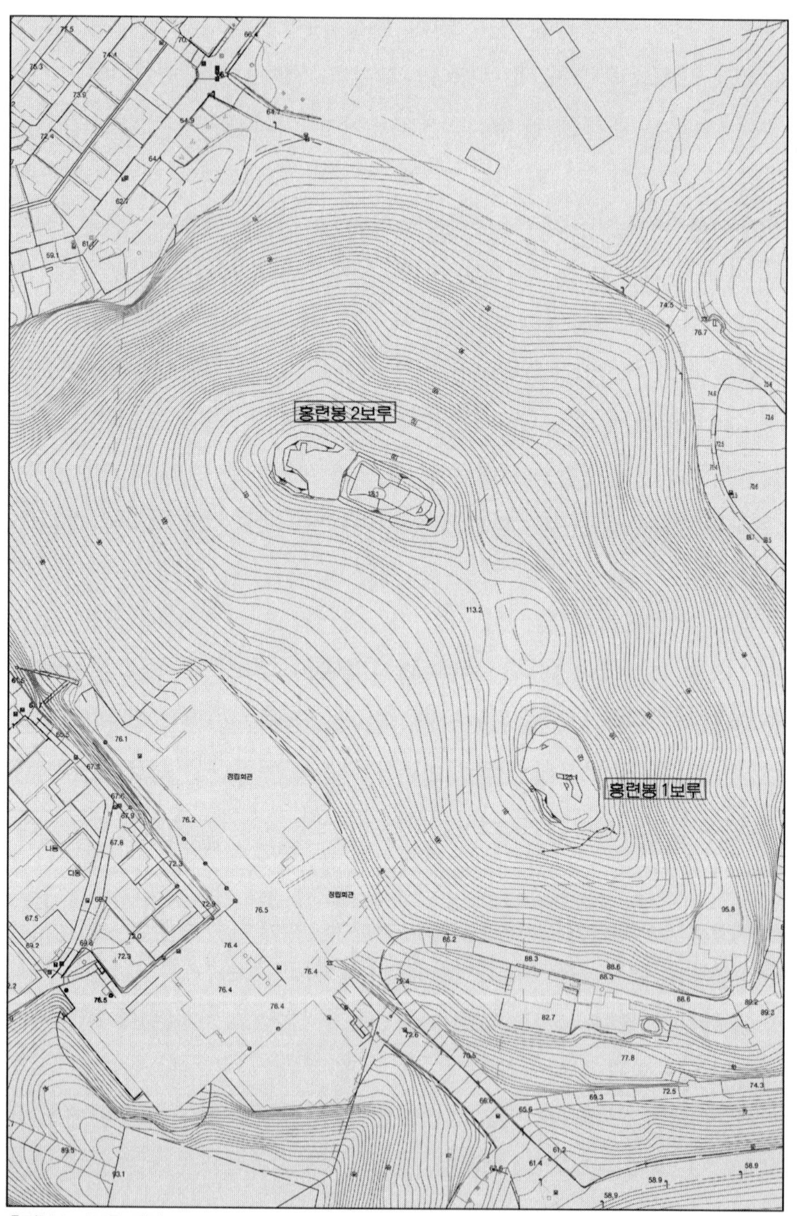

홍련봉 1 · 2보루 평면도

홍련봉 1보루 출토 기와

홍련봉 2보루 잔존 석축

듯 보이는 정연한 석축이 일부 노출되어 있으며, 내부에는 민묘가 들어서 있다.

　한편 홍련봉의 남쪽에 있는 작은 봉우리에도 고구려의 보루로 추정되는 유적이 있었다. 정립회관 배수지 유적이라고 불리는 이 보루는 현재

아차산에서 본 홍련봉 보루군

정립회관 배수지 유적

체육시설과 군사시설로 파괴되었으나 홍련봉보루군과 한 범주에 속하
는 보루로 추정된다.

5) 구의동보루

九宜洞堡壘는 서울시 성동구 자양동의 태봉(해발 53m) 정상부에 위치한다. 태봉은 아차산의 능선이 한강 방면으로 뻗어 내려오다가 한강에 이르러 3개의 작은 봉우리를 형성하는 곳이다. 이 태봉의 가운데 제일 북쪽 봉우리에 구의동보루가 위치한다. 태봉은 높지 않으나 시야를 가리는 장애물이 없어 풍납토성 · 몽촌토성 등 잠실일대의 백제성곽들을 내려다보며 조망할 수 있는 요충지이다.

구의동보루는 1974년부터 시작된 잠실 · 화양지구 토지구획 정리사업의 일환으로 1977년 서울대학교 · 단국대 · 숭전대 · 문화재연구소 등에 의해 발굴조사가 실시된 이후 택지로 개발되어 현재 그 흔적이 전혀 남아 있지 않다[86].

보루의 전체 둘레는 46m 정도이고, 평면은 원형에 가까운 형태이다. 성벽은 7~8단의 할석 위로 강돌을 6~8단 쌓았으며, 높이는 1m 내외이고, 가장 높은 곳은 185cm에 달한다. 성벽 남쪽 2곳은 동-서 방향의 긴 장방형으로 돌출되어 있는데, 외곽부에는 할석을 3~4단 계단식으로 쌓고 내부는 흙으로 채웠다.

보루 내부에는 직경 760cm의 원형 수혈주거지가 조사되었다. 수혈의 깊이는 60~70cm이며, 벽체는 13~14cm, 7~8cm, 0.6~0.7cm 크기의 판재를 둘려 세웠다. 수혈의 남쪽에는 폭 170cm, 길이 200cm 크기의 수혈바닥 보다 높은 부분이 있는데, 출입시설로 추정된다.

수혈 내부시설로는 배수시설과 온돌시설이 확인되었다. 배수시설은 수혈의 동북 모퉁이에서 서남부의 석축부로 수혈 벽선을 따라 둥글게 휘어져 있다. 수혈내부는 폭 40cm, 깊이 15~20cm 정도로 바닥을 파서 만들었고, 외부는 할석을 이용하여 석축부 밑으로 계속 이어지게 만들

---

86) 구의동 보고서 간행위원회, 《한강유역의 고구려 요새》, 1997.

구의동보루 발굴조사 광경(1977)

구의동보루 유물 노출
상태(1977)

었다. 벽체를 따라 22개의 주공이 확인되었고, 간격은 70~80cm 정도로
대체로 일정하다. 온돌시설은 수혈의 동북부에 남북방향으로 길게 설치
되어 있으며, 40cm 크기의 할석을 세우고, 그 위로 50~80cm 가량의 판
석을 놓고 짚을 섞은 흙으로 틈을 채웠다. 온돌의 남쪽끝 아궁이에 철부

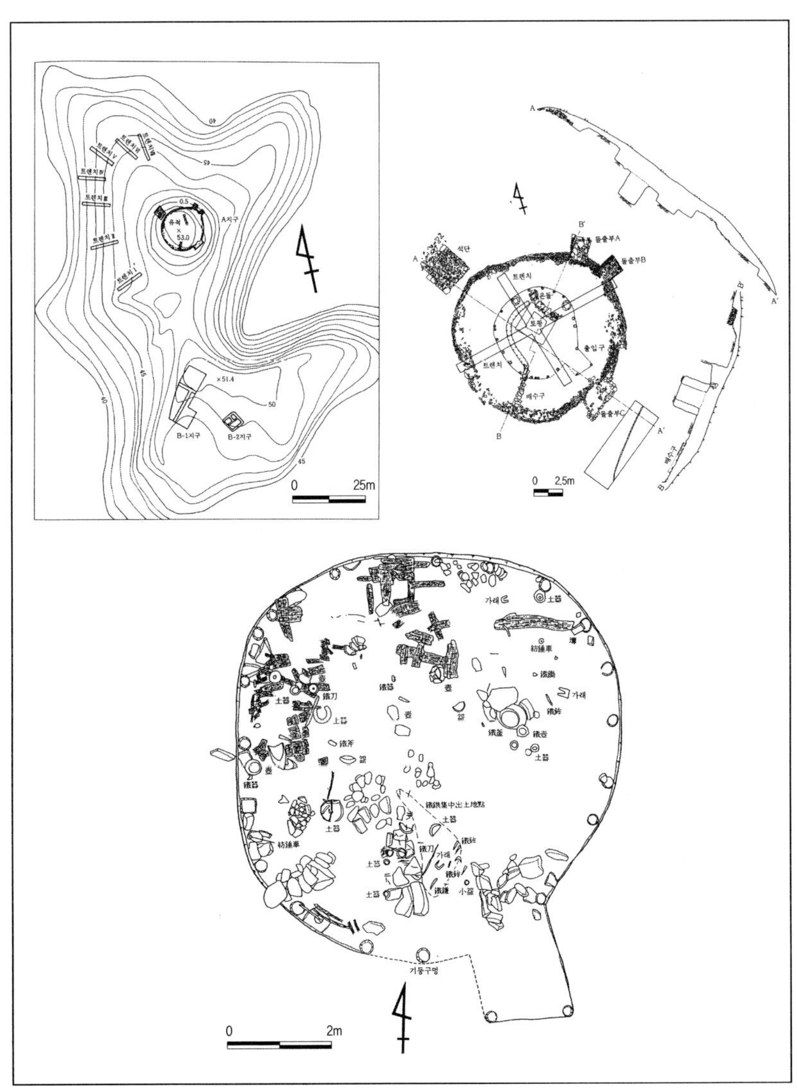

구의동보루 평면도

와 철호가 걸려 있었고, 온돌 바닥에는 소토와 회백색토가 깔려 있는 것
으로 보아 실제로 사용한 것으로 보여진다.

구의동보루는 400여점에 달하는 토기와 철제류가 출토되었다. 토기는

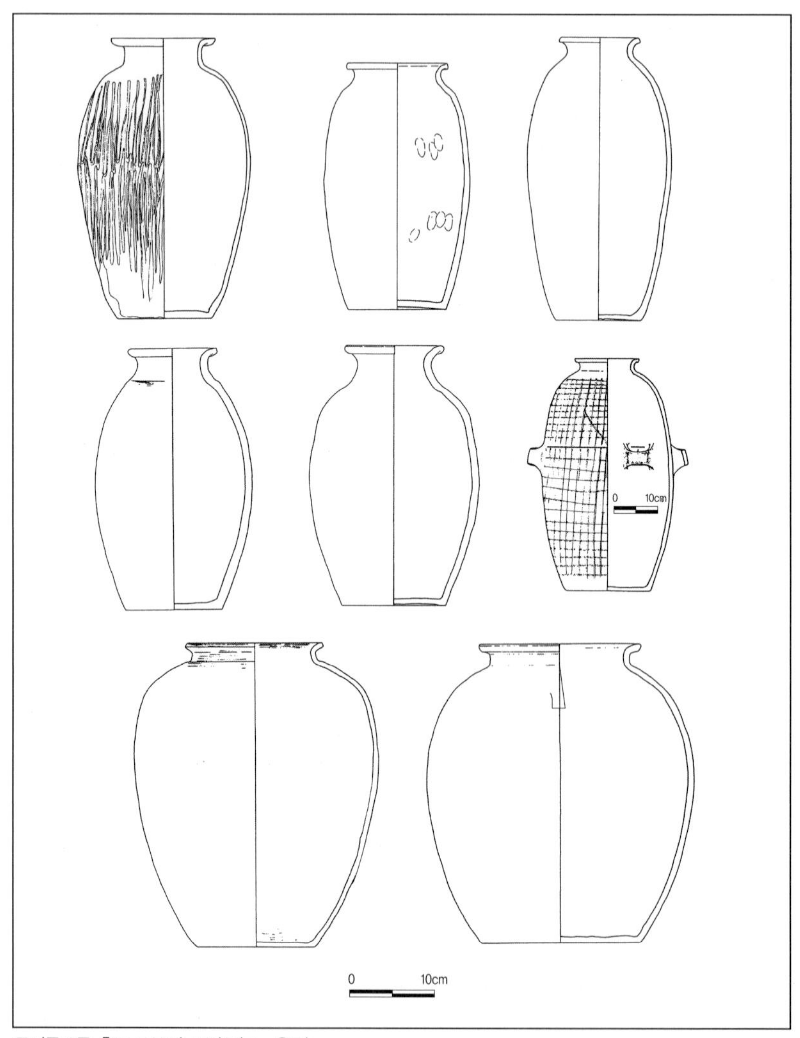

구의동보루 출토 고구려 토기류(호 · 옹류)

표면이 마연된 황갈색 또는 흑색의 연질 토기이며, 기종은 동이류, 뚜껑류, 장동호, 직구옹, 완, 접시 등이 출토되었다. 철제류는 화살촉, 창촉, 도끼 등의 무기류와 삽날, 보습날, 살포날 등의 농공류가 출토되었다.

구의동보루는 아차산 일대 보루군 가운데 최남단의 보루로 유사시 적

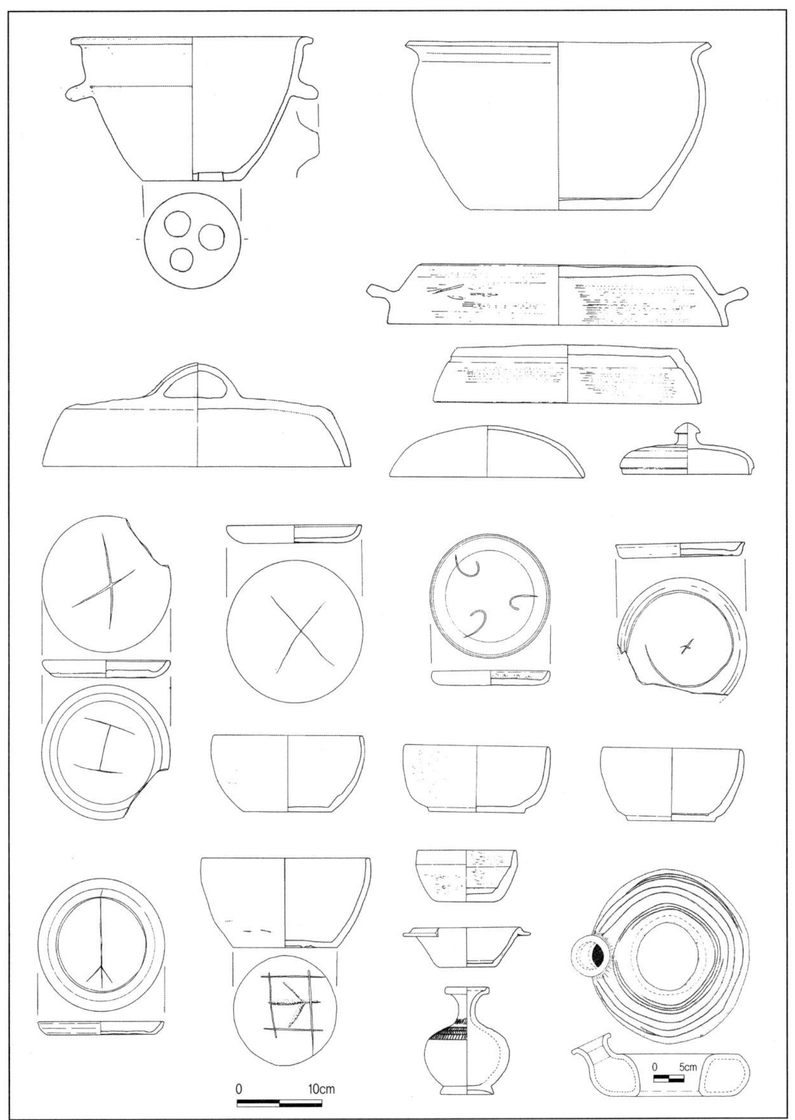

구의동보루 출토 고구려 토기류(시루, 뚜껑 · 접시, 병 등)

의 동태를 감지하는 전초기지의 역할과 한강 도하의 시작점으로 중요한 비중을 점하였을 것으로 추정된다.

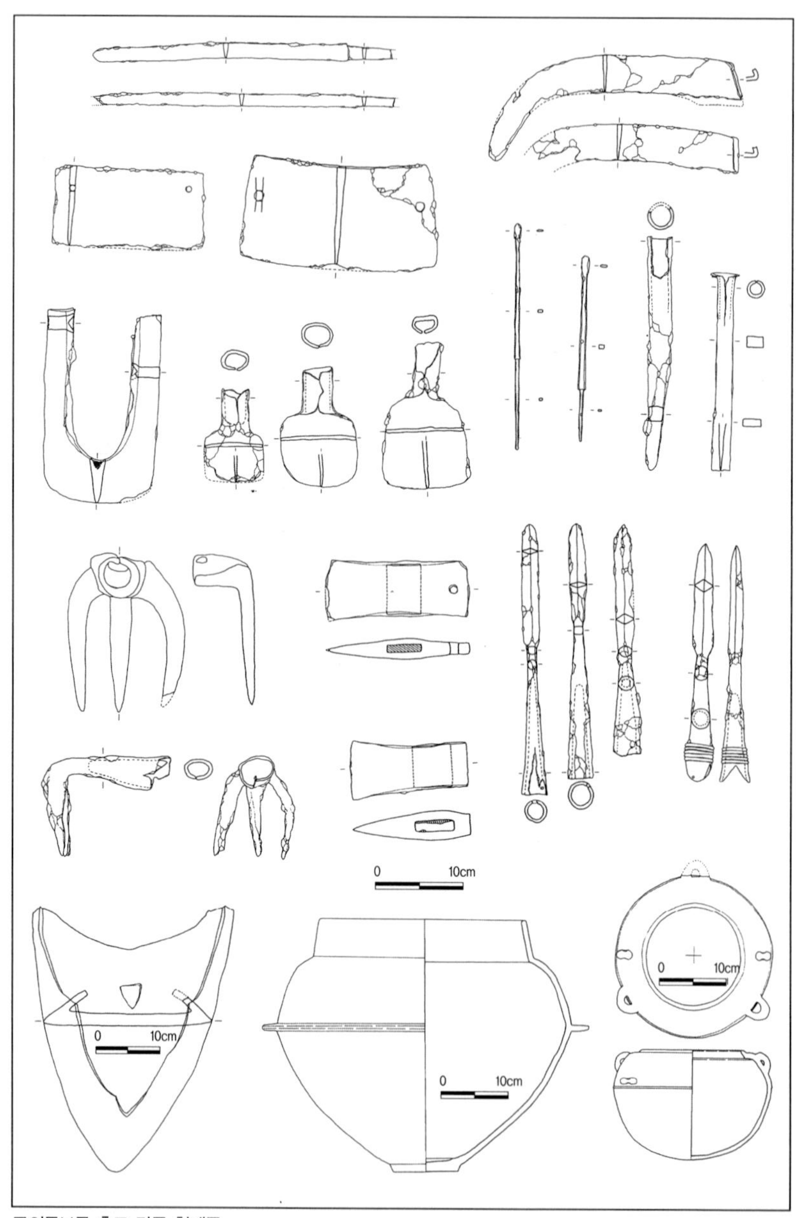

구의동보루 출토 각종 철제품

시루봉보루 내부

6) 시루봉보루

시루봉보루는 서울시와 구리시 사이의 경계인 아차산의 주능선이 동남쪽 한강방면으로 흘러내린 능선상의 소봉(해발 205.8m)에 위치한다. 서울대학교 박물관에서 1999년과 2000년에 걸쳐 2년간 전면 발굴조사되었다[87].

성의 총 둘레는 약 205m이며, 유적의 상부 평탄면은 평면 형태가 활 모양처럼 구부러져 있고 북쪽 부분에 비해 남쪽 부분은 지대가 약간 높다. 성벽 안쪽으로 성벽과 평행하게 대형 건물이 축조되었다. 남동쪽 성벽에서는 치가 확인되었다. 남서쪽 성벽의 잔존 높이는 1.7m이며, 13단이 남아 있다. 성벽은 화강암을 다듬어 사용하였고 석재의 크기는 일정치 않다. 석재는 대체로 얇은 편인데 평균 10cm 정도이며, 8cm 내외에서 최고 23cm까지 돌을 사용하였다. 석재의 정면 너비는 40~50cm이며

---

87) 서울대학교박물관, 《아차산 시루봉보루-발굴조사 종합보고서-》, 2002.

시루봉보루 치

주로 석재의 장축이 성벽의 진행방향과 일치하게 바른층쌓기를 하였고, 석재를 수직으로 끼워 넣는 것도 부분적으로 확인되었다. 성벽 기조부의 축조방식은 암반면을 다듬어 사용하거나 암반 위에 성토를 하는 등 구간에 따라 약간의 차이를 보인다.

보루 내부의 주거시설은 중앙의 저수시설을 둘러싼 대형건물지와 그 주변의 소형건물지로 구분되고 대체로 성벽의 방향과 일치하게 조성하였다. 대형건물지의 벽체 바깥쪽에는 암거식 배수시설이 정연하게 설치되었다.

대형건물지 외곽의 소형건물지는 모두 9기가 확인되었다. 소형건물지에는 대부분 온돌이 시설되었는데 구들의 모양은 직선이지만 구들은 수직을 이루어 설치되었다. 보루 중앙에 위치한 저수시설은 직육면체의 형태를 띠며 내벽에는 점토를 발라 방수처리 하였다.

유물은 고구려 토기가 다량 수습되었는데 모두 평저기의 특징이 확인되었다. 기종은 주로 대옹과 장동호, 완, 호, 접시, 시루 등이다. 시루나 동이류의 경우 특징적인 대상파수가 달려 있고 소성도가 비교적 높으

시루봉보루 잔존 성벽

시루봉보루 성벽을 따라 구축된 참호

며, 태토는 고운 모래를 사용하였다.

　또한 무기류와 공구류로 구분되는 철기 100여 점이 출토되었다. 무기류로는 화살촉과 철모, 창 자루끝 등이 있는데 화살촉은 모두 가늘고 긴

시루봉보루 유규 배치도

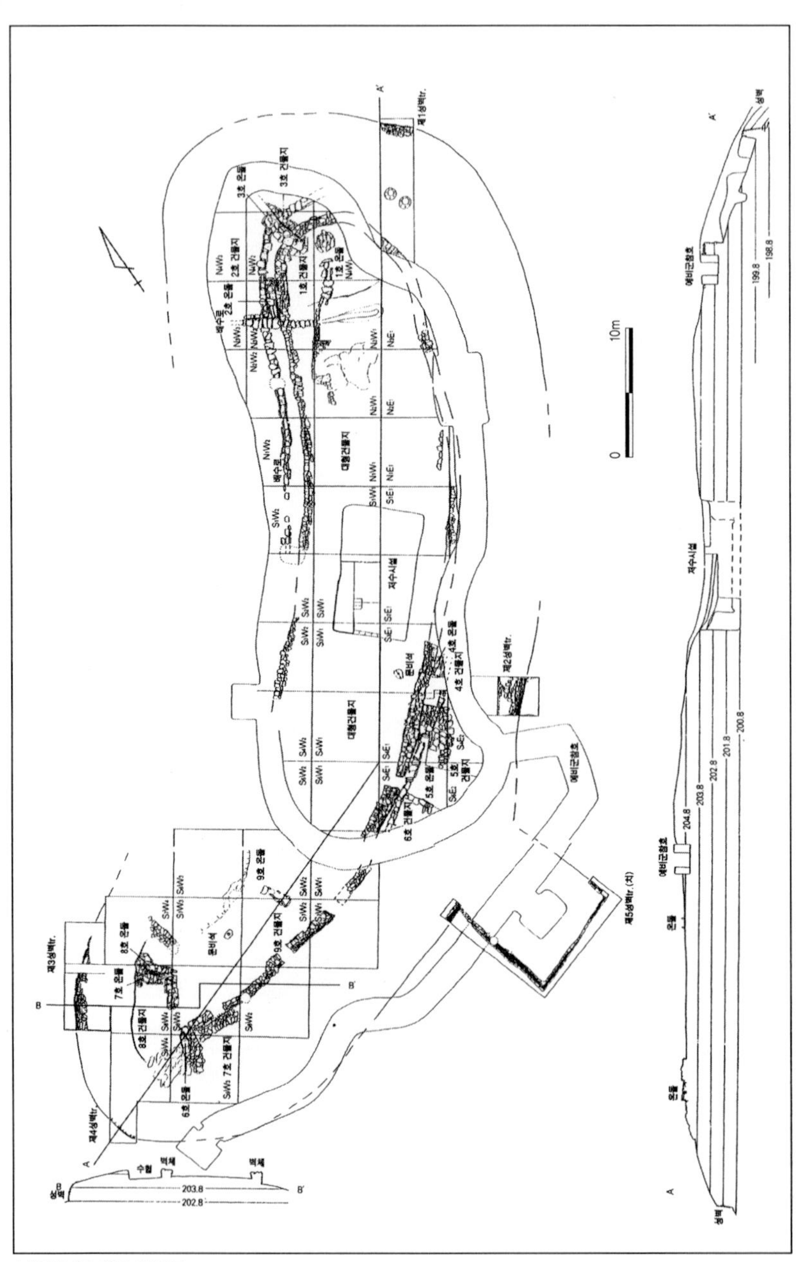

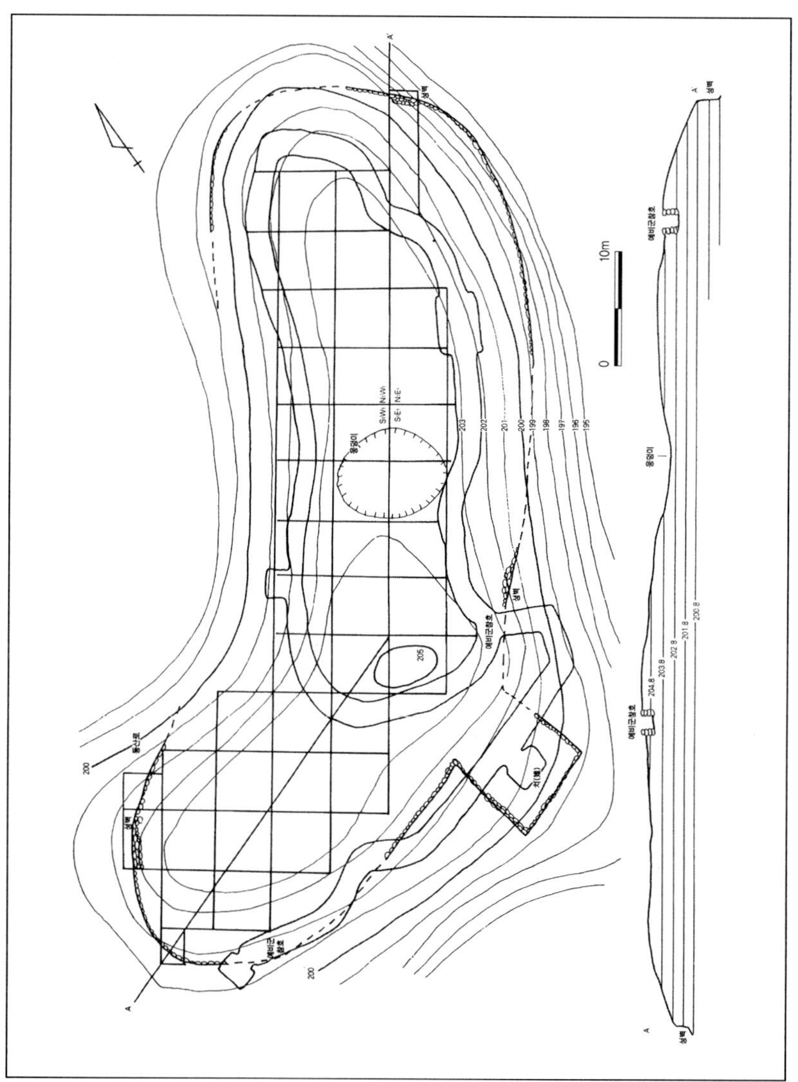

시루봉보루 평 · 단면도

형태이다. 공구류로는 철정과 철부, U자형 삽날 등이 출토되었다. 여기
서 수습된 유물들은 아차산 4보루에서 출토된 유물들과 유사성을 지니
며, 유물을 통해 유적의 중심연대를 6세기 중엽경으로 추정할 수 있다.

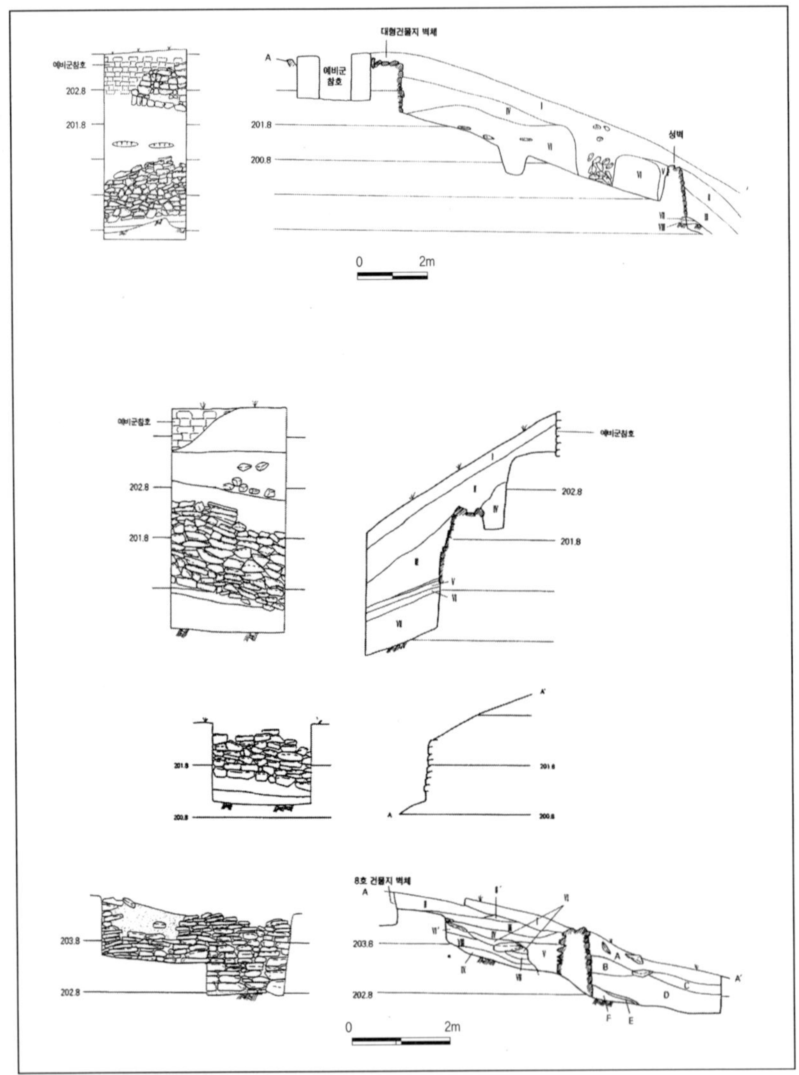

시루봉보루 성벽 입·단면도

　　시루봉보루는 약간의 차이가 있긴 하나 아차산 4보루와 기본적으로
같은 구조를 지니고 있다. 둘레와 내부면적도 매우 유사하여 약 100여
명의 병사들이 주둔하였던 것으로 추정할 수 있다.

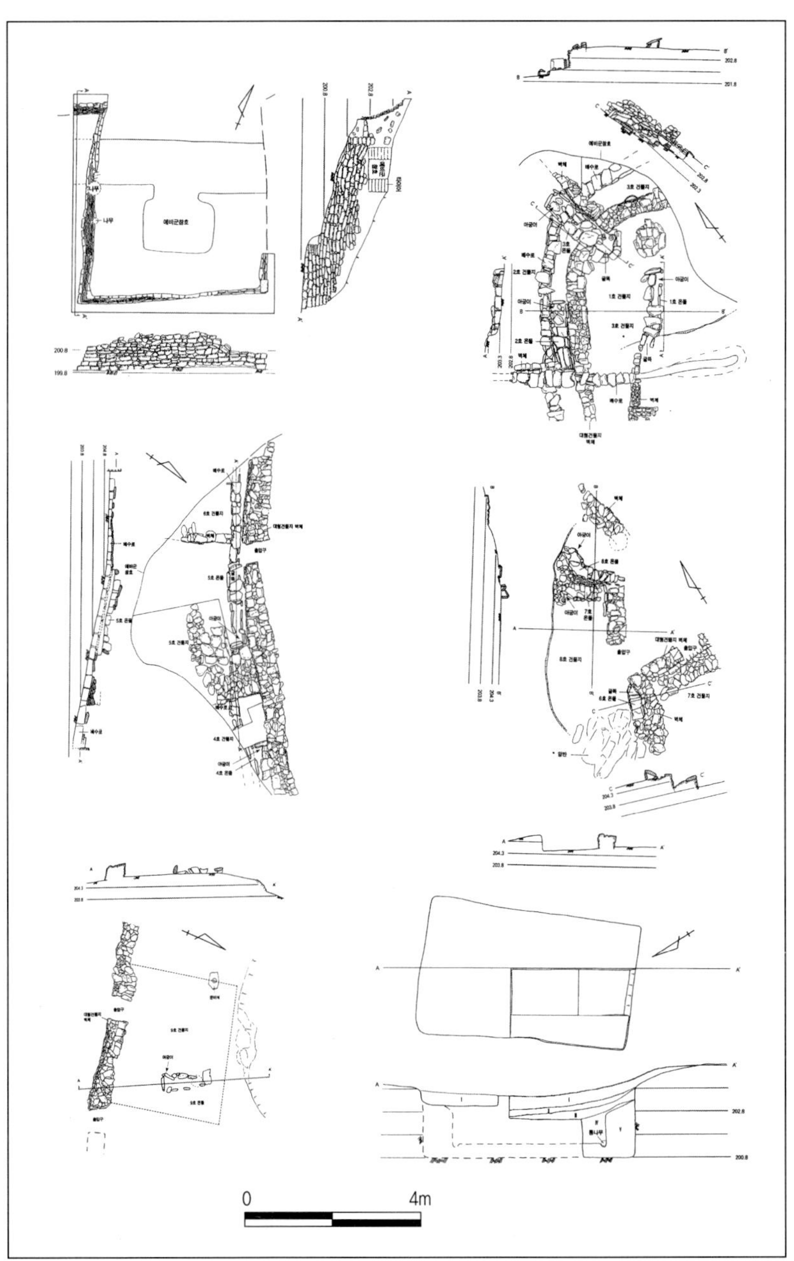

시루봉보루 유구(성벽 · 온돌 · 저수시설)

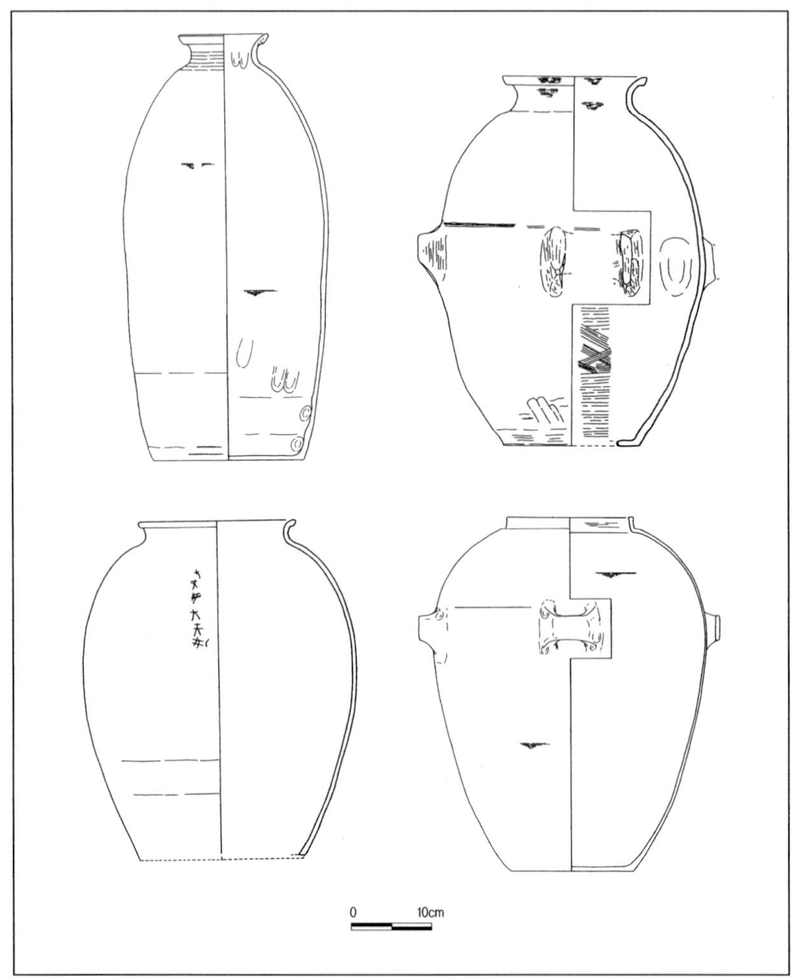

시루봉보루 출토 고구려 토기류(옹류)

　유적은 아차산에 의해 북쪽으로는 막혀 있으나 그 외 한강 이남과 왕
숙천변의 넓은 충적대지가 한눈에 조망된다. 시루봉보루는 왕숙천변을
직접적으로 감제할 수 있는 군사적 요충지에 축조되었다. 그러나 발굴
조사가 이루어진 이후에도 군부대 참호가 구축되어 유적 전체가 심각하
게 훼손되어 있는 상태이다.

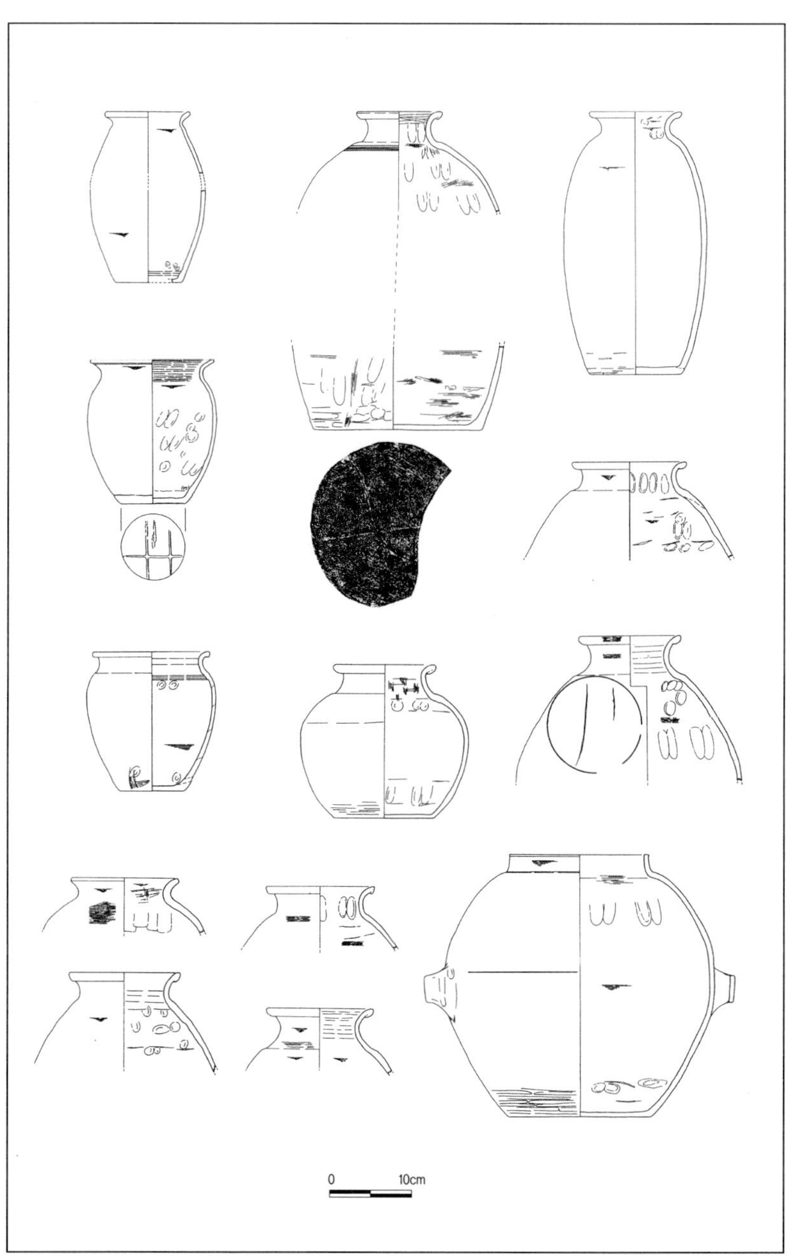

시루봉보루 출토 고구려 토기류(심발류 · 호류)

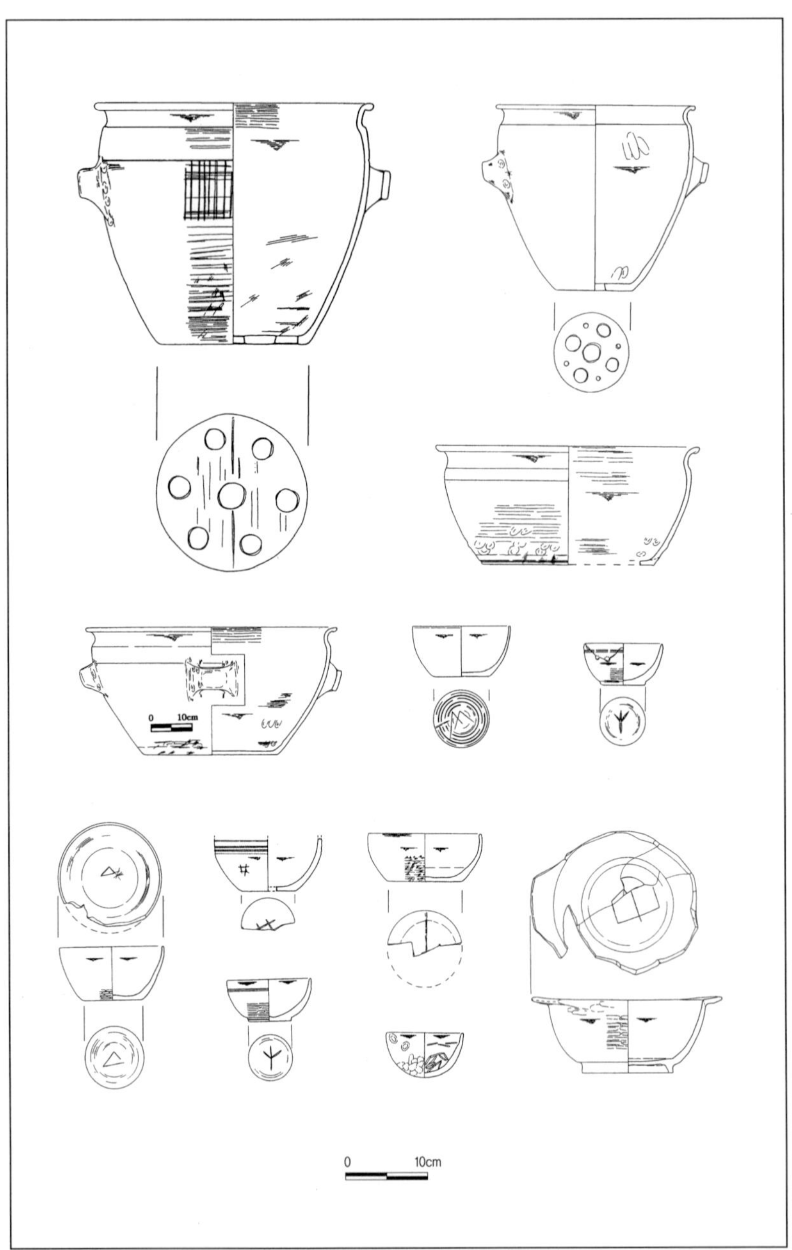

시루봉보루 출토 고구려 토기류(시루 · 동이 · 이배 · 잔류)

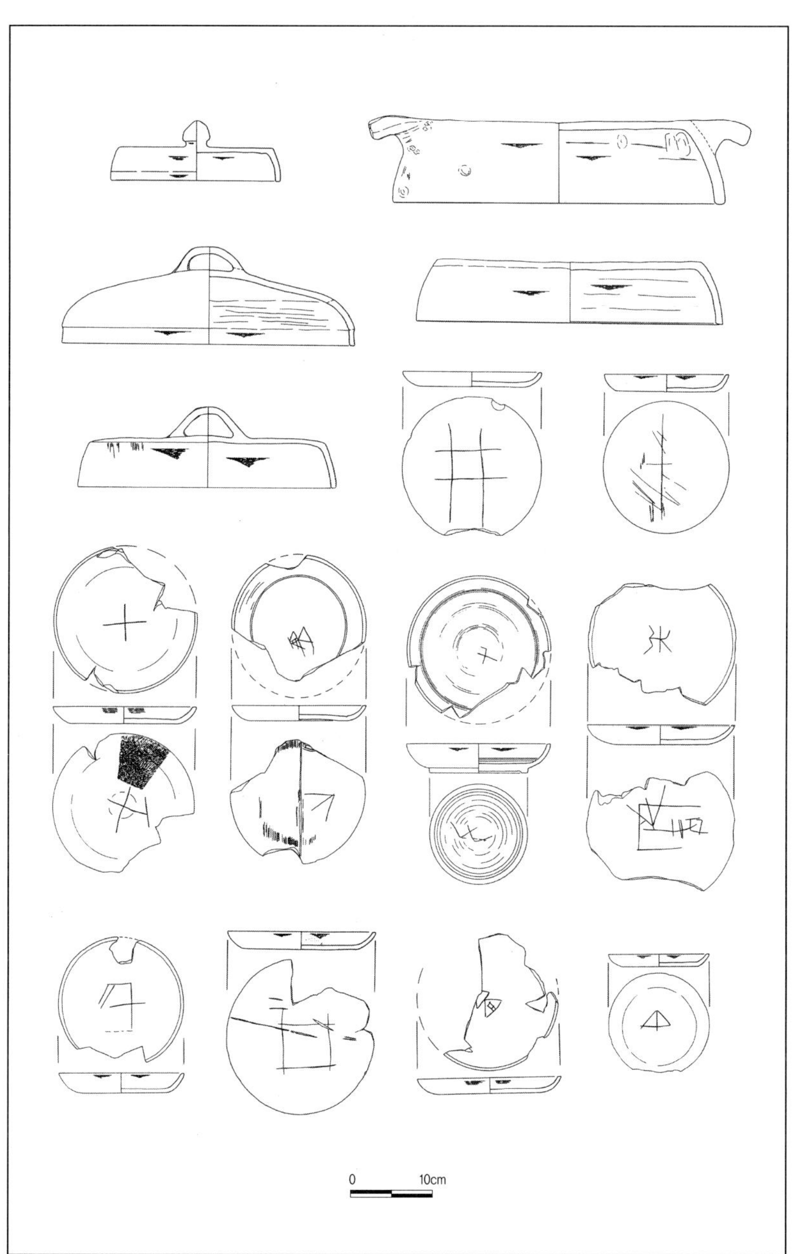

시루봉보루 출토 고구려 토기류 (뚜껑·접시)

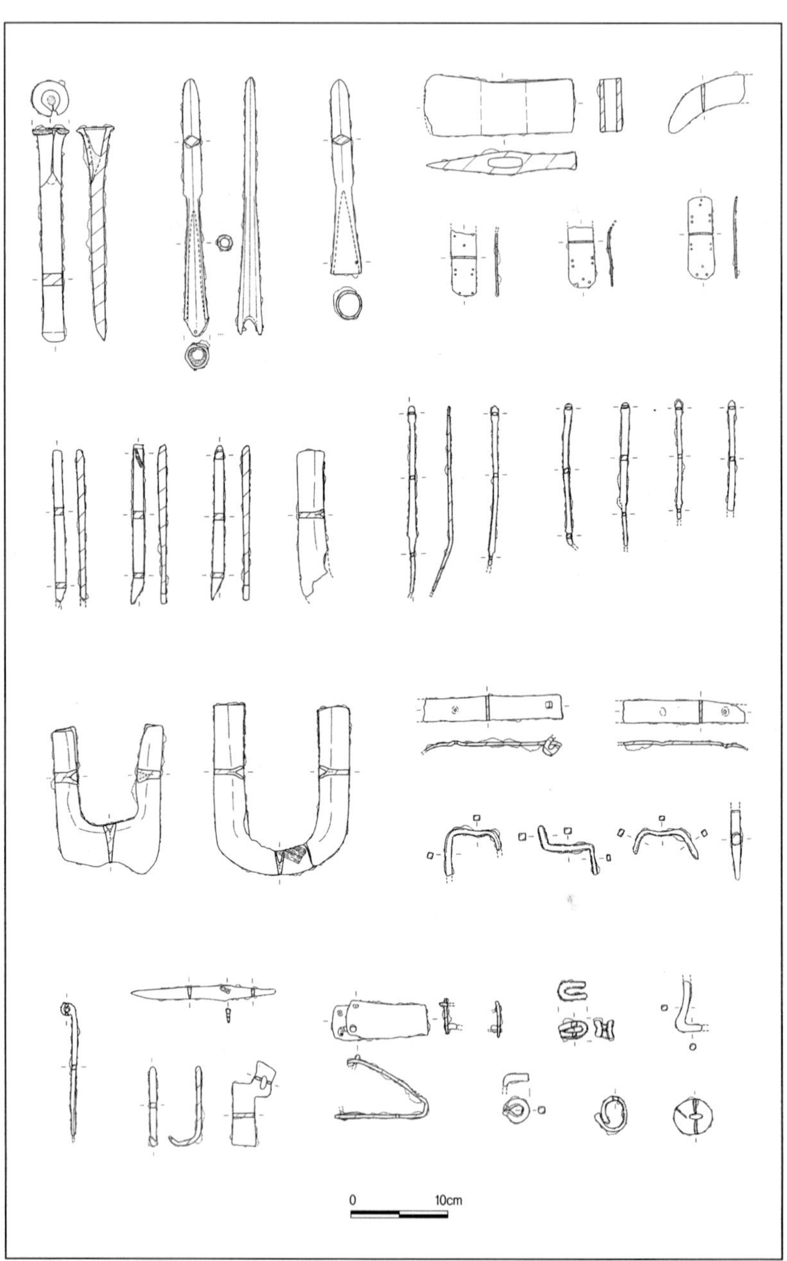

시루봉보루 출토 철제품

7) 망우산보루군

　忘憂山堡壘群은 용마산과 아차산 줄기가 만나 북쪽으로 뻗어 나간 능선에 축조되었다. 역 y자형의 평면형태로 이루어져 있는 아차산 보루군의 가장 북쪽에 자리 잡고 있다.

　망우산보루군은 서쪽으로 광장동 일대와 봉화산과 불암산, 동쪽으로는 남양주 · 암사동일대가 한눈에 바라다 보이며, 북쪽 방면일대가 한눈에 조망되는 전략적 요충지이다. 이 보루군은 2003년 서울시의 서울소재 성곽 조사를 통해 지표조사되었다[88].

　유적 일대에는 현재 공동묘지와 헬기장이 조성되어 있어 원래 형태와 규모를 파악하기는 힘들다. 또한 성벽의 석재를 분묘의 축대로 사용하여 잔존 성벽을 찾아보기 힘들다.

　망우산 1보루는 용마산과 아차산 줄기가 만나 북쪽으로 뻗어 내려가

망우산 1보루

---

88) 서울특별시, 《서울소재 성곽조사 보고서》, 2003.

망우산 1보루 주변 군사시설

망우산 1보루 주변 석재

는 능선 중에 완만하게 솟아오른 봉우리(해발 280.3m)에 위치하여 광장
동 일대와 구리시가 잘 조망된다. 정상부에 조성된 평탄면에는 현재 헬
기장과 민묘가 들어서 있다. 유적의 남동쪽 지역은 대규모의 군사용 교
통호가 조성되어 있기 때문에 유적은 대부분 파괴되었다.

망우산 2보루에서 본 봉화산과 수락산

망우산 2보루내 석재

유적의 전체 둘레는 126m이며, 평면형태는 타원형이다. 보루의 서북
사면에는 최근에 조성된 큰 민묘가 있다. 민묘는 뒤쪽을 삭토하고 다량
의 석재를 이용하여 석축을 쌓았는데, 사용한 석재는 화강암으로 성벽
의 석재를 재사용한 것으로 판단된다. 헬기장의 외곽을 둘러싸고 있는

망우산 3보루에서 본 왕숙천과 한강 일대

석축의 흔적이 보이지만 지표상에서 파악하기가 어려워 성벽의 전체 규모를 파악하기가 쉽지 않다. 유물은 참호 주변의 비교적 넓은 지역에서 고구려 토기편 등이 수습되었다.

망우산 2보루는 용마산에서 뻗어 내려온 능선이 낮아지면서 만드는 작은 봉우리(해발 281.7m)에 위치한다. 이곳은 망우리 공동묘지가 조성되면서 대부분의 유구가 형체를 알 수 없이 훼손되었다.

망우산 2보루의 둘레는 약 120m 정도이고, 평면형태는 장타원형으로 장축방향은 남서–북동이다. 유적의 전 지역에 분묘가 조성되어 원래의 형태와 규모를 파악하기 어려운 상태이다. 분묘주변으로 축대를 쌓거나 담을 친 것이 관찰되는데 석재의 형태나 치석상태로 볼 때, 보루의 석재를 재사용한 것으로 생각된다.

이곳에서 출토된 토기편 등의 유물은 고구려계로서 이와 관련된 유적이 있었을 가능성을 높여주고 있다.

망우산 3보루는 망우산 2보루에서 북동쪽으로 100m 떨어진 봉우리

망우산 3보루 잔존 석축

망우산 3보루 내부

(해발 275m)에 위치한다. 유적의 둘레는 약 250m 정도이고, 망우산 2보루와 마찬가지로 정상부는 물론 전 지역에 민묘가 조성되었기 때문에 유적의 원래 형태와 규모를 확인하기 어려운 상태이다. 정상부의 남사

면에 있는 큰 규모의 묘지 뒤편으로 석축이 일부 노출되어 있다. 석축은 치석한 석재를 사용하여 축조하였으며, 현재 5~7단 정도 관찰된다. 석재는 그 형태로 볼 때, 잔존 성벽일 가능성도 있지만, 민묘를 조성하면서 보루에 사용된 석재를 재사용한 것으로 보인다. 이러한 양상은 정상부에 있는 묘역의 담에서도 확인된다.

유물은 무문토기 · 마제석기류 · 고구려계 토기편 등이 출토되었다. 무문토기와 마제석기류가 집중적으로 출토되는 것으로 볼 때 청동기시대에서 초기철기시대에 거친 주거지가 있는 지역에 삼국시대의 보루가 구축되었던 것으로 추정된다. 망우산 3보루는 분묘 조성을 위해 석축을 쌓는 과정에서 보루의 석축과 내부시설이 대부분 훼손 되었으며, 분묘 사이사이에서 소량의 토기편이 수습되었다.

8) 봉화산보루

烽火山堡壘는 중랑구 묵동 봉화산에 위치한 평지에 있는 독립구릉의 정상부(137.9m)에 축조된 테뫼식 산성이다.

봉화산보루는 상계동보루와 중랑천 방향으로 돌출된 구릉상에 입지하고 있으며, 북쪽으로 불암산 · 도봉산과 의정부일대의 평야지대까지 한눈에 조망된다. 서쪽과 남쪽도 장애물이 없어 남산과 한강 이남을 감제할 수 있는 군사적 요충지에 축조되었다. 그러나 봉화산보루는 1993년 조선시대 유적인 봉화대 복원작업과 체육시설이 조성되면서 훼손된 상태이다[89].

봉화산보루는 봉화산 정상부를 감싸 안은 형태이며 평면형태는 장타원형이다. 전체 둘레는 249m, 높이는 1m 정도이다. 성벽은 40~50cm 크기의 할석을 사용하여 7~8단 정도 비스듬하게 기울도록 쌓았다.

---

89) 서울특별시, 《서울소재 성곽조사 보고서》, 2003.

봉화산보루 원경

새로 복원된 봉수대와 봉화산 도당

　남쪽의 등산로 부분에는 돌출된 시설이 확인된다. 돌출부는 방형으로 현재 암반층 위에 들여쌓기를 하면서 3단을 쌓고, 약 50cm 정도 뒤로 물려 다시 3단으로 쌓았다. 이 돌출시설은 구의동보루의 돌출부와 유사하여 치의 기능을 하였던 것으로 추정된다. 특히, 기단부의 단면형태가 고구려 성곽의 기단축조 형태와 매우 유사하다.

유물은 무문토기 저부편과 고구려계 토기편들이 상당수 발견된다. 발견된 토기들은 대부분 연질토기이며, 회갈색이나 홍갈색을 띠고 있다. 토기 표면이 마연된 제작 수법을 감안할 때 전형적인 고구려계 양식의 토기들임을 알 수 있다. 봉수대 아래쪽의 평탄지는 봉수대 공사 후 포장 공사를 하여 정밀조사가 불가능한 상태이다.

9) 불암산성

佛岩山城은 서울시 노원구 상계동과 남양주시 화접면의 경계지점의 불암산 남쪽 봉우리(해발 420.3m)에 축조된 테뫼식 석축산성이다[90]. 이 불암산(해발 507m)은 중랑천 일대에 형성된 넓은 평야의 동쪽에 위치하는데 서쪽은 북한산과 대응하고 북쪽은 수락산에, 남쪽은 한강유역의 아차산과 연결되는 험준한 암산이다. 이곳은 임진강유역에서 천보산맥 일대의 양주분지를 지나 한강유역의 아차산일대로 통하는 남북교통로인 중랑천로를 통할하며 동시에 왕숙천로와 연결되는 동서교통로를 감제하는 지점에 해당한다.

평면은 부등변의 5각형이나 4각형에 가깝다. 전체 둘레는 221m이다. 성벽은 대부분 무너진 상태이고 남벽과 동벽의 일부만 면석이 남아 있다. 남벽은 7단에 높이 120cm, 동벽은 길이 15m 정도에 높이 1.5m 가량만 잔존한다. 성벽은 안물림하지 않은 바른층 쌓기를 하였으며 약간의 쐐기돌을 박아 놓았다. 면석은 대부분 화강암질이고 장방형으로 다듬어 축조하였다. 면석은 60×18cm, 45×15cm, 55×16cm, 43×15cm, 52×15cm, 46×18cm 등의 크기인데 높이는 20cm 이하인 점이 특징적

---

90) 한국토지공사 토지박물관, 《남양주시의 역사와 문화유적》, 1999.

이다. 뒷채움석은 48×18×50cm, 20×15×56cm, 21×15×66cm, 32× 18×60cm, 28×16×62cm 등의 크기이다. 이처럼 폭과 높이에 비해 길이를 길게하는 방법은 면석과 뒷채움석이 서로 엇물리게 함으로써 성벽의 견고성을 담보하기 위한 축조기법이다. 이 기법은 한국고대성곽에서 전통적으로 채용하는 기법으로 알려져 있다. 문지는 남쪽 능선과 성벽이 만나는 지점으로 추정되는데 현재 등산로가 개설되어 있다. 그리고 북동쪽에 직경 230cm 정도의 석축구조물이 남아 있으며 성내 북쪽에 치우쳐 지름 8m 내외의 원형 함몰부가 있다. 이 함몰부는 집수시설로 추정된다. 정상부의 남쪽은 헬기장이 조성되어 있다. 유물은 정상부의 평탄지와 경사면 일대에서 무문토기류, 고구려토기편, 신라토기편이 함께 채집된 바 있다.

10) 수락산보루군

水落山堡壘群은 서울시 노원구 상계동 수락산일대에 자리 잡은 보루군이다. 수락산 1보루는 수락산에서 남서쪽으로 뻗어 내린 능선의 돌출된 봉우리(192.5m)에 위치한다.

보루의 전체 둘레는 약 150m이고 정상부에서 3~4m 아래로 돌아가며 석축을 하였다. 평면형태는 남-북을 장축으로 하는 불규칙한 타원형이다. 현재 남쪽에 개설된 등산로 부근에 2m 정도의 석축이 노출되어 있다. 정상부의 북쪽에는 직경 12m 가량의 평탄지에 체육시설이 조성되어 있다. 체육시설이 있는 정상부의 남쪽은 1~1.5m 쯤 낮아지면서 석축이 확인되며, 약 10m 간격을 두고 직경 3~5m, 깊이 50cm 정도의 함몰부가 두 군데 있다. 이곳은 집수시설이 있었던 것으로 추정된다.

그러나 최근 보루 내에 체육시설이 늘어나고 시민들의 편의를 위하여 등산로에 계단을 조성하는 과정에서 유구의 상당부분이 훼손되었다. 심지어 등산로 위에 온돌시설로 추정되는 유구가 일부 노출된 상태이며,

수락산 1보루 내부

수락산 1보루 내부 석축

보루의 석재를 편의시설의 테두리에 쌓아 놓았다. 집수시설로 추정되었던 두 군데의 함몰부도 모두 훼손되어 확인되지 않고 주변에 많은 양의 토기편이 산재해 있다.

수락산 2보루에서 본 사패산과 도봉산

　출토되는 토기류는 연질토기로 황갈색이나 홍갈색을 띠며 표면은 마연되어 있다. 태토와 기형으로 볼 때 아차산 일원의 보루군에서 출토되는 고구려계 토기와 유사하다. 1996년에는 계단을 조성하는 과정에서 마구류인 杏葉과 鉸具, 刀子 등 철제유물이 수습되었다.

　수락산 2보루는 1보루에서 900m 떨어진 해발 288m의 봉우리에 위치하고 있다. 정상부에서는 의정부와 서울시 주변 그리고 사패산 1·2보루의 조망이 양호한 편이다. 평면은 부정형이고 북쪽은 자연암벽을 그대로 이용하였다. 석축흔적은 등산로에서 부분적으로 나타나나 대부분 무너져 내려 정확한 현상을 파악하기는 어려운 상태이다. 평탄지는 북쪽과 남쪽에 조성되어 있으며 남쪽 평탄지에는 지름 3m에 깊이 0.5m 정도의 움푹패인 구덩이가 형성되어있다. 이 구덩이는 저수시설로 추정되며 주변에서 회갈색 연질의 고구려토기편이 수습되었다. 동체부편으로 내면에는 물손질흔과 손가락자국이 희미하게 관찰된다. 두께는 0.7cm이다.

수락산 2보루 성돌

수락산 2보루 내부

　수락산의 정상부인 해발 640.6m에 3보루가 자리한다. 이곳은 경기도 의정부시와 남양주시 그리고 서울시의 경계지점이며 정상부의 자연지형을 최대한 살려가며 축성하였다. 내부는 암반이 대부분을 차지하고 동쪽과 서쪽은 사람의 접근이 어려운 낭떠러지이고 남쪽과 북쪽의 능선

수락산 3보루

수락산 3보루 성돌

상으로만 통행이 가능하다. 따라서 석축도 이 능선상에만 남아 있는데
석재는 판석형과 장방형을 고르게 사용하였다. 둘레는 100m 내외이다.
이 보루는 내부가 협소하고 거의 암반으로 이루어진 점, 주변에 도봉산
을 제외하고는 높은 산이 없는 점, 사방으로 조망이 양호한 점 등으로

볼 때 관측 중심의 기능을 수행한 것으로 생각된다. 유물은 적갈색과 회백색계통의 고구려토기편이 수습되었다. 모두 동체부편으로 내·외면에 횡방향의 물손질흔적이 남아있다. 태토는 니질이며 두께는 0.5~0.6cm이다.

수락산보루군은 양주분지를 관통하여 서울의 북부로 유입하는 중랑천을 감제하고 있는데 이곳은 도봉산과 수락산 사이에 형성된 추가령구조곡의 말단부이다. 따라서 예부터 대병력의 남하에 주로 이용되던 루트였기 때문에 남하하는 병력의 이동을 원활히 보조하기 위해 축조된 보루로 추정된다.

11) 몽촌토성

夢村土城은 서울시 송파구 방이동 위치한 남한산에서 뻗어 내려 온 잔구상의 자연구릉(해발 44.8m)에 축조된 토성으로 사적 제297호 이다. 몽촌토성은 1983년부터 1989년까지 서울대학교 박물관에 의하여 6차에 걸친 발굴조사가 진행되었다[91].

이 유적의 전체 둘레는 2,285m이고, 평면형태는 남북장축 730m, 동서단축 570m의 마름모꼴이다. 북쪽의 풍납토성이 평지강안에 판축된 것과는 달리, 몽촌토성은 자연구릉을 이용하여 축조되었다.

성 내부의 시설은 주거지 12기, 저장공 30기, 적심유구, 지상건물지 및 연지 등이 조사되었다. 이중 고구려에 의해 축조된 유구는 적심건물지와 판축대지, 온돌건물지이다.

---

91) 夢村土城發掘調査團, 《整備·復元을 위한 夢村土城發掘調査報告書》, 1984.
_______________, 《夢村土城發掘調査報告》, 1985.
서울大學校 博物館, 《夢村土城 −東北地區發掘報告》, 1987.
_______________, 《夢村土城−東南地區發掘報告》, 1988.
_______________, 《夢村土城−西南地區發掘報告》, 1989.
최종택, 〈夢村土城 內 高句麗遺蹟 再考〉, 《韓國史學報》, 2002.

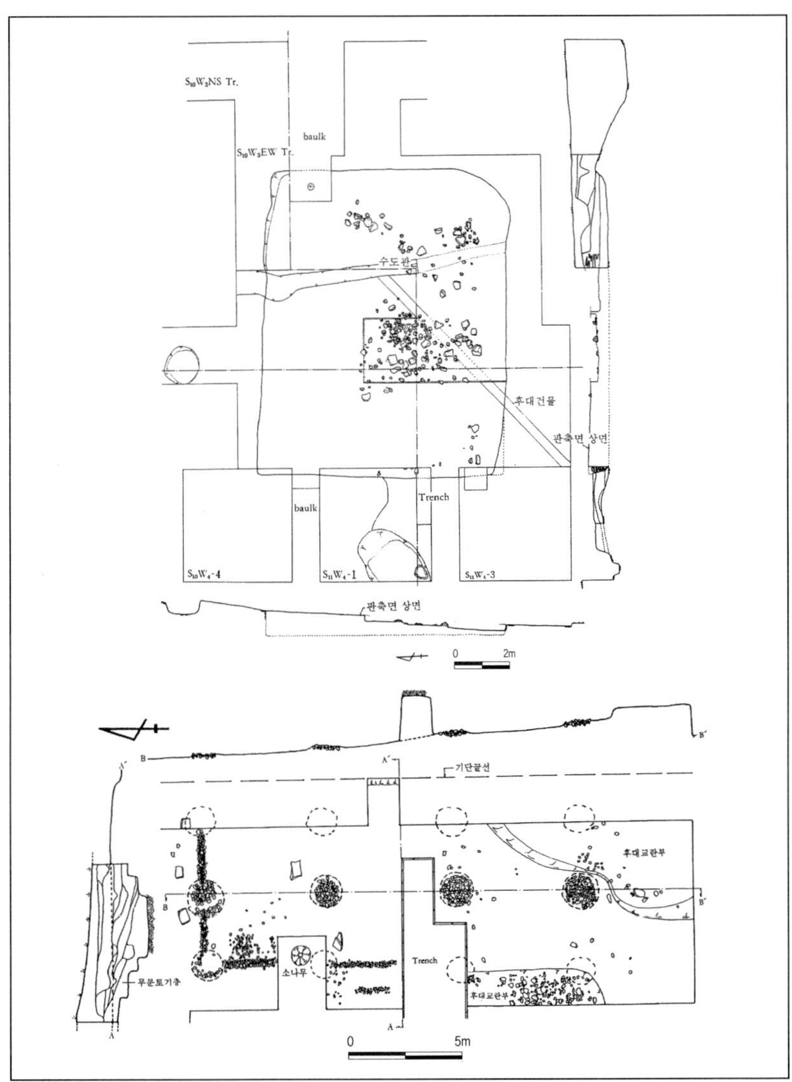

몽촌토성 적심건물지 · 판축대지 평 · 단면도

    적심건물지는 서남지구의 고대지(해발 35~40m)에 위치하며, 자연지형을 성토한 후 조성하였다. 규모는 정면 3칸 이상, 측면 2칸으로 추정되며, 주칸거리는 정면 5.5m, 측면 3m 이다. 판축대지는 적심건물지 동

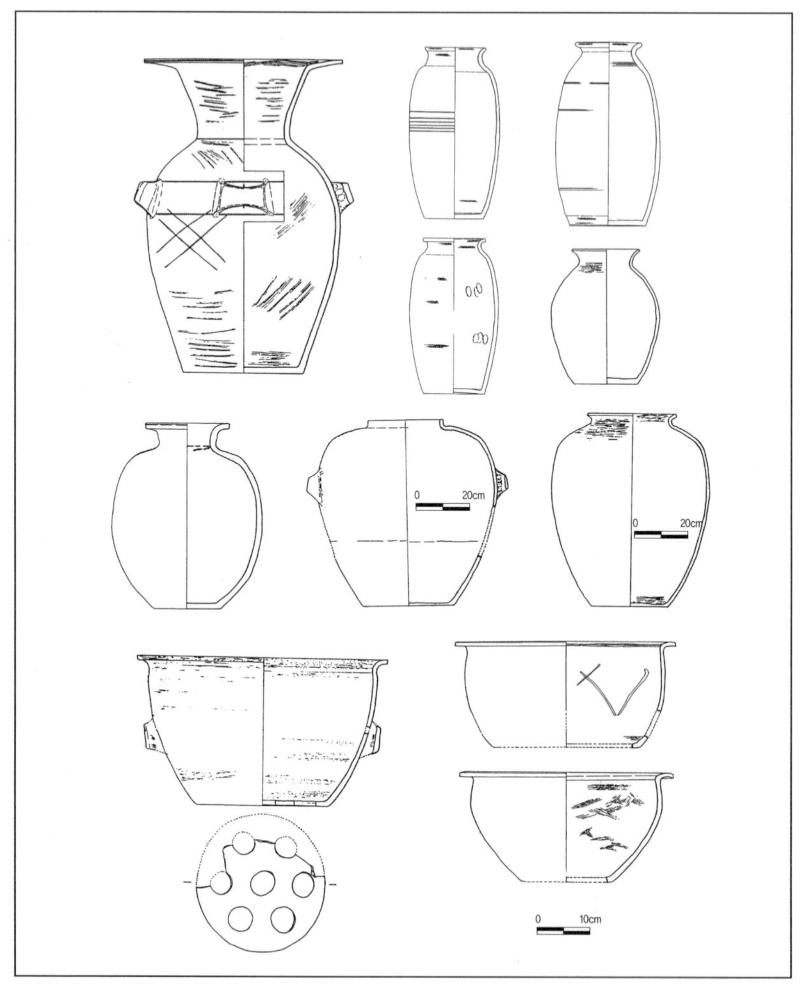

몽촌토성 출토 고구려 토기류(호 · 옹 · 시루)

쪽에 축조되었는데 길이 10m 가량의 정방형 지상 건물지이다. 건물지
는 암반풍화토를 80cm 가량 파내고, 그 안에 점성이 강한 점토를
30~40cm 가량 덮었다. 그리고 그 위에 다시 점토와 마사토를 겹겹이
섞어 다진 판축구조이다. 온돌건물지는 침식이 심하여 원래의 구조가
많이 유실되었으나 판석을 두 줄로 세우고 뚜껑을 덮은 'ㄱ'자형의 온돌

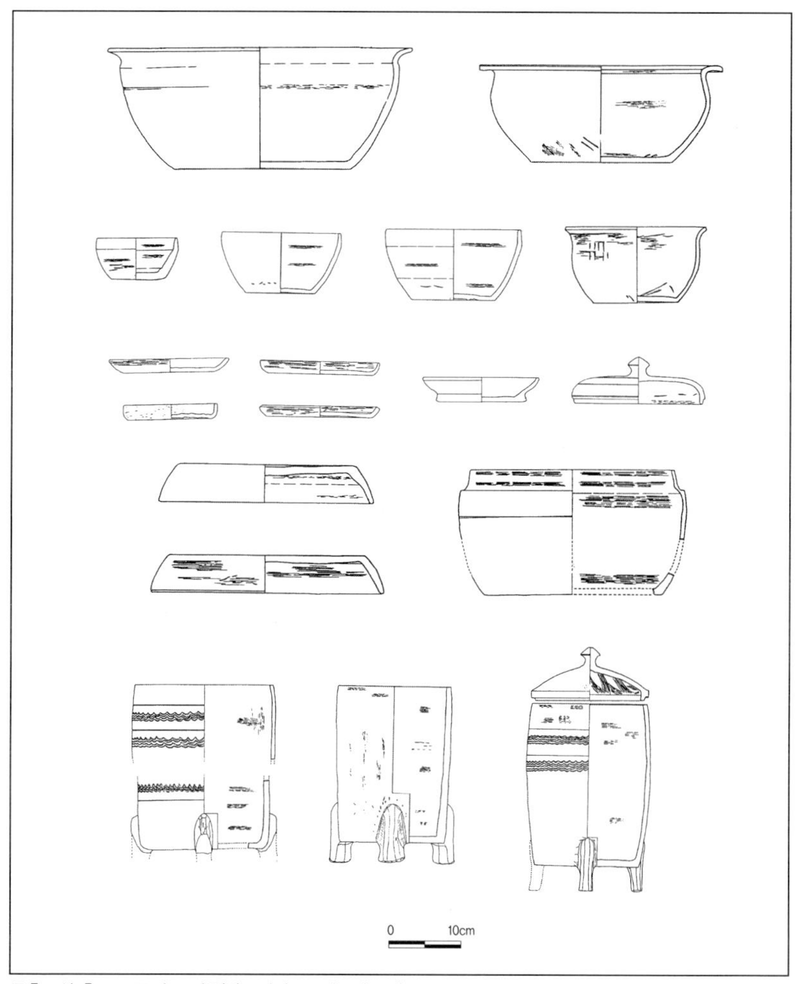

몽촌토성 출토 고구려 토기류(발 · 접시 · 뚜껑 · 삼족기)

고래가 확인되었다. 온돌 고래의 북쪽 끝에는 자갈을 둥글게 돌린 굴뚝 자리가 남아있다. 이러한 형태의 건물지는 아차산 4보루의 제3건물지에 서도 확인되었다.

출토된 고구려 토기는 사이장경옹류, 장동호류, 동이류, 시루류, 옹류 등을 비롯하여 모두 15개 기종 343개체분으로 이는 출토된 백제토기의

12%에 달하는 양이다. 몽촌토성에서 출토된 고구려 토기의 기종 구성은 아차산일대의 다른 보루와 차이가 있는데, 몽촌토성에서만 사이장경옹류와 원통형삼족기류가 출토되었다. 사이장경옹류는 몽촌토성 출토 예를 제외하면 모두 고분에서 출토되고 있어 생활용기보다는 부장품이나 의례용기로서의 기능을 한 것으로 추정할 수 있다.

몽촌토성은 규모나 입지 등의 성격으로 보아 아차산일대의 보루들보다 많은 수의 군사들이 몽촌토성에 주둔했던 것으로 추정할 수 있는데, 출토되는 토기량이 다른 유적보다 적다는 것은 몽촌토성이 단기간에 사용되었을 것으로 생각할 수 있다.

12) 이성산성

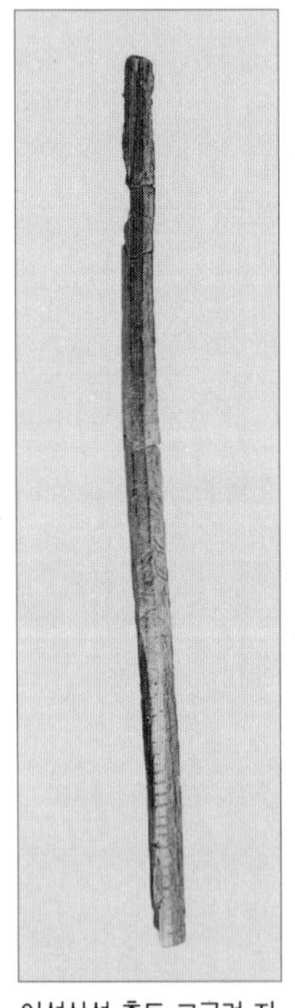

이성산성 출토 고구려 자

二聖山城은 경기도 하남시 춘궁동 이성산(해발 209.8m)의 정상부를 중심으로 동북쪽으로 치우쳐 축조된 포곡식 석축산성이다. 산성이 위치한 이성산은 남동쪽으로 광주산맥의 지맥이 둘러싸고 있으며 북서쪽으로는 한강 이남에 야트막한 구릉이 있는 평야가 펼쳐있어 산성에서 한강 주변지역을 한눈에 조망할 수 있다. 또한 이성산성을 중심으로 반경 5km 안에 삼국시대 성곽이 방사형태로 분포하고 있어 한강 이남의 지리적 요충지로써 평야지대를 장악하고 남북 교통로를 통제하기 위해 축성된 것으로 보인다. 2000년 9월 16일 성곽을 포함한 성내 전지역이 사적 제422호로 지정되었다. 이 성은 백제와 신라에 의해 주로 사용된 것으로 전해지고 있다. 그러나 2000년 발굴조사시 C지구 城池에서 고구려 자가 출토됨으로써 이 성이 고구려에 의해 사용되었을 가능성도 조심스럽게 제기되고 있다[92]. 이 자는 성지의 제5문화층에서 출토되었다. 밝은 황갈색의 목제품으로 발굴당시에 네 부분으로 부러진 채 발견되었으며, 눈금이 시작되는 곳의 좌측 모서리 일부가 파손되어 있었으나 우측 모서리 부분은 잘 보존되어 있어 이를 토대로 추정한 자의 길이는 35.6㎝였다. 이 자를 기준으로 추정한 결과 이 자가 출토된 이성산성의 성지는 고구려 자를 기준으로 축조되었다는 의견이 제시되었다.

13) 고봉산성

高峰山城은 고양시 일산구 성석동 고봉산의 9부 능선상에 축조된 테뫼식산성이다. 산성은 서쪽과 남쪽으로 한강과 연하여 있고 동쪽으로는 산지가 형성되어 있는 평야지대에 솟아있는 고봉산에 위치하고 있다. 때문에 사방의 조망이 좋아 조선시대에는 봉수가 설치되기도 하였다.

고봉산은 《新增東國輿地勝覽》 고양현 왕봉폐현조에 의하면 한씨 미녀가 높은 산마루에서 봉화를 피우고 안장왕을 맞이한 곳이라 하여 뒤에 왕봉이라 하였다는 기록이 있다. 또한 이 지역에는 이 한씨 미녀와 관련된 설화가 전승되고 있는데 대체적인 내용은 다음과 같다.

안장왕이 태자로 있을 적에 상인처럼 행장을 꾸리고 고양 지역에 들어와 있다가 백제의 정탐꾼을 피해 그곳 장자인 한씨의 집에 숨어들었다가 그 딸 한주와 관계를 맺었다. 안장왕은 한주에게 "나는 고구려 대왕의 태자이니 귀국하면 대병으로서 이 땅을 빼앗고 그대를 맞아 가리라"라는 말을 가만히 던지고는 고구려로 돌아왔다. 안장왕은 즉위한 이래 자주 백제를 쳤으나 늘 패하였다. 이때 고양 지역의 백제 태수가 한주를 협박하여 결혼하려고 하였으나, 한주가 듣지 않자 감옥에 가두었

---

92) 유태용, 《35.6의 고구려자》, 서문문화사, 2001.
  한양대학교 박물관, 《이성산성-8차 발굴조사 보고서》, 2001.

고봉산성 원경

다. 이 소식을 접한 안장왕은, 정예 부대를 출동시켜 한주를 구출하고 고양 일대를 빼앗았다. 이런 연후에 안장왕은 남쪽으로 내려와 한주를 맞아들였다는 이야기이다.

산성은 전체 둘레가 360m이며, 평면형태는 남북이 긴 장타원형이다. 성벽은 군시설물의 경계를 위해 설치한 철조망과 나란히 진행하고 있으며, 성벽의 하단에서 면석이 확인되는 구간이 많은 것으로 보아 비교적 온전히 남아있는 것으로 보인다. 동벽 중간부에는 높이 2m, 너비 2m 가량의 성벽이 노출되어 있는데, 길이 30~40cm에 두께 20cm 가량의 치석한 성돌로 바른층 막힌줄눈쌓기를 하였다. 그러나 일부분에서 쐐기돌을 사용하기도 하였다.

성내 시설물은 남치성 1기만 확인되었고, 폭은 약 10m 가량으로 하단에 15~20m 크기의 반원형 평탄지가 조성되어있다. 치성의 하단부에서 3단의 면석이 확인되었는데, 면석은 방형으로 치석되어 바른층 막힌줄눈쌓기를 하였다. 성벽의 상면에는 뒤채움석이 약 3m 가량 노출되어있

고봉산성 조사모습

다. 또한 군부대의 출입시설이 있는 곳에 문지가 있었을 것으로 여겨진
다. 성내부는 군시설물이 빼곡히 자리하고 있어 시설물의 흔적을 찾기
에 어려움이 있고 정상에 설치 · 운영되었다고 기록된 봉수지 또한 마찬
가지이다.

유물은 다량의 토기편과 와편이 수습되었는데, 특히 기와편 중에는
'高'자명의 수키와 한점이 발견되어 고봉산성이나 고봉현의 치소일 가
능성을 높여주고 있다[93].

14) 건등리유적

建登里遺蹟은 행정구역상 강원도 원주시 문막읍 건등리 1440번지에
해당되며, 해발 77~79m 선상지의 선단부에 위치한다. 이 유적은 예맥
문화재연구원에서 2005년과 2006년에 걸쳐 발굴조사 되었다[94]. 조사결

---

93) 육군사관학교 육군박물관, 《경기도 고양시 군사유적 지표조사보고서》, 2004.

2호 주거지 전경/예맥문화재연구원(2006)

과 삼국시대 주거지 3기, 구상유구 2기, 수로유구 1기, 수혈유구 23기, 주혈 550여기가 확인되었다. 조사된 대부분의 유구는 하천의 범람 등으로 인한 유수의 작용으로 인해 보존상태가 양호하지는 못하였다. 그러나 유구내부에서 출토된 유물 중에는 고구려의 남진과 관련되었을 것으로 추정되는 유물이 보여 주목된다. 과거 원주 일원에서 고구려토기편이 수습[95]된 이후 남한강유역에서 고구려의 생활유적이 발굴조사된 것은 건등리유적이 처음이다.

한편 삼국시대 주거지 3기중 2호주거지 내부에서는 장동호와 파상문토기편 및 저부편이 출토되어 이들 주거지의 성격은 고구려토기와 연관된 것으로 보인다.

---

94) (재)예맥문화재연구원,〈원주 건등리 아파트신축부지내 유적 발굴조사 약보고서〉, 2006.
95) 니질태토의 황갈색 경질 동체부편이다. 신숙정교수가 연세대 매지캠퍼스 사학과 학생들과 함께 원주시 일원 야외실습조사 중 채집되었으며, 수습된 위치는 알 수 없다(연세대학교 원주박물관,《원주시의 문화유적-원주시 매장문화재 지표조사 보고서-》, 2002).

2호 주거지 출토유물

구상유구 토층

또한 구상유구에서는 帶狀把手가 부착된 시루 동체편 · 저부편, 외뿔
잡이 손잡이, 저부편 등이 수습되었다. 저부는 바닥과 동체를 접합하면
서 격자문의 타날판을 사용하였고, 시루 동체부에는 일조의 침선을 돌

구상유구 출토유물

리고 대상파수를 부착하였다.

이처럼 시루에 보이는 대상파수와 침선, 동체편에서 보이는 파상문류, 저부와 동체를 접합하는 방법들은 고구려토기에서 보이는 공통적인 특징이다.

그러나 건등리유적에서 출토된 고구려토기는 일반적인 泥質태토와는 달리 대부분 세사립이 혼입되었거나, 고구려 유적에서 흔히 보이는 암문이나 한강 하류지역의 사이장경호 · 사이장경옹 등은 보이지 않는다. 이와 유사한 성격을 보이는 유적은 홍천 철정리 · 역내리유적[96], 청원 남성골산성과 대전 월평동산성[97] 등이 있으며, 이들은 모두 고구려의 남진과 관련된 유적으로 해석되고 있다.

---

96) 江原文化財硏究所,《下花溪里 · 哲亭里 · 驛內里 遺蹟》, 2005.
97) 忠淸文化財硏究院,《大田 月坪洞山城》, 2003.

15) 중원고구려비

中原高句麗碑는 1979년 4월 5일 단국대학교 조사단에 의하여 발견되었다. 이 비는 석주형으로서 화강암 자연석을 이용하여 刻字面을 갈고 4면에 비문을 새긴 四面碑이다. 발견 당시 비문은 이끼에 덮여 심하게 훼손되어 있었다.

1981년 3월 18일 국보 제205호로 지정되었다. 높이 203cm, 폭 55cm이며 글자는 전면이 10줄에 23자씩이고, 좌측면은 7줄에 23자씩, 우측면은 6줄이며 뒷면은 9줄로 추정되고 있는데, 자경은 3.5cm이다. 마멸이 심해 정확한 글자 수는 알 수 없으나 대략 400여 자로 추정하고 있다.

이 비는 고구려 廣開土大王碑 발견 이후 가장 큰 고구려비 발견이라는 점과 당시 고구려와 신라의 관계를 연구하는 데 중요한 비석이라데 큰 의의가 있다. 더구나 고구려의 금석문이 남아 있는 것은 광개토대왕비 등 그 수가 적기 때문에 일찍부터 주목받아 많은 연구성과가 축적되었다.

이 비의 건립시기는 12월 23일 甲寅이라는 日干支가 나오는 것으로 보아 長壽王 37년인 서기 449년으로 추정되고 있다. 혹은 비문의 연간지가 辛酉年이기 때문에 장수왕 69년인 481년에 비정되기도 하나 신유년이라는 글자가 마멸이 매우 심한 상태이기 때문에 힘을 얻고 있지는 못하다.

비의 내용은 고구려와 신라사이에 형제관계임을 천명하는 의식을 치뤘고 고구려왕이 신라왕인 東夷寐錦과 신하들에게 의복 등을 하사했음을 기록했다. 비문의 내용 가운데 신라왕을 지칭하는 동이매금이라는 단어는 고구려가 독자적인 天下觀을 가지고 천하의 중심국가라는 세계관을 가지고 있었음을 알게 한다. 한편 '新羅土內幢主'라는 기록을 통해 신라의 영토 안에 고구려 군사가 주둔했다는 사실도 알 수 있다. 문헌자료에서 접할 수 없었던 이러한 자료들이 발견됨에 따라 고구려와 신라 간의 생생한 국가관계를 살필 수 있는 계기를 제공해 주고 있다.

중원고구려비 탁본. 중원고구려비는 고구려의 남진 루트와 영역을 밝혀주는 중요한 유물이다. 고구려는
이 곳에 진출해 국원성을 설치하였는데, 이는 이 곳이 군사 · 지리적으로 매우 중요한 지역이었음을 알게
해준다.

중원고구려비가 세워진 충주는 고대로부터 철산지가 많고 교통의 요
충지로서 중요시 여겨지던 곳이었다. 또한 고구려가 이곳에 國原城을
설치한 것이나 신라의 5소경 가운데 하나인 中原京이 자리 잡았던 사실
은 충주가 군사지리적으로 그만큼 중요한 지역이었음을 알게 해 준다.
고구려가 이 지역에서 신라와 형제관계를 맺고 화해분위기를 조성하려
했던 것은 그만큼 중요한 이유가 있었던 것으로 보인다. 427년 평양천도
를 단행하여 한반도 남부에 대한 영토확장을 본격적으로 단행하였으나

이후 대륙세력인 북위가 계속 성장하여 남진정책에 국가적인 힘을 쏟을 수 없는 상황이 닥쳐왔다. 이때 남쪽에서 성장하고 있던 신라는 고구려에게는 상당한 부담이 되었을 수 있다. 따라서 중원고구려비를 건립하여 신라에 대한 우위를 재차 확인하고 느슨했던 신라와의 관계를 재확인 하려 했던 것이 아닐까 추측되고 있다. 그러나 이듬해(450) 하슬라(江陵)성주의 고구려 변방장수 살해사건이 발생하여 양국관계는 악화되었고 454년 이후 고구려는 신라영토를 지속적으로 침범함으로써 본격적인 대립관계에 들어가게 되었다. 따라서 고구려가 중원고구려비를 세운 의도는 비를 세운지 일년 만에 좌절된 것이라 할 수 있다.

중원 고구려비의 내용은 다음과 같다.

(前面)

5월 중 高麗大王의 祖王께서 令 ... 新羅 寐錦은 世世토록 형제같이 지내기를 원하여 서로 守天하려고 동으로 (왔다). 寐錦 忌 太子 共 前部 大使者 多亏桓奴 主簿 貴道 등이 ... 로 가서 跪營에 이르렀다. 太子 共 ... 尙 ... 上共看 명령하여 太翟鄒를 내리고 ... 寐錦의 의복을 내리고 建立處 用者賜之 隨者 ... . 奴客人 ... 諸位에게 교를 내리고 여러 사람에게 의복을 주는 교를 내렸다. 東夷寐錦이 늦게 돌아와 寐錦 土內의 諸衆人에게 節敎賜를 내렸다. 태자 공이 고구려 국토 내의 大位 諸位 상하에게 의복과 受敎를 궤 영에게 내렸다. 12월 23일 갑인에 東夷寐錦의 상하가 于伐城에 와서 敎를 내렸다. 전부 대사자 다우환노와 주부 貴道가 국경 근처에서 300명을 모았다. 신라토내당주 下部 拔位使者 補奴 ... 와 盖盧가 공히 신라 영토 내의 주민을 모아서 ... 로 움직였다.

(左側面)

... 中 ... 城不 ... 村舍 ... 沙 ... 班功 ... 節人 ... 辛酉年 ... 十 ... 太王國

중원고구려비

土 ... 上有 ... 酉 ... 東夷 寐錦의 영토 ... 方 ... 桓 沙 斯色 ... 古鄒加 共의 군대가 우벌성에 이르렀다. ... 古牟婁城守事 下部 大兄 耶 [98]

---

98) 駕洛國史蹟開發硏究院, 《譯註 韓國古代金石文》 I , 1992.

2

금강유역의 고구려 유적

1) 대모산성

大母山城은 충청북도 진천군 진천읍 성석리에 위치하고 있는 토성으로 해발고도가 95m 이지만 주변지역과의 상대고도는 약 20m 정도여서 산성이라기 보다는 평지성에 가깝다. 이곳은 진천에서 약 2km 정도 떨

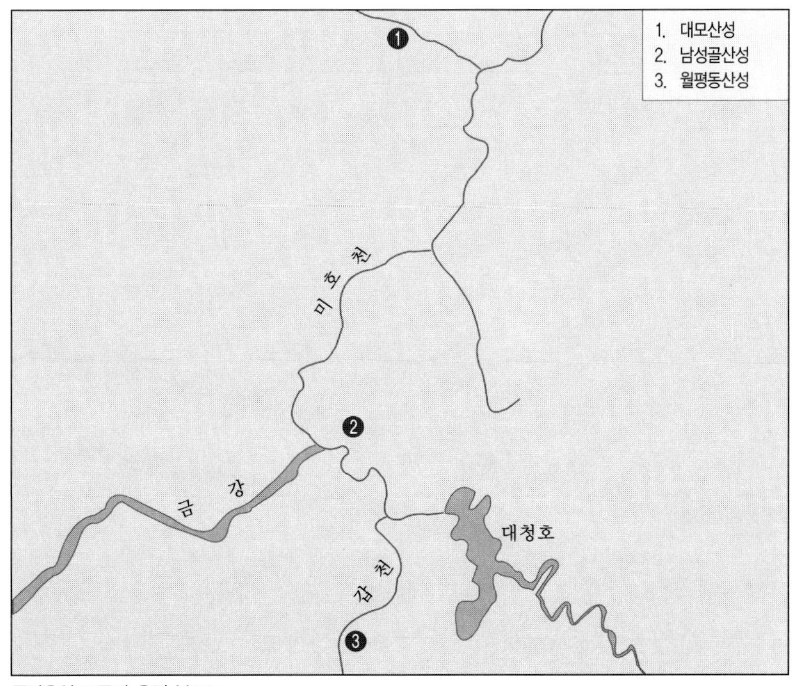

금강유역 고구려 유적 분포도

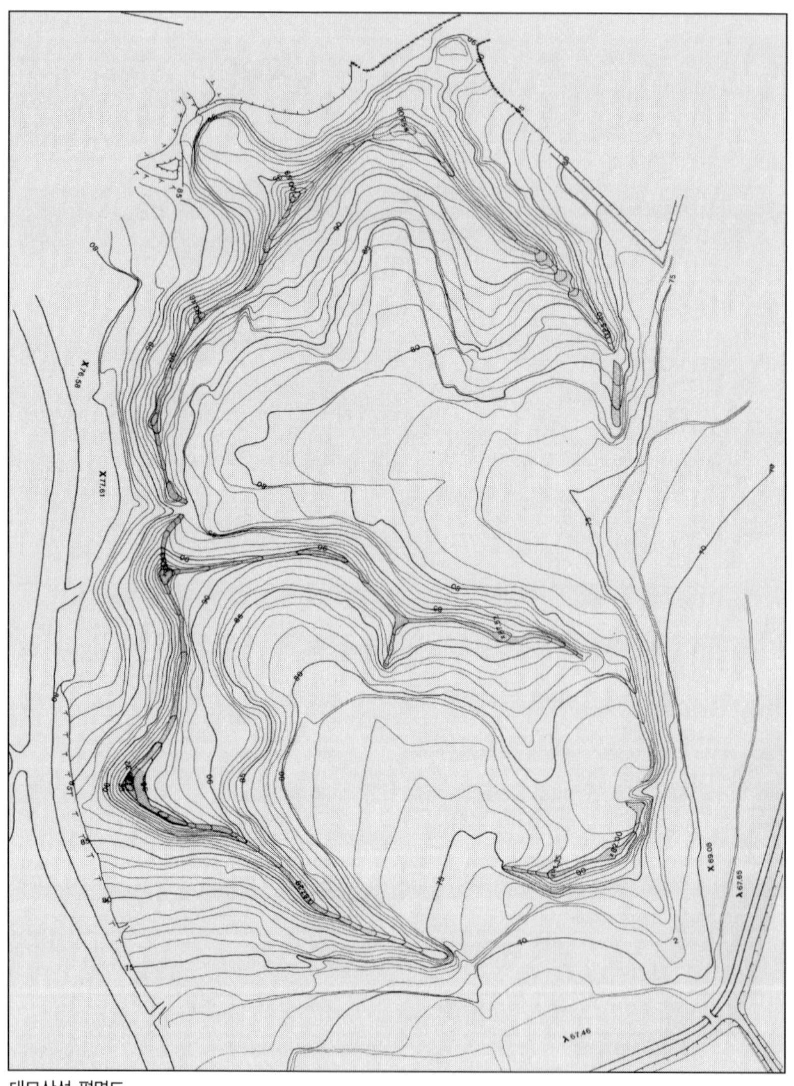

대모산성 평면도

어진 구릉으로 현재는 토성이지만 《新增東國輿地勝覽》에는 석축으로 기
록되어 있다. 할미성으로도 불리는 대모산성은 백곡천에 의하여 형성된
진천평야 한가운데 위치하고 있고 주변 성석리와 송두리에서 원삼국시

대 토광묘에서부터 신라시대의 석곽묘에 이르기까지 각 시대별로 유적 · 유물이 분포하고 있는 것으로 보아 신라가 진출하기 이전부터 진천지역의 중심지였을 것으로 추정된다. 성은 내성 · 본성 · 외성이 3겹으로 축조되어 있어 산성의 형태로는 특이한 모습을 보여주고 있다. 이 성은 1990년 12월 14일 충청북도기념물 제83호로 지정되었고 1996년 충북대학교 호서문화연구소에서 지표조사를 실시하였다[99]. 성내부에서 발견되는 유물은 5세기대의 백제유물이 주류를 이루는데 그 중에 승석문이 시문된 회청색 연질토기편이 다수이다. 이 유물은 이 성의 중심연대를 말해주고 있다. 한편 이 성의 중간지점에서는 고구려 토기 한 점이 출토되어 주목을 끌었는데 표면이 마연된 흑색토기로 한강유역에서 발견되는 고구려 토기와 기형상 유사점을 가지고 있어 참고된다.

2) 남성골산성

南城谷山城은 충북 청원군 부용면 부강리 남성골에 자리잡은 토성이다. 이곳은 부용면 소재지 북쪽의 福頭山이 서남쪽으로 뻗어내린 능선의 말단부에 해당하며 부용면 소재지 일대가 조망된다. 유적의 서쪽으로는 미호천이 남류하고 남쪽으로는 금강이 흐르고 있다. 주변의 지형상 이 성곽의 축조 목적은 금강유역에서 미호천을 따라 북상하는 적을 방어하기 위한 것으로 짐작할 수 있다. 이곳은 성재산성, 복두산성, 독안산성, 테뫼산성, 성산성, 노고봉산성, 애기봉산성이 유적을 둘러싸듯 위치해 있어서 고대로부터 중요한 전략적 요충지였음을 한번에 짐작할 수 있다.

이 산성에 대한 기록은 전해지지 않으며 충북대학교 박물관에 의해 2001년부터 2002년까지 2차례에 걸쳐 조사되었다[100].

성곽은 둘레 약 360m의 토성으로 방어호, 목책, 치성 등의 유구를 가

---

99) 충북대학교 호서문화연구소, 《진천 대모산성》, 1996.
100) 忠北大學校博物館, 《淸原 南城谷 高句麗遺蹟》, 2004.

남성골산성

지고 있으며 내·외 이중의 성벽이 확인된다. 방어호는 내곽 동쪽으로 가장 쉽게 접근할 수 있는 곳에 4개가 위치하는데 능선을 횡단하여 만들어 졌다. 이는 고대 석축산성 외곽 단절호의 시원으로 평가되었다. 남성골산성에서는 안팎 두 줄의 목책이 확인되었다. 목책은 판축 토성과 목책이 조합된 양식으로 보이는데 이는 평양 청암리토성의 성벽 구축 방법과 비교될 수 있다.

남성골산성의 성벽은 내외 이중의 형식으로서 내성은 산의 정상부와 정상 대지를 에워싸고, 외성은 사면 아래를 에워싸고 있어서 내성에 副槨을 연접식으로 이어나간 성벽공유연접형 내외곽임을 알 수 있다. 성벽공유연접형 성곽은 백제 泗沘都城과 高句麗 평양 長安城에서 구체화된 양식으로 이 유적에서 이러한 양식이 나타나고 있음이 주목된다. 내·외곽 모두 바깥면을 보조기둥으로 보강한 치성이 설치되었다.

성 내부에서는 강자갈을 모아 쌓아두었던 시설이 확인되었는데 충주 장미산성에서 석축 성벽 안쪽에 방형 내지 장방형의 석곽을 만들어 강

남성골산성 목책열

자갈돌을 쌓아둔 시설보다 오래된 것이다. 외성의 내부에서는 고구려식 구들이 확인되었는데 한강 이남에서는 매우 드문 예이다. 내성 내부의 굴립주건물지에서도 아궁이 시설이 만들어졌는데 탄소연대측정 결과 3~4세기의 유구로 추정되었다.

성 내부에서는 12개의 가마터가 발견되었는데 百濟 계통과 高句麗 계통의 토기가 모두 구워진 것으로 여겨진다. 아래쪽에서는 경질의 토기가 나오고 위쪽에서는 거의 모든 가마에서 고구려 계통의 토기조각이 나오고 있다. 이 가마는 굴뚝 쪽이 한쪽으로 휘어져 있는 평면형태를 가지고 있다. 여기서 출토된 목탄의 연대는 서기 320~420년 이다. 이 가마터도 한강이남에서는 최초로 확인되는 고구려 가마라는 점에서 의의가 크다.

유물은 고구려 계통의 토기편, 철기류와 백제 토기가 일부 출토됐으나 흑색 장동호를 비롯한 고구려 계통의 유물이 절대적으로 우위를 차지한다.

남성골산성은 고구려 토기 등의 유물이 출토되었을 뿐 아니라 고구려

내성 내부의 굴립주 건물지와 온돌

남성골산성 출토 고구려 토기

계통의 온돌과 부뚜막 등이 확인되었고, 고구려 토기를 굽던 가마터가 발견되었다는 점에서 고구려에 의해 사용된 중요한 유적이었음을 짐작하게 한다. 또한 유적은 미호천과 금강이 합류되는 지점에 위치하고 있어 입지상 매우 중요한 유적이었을 것으로 판단된다.

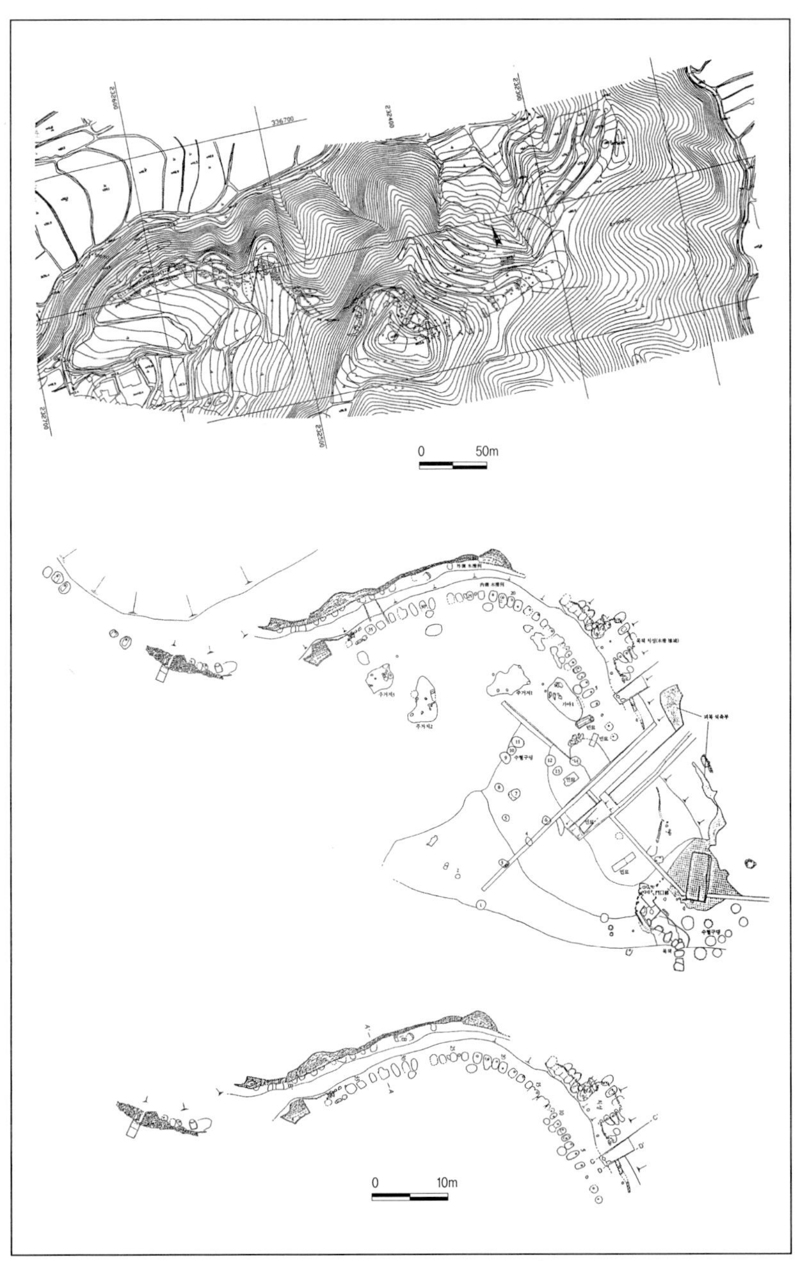

남성골산성 내곽 내 · 외측 목책 구덩열 및 치성 평면도

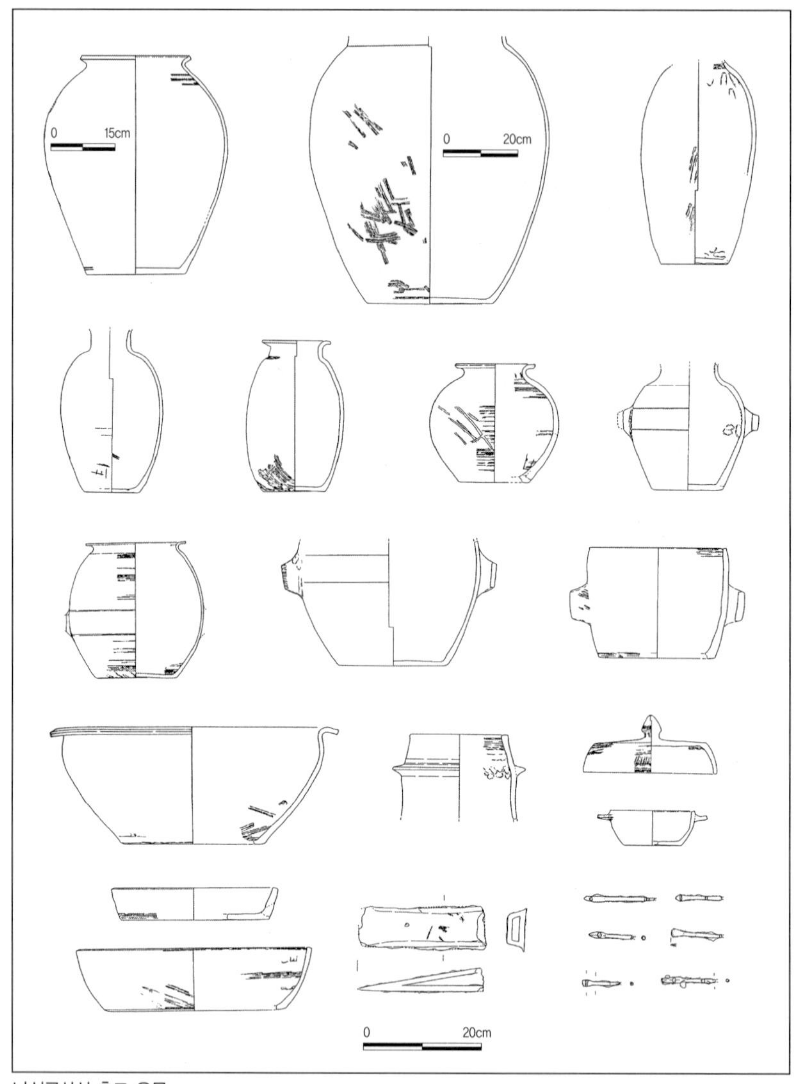

남성골산성 출토 유물

　이는 임진강유역과 한강유역의 고구려 성곽에서 드러나는 특징으로
금강유역에서도 이러한 입지에 고구려 성곽이 축조되었다는 사실은 주
목을 끌기에 충분하다. 이는 고구려 성곽유적이 70여 년간이라는 짧은

시기에 집중적으로 축조된 결과로 풀이할 수 있는데 고구려가 남하할 당시 거점으로 활용할 고지를 확보하기보다는 교통로를 확보하는 것을 최우선으로 하였음을 단적으로 보여주는 사례라 하겠다.

3) 월평동산성

月坪洞山城은 대전광역시 서구 월평동 만년교 남쪽 해발 137.8m의 산 위에 자리잡고 있는 삼국시대 성이다[101]. 1989년 3월 18일에 대전광역시기념물 제7호로 지정되었다.

산성의 둘레는 710m 정도이다. 산성 서쪽은 갑천의 지류인 성천이 흐르며 북쪽으로는 대전 공주간 도로가 개설되어 있으며, 동북쪽으로는 九城洞山城과 迭峴城, 서쪽으로는 城北洞山城, 남쪽으로 沙井城과 연결된다. 이러한 지리적 요건으로 보아 이들 성곽으로 이어지는 교통로를 지키기 위하여 만들어진 성으로 추측된다.

산 정상부를 따라 포곡식으로 능선을 따라 쌓은 성벽은 거의 무너져 원형을 잃고 있으나 그 테두리는 뚜렷하게 확인된다. 성벽은 자연석의 바깥면을 맞추어 쌓았는데, 서벽은 외벽 4.3m, 내벽 1m, 상면폭 2.2m가 남아 있다.

서북쪽의 계곡을 둘러싸며 동벽, 서벽으로 이어지는 성벽의 안쪽에는 건물터로 보이는 폭 15m의 대지가 있고 가운데는 서북으로 차츰 내려가 문터 부근에서 평평한 지형을 이룬다. 문터는 동 · 서 · 북벽에 한 곳씩 남아 있는데, 동문터는 폭 5m로 갈마동 쪽으로 이어져 있고 서문터는 폭 3.6m로 서벽의 중간쯤에 있다. 북문지는 폭 3m로 성의 가장 낮은 곳에 어긋문 형태로 축조되었다. 이곳에는 우물의 흔적이 있고 부근이 매우 습한 것으로 보아 성 안의 빗물을 처리하는 집수시설이 있었을 것

---

101) 忠淸文化財硏究院,《大田 月坪洞山城》, 2003.

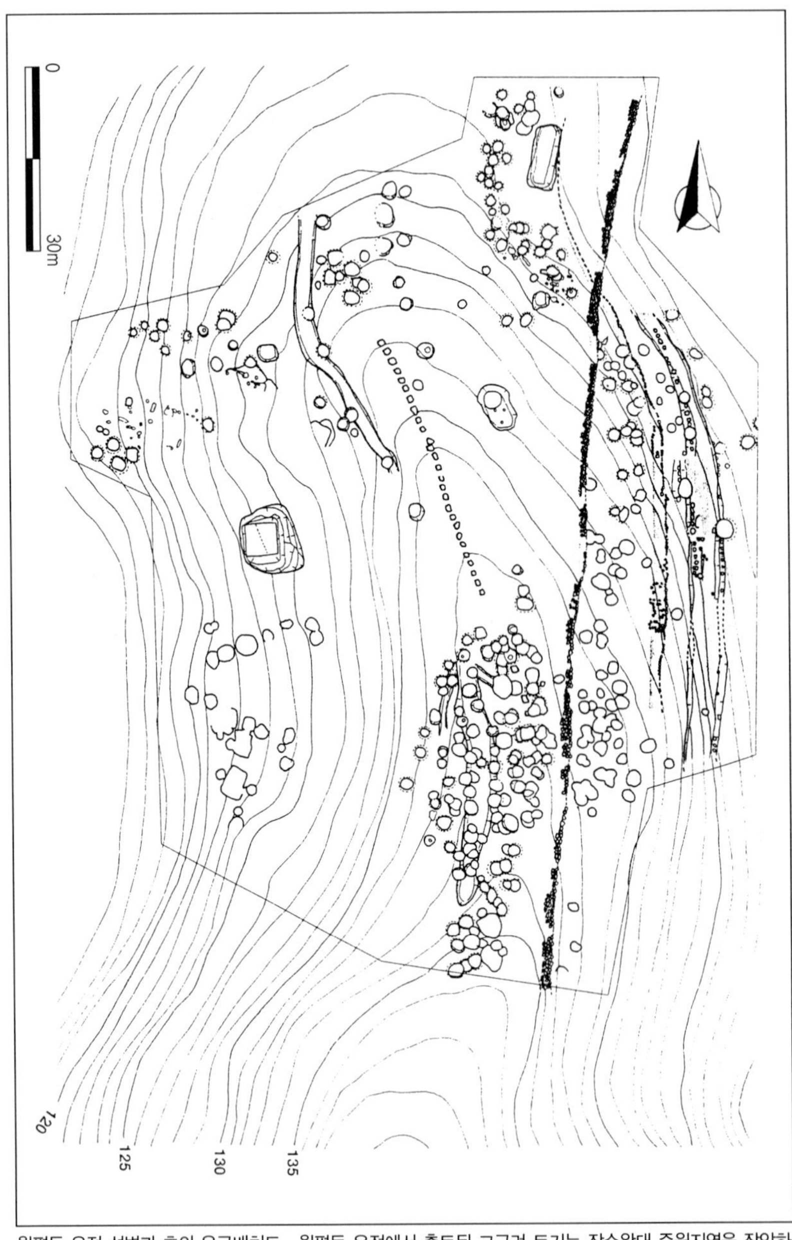

월평동 유적 성벽과 호의 유구배치도. 월평동 유적에서 출토된 고구려 토기는 장수왕대 중원지역을 장악하
고 있던 고구려 세력이 대전지역까지 내려왔음을 알 수 있다.

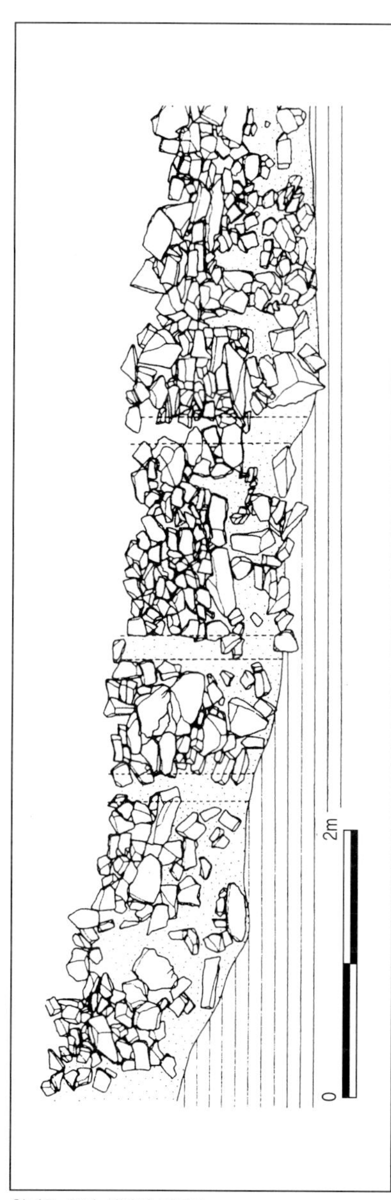

월평동 유적 성벽의 입면도

으로 추정된다.

성 안쪽에는 폭 7~12m의 도랑으로 보이는 통로가 전체에 둘러져 있고 곳곳에 평탄한 곳이 많아 당시의 건물터로 추정된다. 이곳에서는 그릇받침을 비롯한 백제시대의 토기 조각들이 수습되었다.

1995년 국립공주박물관이 성의 동남쪽 외곽 능선 지역의 상수도 사업시설부지에 대한 발굴조사를 하였을 때[102] 백제시대의 집자리, 저장구덩이, 나무로 짠 저장시설, 木柵 구덩이 등의 유적과 세발토기, 기와, 말안장 등이 발견되기도 하였다. 이 가운데 몇 점의 고구려 토기도 포함되어 있었다. 고구려 토기편은 직구호와 장동호편인데 조사단은 장수왕대에 중원지역을 장악하고 있던 고구려 세력의 일부가 대전지역까지 내려왔을 가능성과 554년 고구려에서 백제 웅천성을 공격하였다

---

102) 국립공주박물관, 《大田 月坪洞遺蹟》, 1999.

가 실패한 기록을 근거로 하여 당시 고구려가 단발적이지만 공주에서
가까운 천안이나 조치원 혹은 유성 쪽에 웅거하면서 웅천성을 공격하였
을 가능성을 제기하고 있다.

V 남한지역 고구려 성곽의 특징

城郭은 적의 공격에 대비하여 흙이나 돌로 구축한 방어시설을 의미한다. 山城은 우리나라 성곽의 대표적인 형태이다. 산의 자연적인 지세를 최대한 활용하여 능선과 계곡을 따라 축조하였다. 고대의 산성은 대부분이 평야를 배후에 두고, 사방의 조망이 좋아 방어와 역습에 유리한 지역에 위치한다. 이러한 지역은 교통이 발달하였을 뿐만 아니라 타 지역에 비해 인구가 밀집된 양상을 띤다. 산성의 기능은 전쟁을 수행함에 있어 지역과 국가방어 같은 군사목적이 가장 중요하다. 삼국시대 변방지역의 경우 순수한 군사적 목적을 달성하기 위한 산성이 체계적으로 축조되기도 하지만 대부분의 산성은 군사적 목적과 행정적 목적을 동시에 수행하기위한 것으로 볼 수 있다. 이 때문에 산성은 다른 유적과 달리 당시의 정치·사회·문화·경제 등 제분야의 종합적인 특징을 가장 잘 나타내는 유적이다.

이 장에서는 고구려 성곽의 일반적인 특징을 개관해 보고 임진강·한강 유역 성곽이 가지는 특징을 검토함으로써 남한지역 고구려 성곽의 성격을 이해해 보고자 한다.

1

고구려 성곽의 일반적 특징

　　고구려의 성곽은 대체로 산세가 험하며 강이나 하천을 끼고 주위에 큰 벌판이 펼쳐져 있는 곳으로 교통이 편리한 지역에 위치한다. 특히 지형적으로는 3면이 높은 산 또는 절벽으로 둘러싸여 있고 한쪽 면만 경사가 완만한 계곡에 쌓았는데 성내에는 1개 또는 2개 이상의 계곡이 있어 수원이 풍부하다.

　　고구려 산성에서 공통적으로 채용하는 고로봉식산성(성벽이 계곡부를 포함하는 형식)은 주로 사방이 높고 중앙부가 낮은 분지형의 지형에 조성된다. 후대 茶山 丁若鏞은 이러한 지형을 산성의 축조에 가장 적합하다고 하였는데, 그 이유는 산 능선을 따라 성벽을 쌓기 때문에 적을 방어하기에 용이할 뿐만 아니라 평지에 축조한 성과 같이 겹겹이 쌓을 필요가 없다는 경제성을 들었다. 또한 성 내부는 오목한 골짜기를 이루고 있어 성벽 위에서 적의 움직임을 관찰할 수 있으나 성 밖에서는 성 내의 사정을 알 수 없어 전투에 유리한 조건을 갖추고 있으며 골짜기 안에는 많은 사람을 수용할 수 있고 물을 비롯하여 전투에 대비하기 위한 여러 물자를 보관하기 좋은 지형을 갖추고 있기 때문이라고 하였다.

　　고구려 성곽의 성벽축조에 있어 일반적인 공통성은 험준한 자연지세를 잘 이용하여 산 능선을 따라가며 주어진 조건에 맞게 견고한 성벽을 쌓았다는 점과 축성재료로 흙 또는 흙과 돌을 혼용하여 사용하기도 하나 석축이 기본을 이룬다.

성벽축조에 있어서는 일반적으로 외벽형식(內托)과 겹벽형식(夾築)을 채용하고 있다. 일반적으로 성벽의 바깥부분만을 잘 다듬은 성돌로 쌓고 그 안쪽은 돌과 흙으로 다진 외벽형식이 주류를 이룬다. 그러나 성문·적대·치와 같은 시설물이 있거나 적을 물리치는데 있어 중요한 역할을 하는 부분은 성벽 안팎을 성돌로 쌓아 올리는 겹벽형식을 채용하였다. 또한 지세가 높고 험한 곳은 외벽만 석축하고 지세가 낮고 완만한 곳은 겹벽을 축조하여 외벽과 겹벽형식이 병행하여 조성하였다. 이와 같이 고구려 산성은 협축에 의한 축조기법과 내탁에 의한 축조법이 함께 이용되고 있음을 알 수 있다.

일반적으로 고구려 성곽의 성벽 축조는 외벽이 수직을 이루거나 약간 경사지게 쌓는 방법과 성벽의 밑부분에 굽도리벽을 조성하여 계단식으로 경사지게 쌓는 두 가지 방법을 기본으로 하였다. 성벽을 수직으로 쌓는 방법이 일반적으로 이용되었다. 그러나 굽도리를 조성하여 계단식으로 경사지게 쌓는 방법도 협곡이나 경사도가 심한 곳에 성벽을 쌓을 때, 그리고 높고 견고한 성벽을 축조하여야 할 때 많이 적용되었다. 이 축조방법은 밑에서부터 위로 올라가면서 성돌을 약간씩 뒤로 미루어 쌓았기 때문에 성돌의 돌기마다에서 이루어지는 턱이 완만한 경사를 이룬다. 이 방법은 성벽의 밑부분을 보강하기 위한 방법으로도 사용하여 외벽보축(성벽의 기단부를 보강하기 위해 덧댄 성벽)이 나타난다. 이 외벽보축은 신라에 전해져 신라성곽의 대표적 특징으로 발전한다.

고구려 석축산성에서 볼 수 있는 가장 발달된 축조기법은 사각형으로 가공한 석재를 벽돌을 쌓아올린 것처럼 정연하게 축조하는 것을 들 수 있다. 석재의 크기는 앞면의 너비가 30~40cm, 높이는 20~30cm 정도인데 성벽 내부로 들어가는 뒤쪽부분은 40~50cm로서 길고 뾰족하게 생겼다. 이러한 석재의 형태를 사각추형이라고 한다. 성벽은 이러한 사각추형 석재로 외면을 축조하였으며 안쪽으로는 면석의 뾰족한 밑뿌리를 큼직한 석재로 엇물리게 고정시키고 그 사이의 공간에는 다시 막돌로 메꾸면서 다져 성벽의 뒷채움부분을 조성하였다. 일반적으로 고구려 석축산성의 성벽 높이는 대체로 3~5m 이상, 기저부 너비는 6~10m로써 그 비례는 1:2를 나타내고 있다.

고구려 성곽에서 성벽과 관련된 시설물로는 성문, 옹성, 여장, 치, 각루, 암문, 수구문 등이 있으며, 성내 시설물로는 장대, 봉화, 창고, 병영, 저수시설 등이 있다. 고구려 성곽의 城門은 일부가 산줄기나 골짜기와 연결된 곳에 위치한다. 이러한 입지는 방어전(籠城)을 유리하게 전개하는데 효과적이며, 유사시에는 이웃한 산성과 긴밀한 연계를 가지면서 공수전환을 신속하게 할 수 있도록 배려한 것이다. 甕城은 성문부분의 성벽을 네모지거나 둥글게 문을 감싸는 성벽을 지칭하는데 이러한 형식은 문이 갖는 방어상의 취약성을 보완하기 위한 것으로 고구려 성의 특징 중 하나이다. 雉는 성벽의 중간부를 돌출시켜 적군의 공격을 평면이 아닌 입체적으로 방어하기 위해 설치한 시설물이다. 치는 그 역할에 따라 명칭을 따로 부여하여 문지 옆의 치는 敵臺라고도 하였다. 이러한 치는 고구려 산성에서 많이 확인되지만 주로 압록강 이남의 산성에서 확인되고 청천강 이남의 산성에서 그 수가 더욱 증가하고 있어 고구려 후기에 발달한 시설물로 여겨진다. 女墻은 雉堞이라고도 불리우는 시설물로 성벽의 상면에 조성한다. 이러한 시설물은 성에 접근하여 공격하는 적의 공성무기로부터 몸을 방어하는데 효과적이며 고구려 고분벽화를 통해 고구려가 일찍부터 여장을 설치하여 성의 방어력을 높인 사실을 확인할 수 있다.

앞에서 살핀 고구려 성곽의 특징들은 남한 지역에서 확인된 고구려 성곽에서도 나타난다. 현재까지 알려진 남한의 고구려 성곽은 임진강 유역에서부터 한강북안에 집중적으로 위치한다[103]. 이는 이 지역이 삼국시대에 전략적으로 중요한 위치를 차지하고 있어 이곳을 차지하기 위해 삼국간의 치열한 전투가 벌어졌기 때문이다. 이 지역에 위치하는 고구려 산성은 지역에 따라 형태를 달리하며 확인되는데 임진강 유역에서는 산성이, 임진강 이남에서 한강북안에 이르는 지역에는 둘레 300m이하의 보루가 있다. 이러한 구분은 성이 입지하는 위치에 따라 전략적 목적에 맞추어 축조하였다는 것을 알 수 있다.

다음으로는 임진강유역에 분포한 고구려성곽의 현황을 알아본 후 이 지역 고구려성곽의 입지와 구조적인 특징을 살펴보고자 한다. 그리고 이들 성곽이 서로 어떤 평면구도를 가지고 유기적으로 결합하였으며, 그 결합관계가 어떻게 고구려 성곽의 관방체계로 표출되었는지를 검토해 보고자 한다.

---

103) 남한지역의 고구려 성곽에 대해서는 아래의 글을 참조할 수 있다.

白種伍,〈京畿北部地域 高句麗 城郭의 分布와 性格〉,《京畿道博物館年報》3, 1999.

白種伍·金炳熙 外,〈臨津江 南岸一帶의 關防遺蹟〉,《臨津江》, 경기도박물관, 2001.

서영일,〈6~7世紀 高句麗 南境 考察〉,《고구려연구》11, 고구려연구회, 2001.

_____,〈京畿北部地域 高句麗 堡壘 考察〉,《文化史學》17, 韓國文化史學會, 2002.

심광주,〈남한지역의 고구려 유적〉,《고구려 유적 발굴과 유물》, 고구려연구회, 2001.

차용걸,〈남한지역 고구려 城堡와 관련된 문제와 성격의 검토〉,《九里高句麗國際學術會議》, 구리문화원, 2000.

崔章烈,〈漢江北岸 高句麗 堡壘의 築造時期와 그 性格〉, 서울大學校 碩士學位論文, 2001

崔鍾澤,〈京畿北部地域의 高句麗 關防體系〉,《高句麗山城과 關防體系》, 高句麗研究會, 1999.

2

임진강유역 고구려 성곽의 구조와 특징

1) 고구려 성곽의 배치와 규모

임진강유역은 한반도의 남북을 연결하는 중간지대로, 임진강을 건너면 북쪽으로는 개성일대에 쉽게 접근할 수 있고 남쪽으로는 한강의 수로를 이용하거나, 육로로 천보산맥 일원을 거쳐 서울에 쉽게 도달할 수 있다[104]. 이러한 지리적 상황과 결부하여 삼국시대에는 임진강을 중심으로 영역을 확장하려는 각축전이 전개되었으며 이 지역의 영유권에 따라 삼국의 흥망성쇠가 되풀이 되었다는 점에서 그 중요성이 매우 크다고 할 수 있다[105].

임진강은 七重河 · 瓠瀘河 · 瓢河 · 瓠川 등으로 불렸다. 호로하나 표하는 '표주박형태를 가진 하천'이라는 뜻으로 임진강이 구불구불하게 蛇行하여 흐르는 모습에서 생겨난 명칭이다. 문헌에서 최초의 기록은

[104) 함경남도 마식령에서 발원하여 서남쪽으로 남류하는 임진강은 추가령구조곡을 사이에 두고 마식령산맥과 마주하며 남쪽으로 흐르다가 차탄천 · 한탄강 등과 합류하고 적성 부근에서 서남쪽으로 유로를 바꾸어 한강과 만난 후 황해로 흘러든다. 강폭은 하류의 경우 2,000m를 넘기도 하지만 중류로 올라갈수록 좁아져 馬田까지는 50m 안팎으로 좁아진다. 비가 많이 오는 우기를 제외하고는 강폭이 좁고 수심이 얕아 특별한 장비 없이 어렵지 않게 강을 건널 수 있는 여울과 간단한 배나 뗏목 등을 이용하여 강을 건널 수 있는 나루터가 많이 형성되어 있다.

105) 임진강 일대의 대표적인 여울과 나루터를 상류에서부터 열거하면 당포나루-가여울(戈灘)-두지나루-고랑포나루-덕진나루-수내나루 등이 있다. 군사적으로 공격적인 입장에서는 이 여울이나 나루터를 이용해 도강하여 공격을 하거나, 방어적인 입장에서 이 지점을 통해 도강하는 적군을 저지해야 한다. 이러한 지리적인 중요성 때문에 임진강유역에는 강과 접하여 많은 수의 성곽이 분포하는데, 그중 고구려 성곽은 임진강유역의 자연지리적인 특성을 가장 잘 반영해주고 있다.

溫祚王 18年에 말갈군대를 생포하였다는 기사이다[106]. 이 기록은 임진강 유역이 백제초기에 북방방어선으로서 중요한 역할을 하고 있었음을 알려준다. 이후 문헌에 백제와 말갈과의 전투기록이 자주 등장하는 것을 보면 삼국초기에 고구려 세력하에 있었던 말갈이 원산만 방면에서 철원·파주·연천에 이르는 추가령구조곡을 따라 자주 백제를 침략했던 것을 알 수 있다.

고구려가 대동강과 예성강 유역에 이르는 지역을 확보하면서 북진하는 백제와 임진강을 중심으로 渡河와 沮止라는 상반된 입장에서 치열한 공방전을 펼쳤지만, 長壽王의 평양 천도와 한성 정벌(475년)이 이루어지면서 임진강유역을 포함하여 한강유역은 고구려가 장악하게 되었다. 이후 551년 신라가 한강유역을 점령하면서 삼국통일기까지 고구려와 신라는 임진강유역에서 한강유역을 중심으로 계속적인 영역확장 전쟁을 벌이게 된다. 善德王 7年(638)에는 신라가 임진강유역까지 진출하였고 고구려는 638년과 660년에 七重城을 2차례에 걸쳐 침범하였으며[107], 백제 패망후 661년에 신라의 북한산성을 포위하였다[108]. 그리고 667년 「答薛仁貴書」에 칠중성이 고구려의 성으로 기록되어 있음[109]을 볼 때 임진강유역은 고구려가 멸망하는 시기까지 고구려의 영역이었음을 알 수 있다. 이처럼 고구려의 남진정책이후 멸망시까지 안정적인 영역으로 구축된 남쪽의 영역은 임진강유역 일대로 볼 수 있다. 남진정책이후 임진강 이남에서 한강유역까지는 계속적인 영역의 변화가 있었지만 임진강유역은 고구려의 국운과 함께하였음을 알 수 있다.

---

106) 《三國史記》 권23, 百濟本紀 1, 온조왕 18년.
107) 《三國史記》 권5, 新羅本紀 5, 선덕왕 7년 ; 태종무열왕 7년.
108) 《三國史記》 권22, 高句麗本紀 10, 보장왕 20년.
109) 《三國史記》 권7, 新羅本紀 7, 문무왕 11년.

이렇듯 이 지역의 중요성을 살펴보는데 있어 가장 중요한 것이 성곽의 배치이며, 이러한 성곽의 배치가 고구려의 어떤 국방정책에 의해 반명되었는지를 보여주는 것이 關防體系라고 할 수 있다. 관방체계를 규명하는 일차적인 작업은 하천이나 교통로를 중심으로 성곽의 분포가 어떠한 상호 유기적인 관련성 속에서 결합되었는가를 밝혀주어야 한다. 즉 국경이나 교통로를 따라서 분포된 성곽이 점의 선상 연결이라는 막연한 추론보다는 치밀한 계획하에 어떤 평면적인 구도로 나타나는지, 또 서로 어떤 유기적인 복합관계를 가지며 방어체계를 이루었는지 등의 문제가 성곽분포와 구조를 통해 선결되어야만 영역변화와 지방통치방식의 규명이 가능하다.

고구려 성곽은 휴전선 이남을 기준으로 할 때, 임진강 상류와 한탄강, 그리고 이들 하천이 합류하는 임진강 중·하류 유역으로 나뉘어 분포한다. 예컨데 임진강 상류에는 강서리보루, 고성산보루, 무등리 1·2보루, 우정리보루 등과 한탄강유역에는 은대리성, 전곡리토성이 있다. 한탄강과 상류가 합류하는 중·하류유역에서는 북안에 당포성, 아미리보루, 호로고루, 두루봉보루, 덕진산성, 조랑진보루 등이 있으며 천보산맥일원으로 이어지는 남안의 교통로상에 대전리산성, 아미성, 칠중성, 이잔미성, 육계토성 등 모두 18개소의 고구려 성곽이 분포하는 것으로 보고되었다.[110] 이와 관련해서는 다음의 지도를 참고할 수 있다.

---

110) 경기도박물관, 《임진강》 경기3대 하천유역 종합학술조사 I , 2000.
　　　국립문화재연구소, 《군사보호구역 문화유적 지표조사 보고서》, 2000.
　　　漣川文化院, 《鄕土史料集》, 1995.
　　　陸軍士官學校 陸軍博物館, 《京畿道 坡州郡 軍事遺蹟 地表調査報告書》, 1994.
　　　＿＿＿＿＿＿＿＿, 《京畿道 漣川郡 軍事遺蹟 地表調査報告書》, 1995.
　　　韓國精神文化研究院, 《京畿地域의 鄕土文化》下, 1997.
　　　한국토지공사 토지박물관, 《연천군의 역사와 문화유적》, 2000.
　　　한양대학교 박물관, 《파주시의 역사와 문화유적》, 1999.

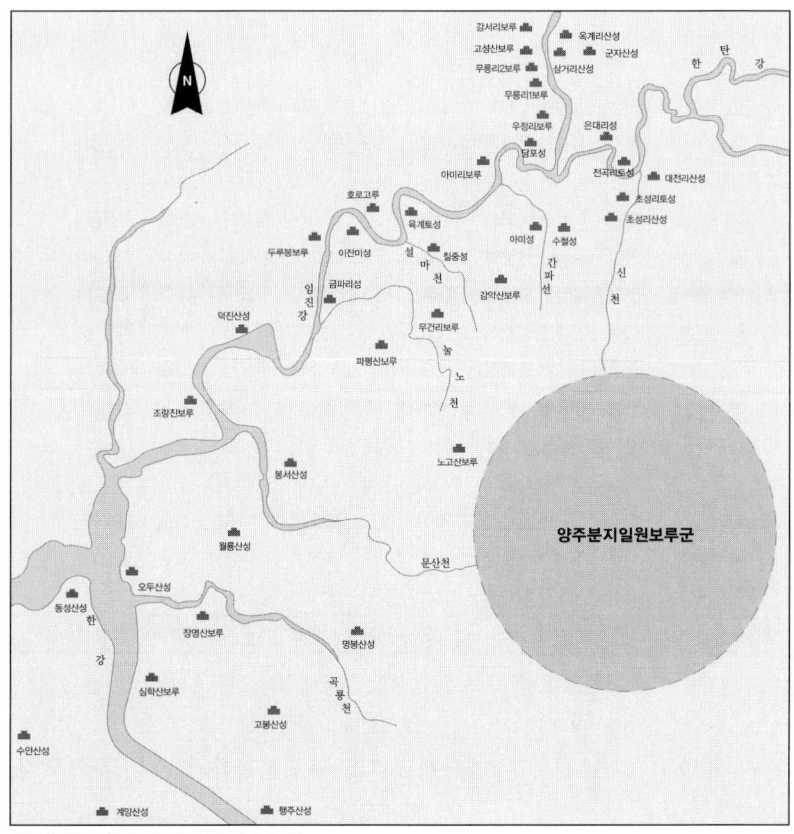

임진강유역 관방유적 분포도(1:200,000)

한편 앞 장에서 살펴본 유적을 포함한 임진강유역의 고구려성곽 현황을 정리하면 다음의 표 2와 같다.

표 2 임진·한탄강유역 고구려 성곽 현황표

번호	유 적 명	위 치	해발 (m)	둘레 (m)	형식	평면 형태	축조 재료	주변 하천	출토 유물
1	강서리보루	연천군 왕징면 강서리	230	50	테뫼식	원형	토석	임진강	
2	고성산보루	연천군 왕징면 무등리	150	30	테뫼식	타원형	석축	임진강	
3	무등리1보루	연천군 왕징면 무등리	100	168.4	테뫼식	장타원형	석축	임진강	瓦

번호	유적명	위 치	해발 (m)	둘레 (m)	형식	평면 형태	축조 재료	주변 하천	출토 유물
4	무등리2보루	연천군 왕징면 무등리	124	224	테뫼식	반월형	석축	임진강	瓦
5	우정리보루	연천군 왕징면 우정리	89	250	퇴뫼식	타원형	토석	임진강	
6	당포성	연천군 미산면 동이리	13	450	평지성	삼각형	토석	임진강	瓦
7	아미리보루	연천군 미산면 아미리	140	50	테뫼식	원형	석축	임진강	
8	호로고루	연천군 장남면 원당리	20	401	평지성	삼각형	토석	임진강	瓦
9	두루봉보루	연천군 장남면 반정리	69.8	40	테뫼식	장타원형	석축	임진강	瓦
10	덕진산성	파주시 군내면 정자리	85	600	테뫼식	타원형	석축	임진강	
11	조랑진보루	파주시 장단면 노하리	89	50	테뫼식	원형	석축	임진강	
12	전곡리토성	연천군 전곡읍 전곡리	60	1,800	평지성	타원형	토석	한탄강	
13	은대리성	연천군 전곡읍 은대리	61.8	1,005	평지성	삼각형	토축	한탄강	
14	대전리산성	연천군 청산면 대전리	136	700	테뫼식	장타원형	석축한	탄강	瓦
15	아미성	파주시 적성면 눌목리	260	302	테뫼식	장타원형	석축	간파천	瓦
16	육계토성	파주시 적성면 주월리	20	1,858	평지성	장타원형	토축	임진강	瓦
17	이잔미성	파주시 적성면 장좌리	40	300	평지성	타원형	석축	임진강	瓦
18	칠중성	파주시 적성면 구읍리	149	800	테뫼식	석축	방형	설마천	瓦

　　임진강유역의 고구려 산성으로는 연천 호로고루·당포성·은대리성
이 대표적이다. 이 성들은 입지에서부터 축조방법까지 많은 부분에서
공통된 양상을 보여주고 있어 고구려 산성의 특징을 살필 수 있다. 이
성들은 모두 임진강과 임진강으로 유입되는 지류하천이 형성한 삼각형
의 대지에 축조되어 평면형태가 삼각형을 띠고 있다. 강과 연한 지역은
높이 10m이상의 천험의 절벽이 조성되어 있어 절벽의 상면에 약간의
성벽을 조성하고 나머지 한 벽(東壁)에 대해서만 성벽을 견고히 조성하
였다. 동벽은 생토층까지 판 후 큰 강돌과 모래, 진흙을 혼합하여 다져
깔고 그 위에 진흙을 다졌다. 그리고 다시 자연석과 황토를 혼합하여 다
져 기초를 만들 후에 성벽을 겹벽형식으로 쌓아 올렸다. 성벽의 하부는
거칠게 다듬은 큰 돌을 사용하였고 면석은 사각추형태로 다듬은 돌로
쌓았다. 당포성의 경우 외벽에서 수직홈이 확인되는데 이러한 수직홈이

중부내륙지역에서도 나타나고 있어 고구려의 성벽축조방법이 한반도내에 축성된 성벽에 일정한 영향을 끼친 것을 알 수 있다. 성벽의 안쪽 뒷채움부분은 흙과 돌을 혼합하여 채우고 그 위로 진흙을 다져 쌓았다.

임진강이남 양주분지와 한강유역에서 확인되는 고구려산성은 둘레 300m를 넘지 않는 보루를 중심으로 조성되었다. 지금까지 조사된 유적인 구의동 보루, 홍련봉 1 · 2보루, 아차산 시루봉 보루, 아차산 4보루를 중심으로 특징을 유추할 수 있다. 이러한 보루들은 모두 산의 정상이나 정상에서 흘러내리는 능선 상에 돌출된 봉우리의 상면에 위치한다. 봉우리의 정상에 작은 규모로 위치하고 있어 고구려 산성의 입지적 특징인 포곡식으로 축조하지 못하고 정상부를 둘러싼 형태(테뫼식)로 축조되었다. 성벽은 석축으로 축조하였는데 위치하는 봉우리의 형태에 따라 평면형태가 다양하다. 또한 각 유적마다 다른 양상을 보여 아차산 4보루를 제외하고는 조잡한 형태를 띠는데 이는 해당 보루의 중요도와 역할 그리고 성돌에 사용된 석재의 종류 등과 밀접한 연관이 있다. 보루에는 병사들의 생활을 위한 최소한의 시설물인 병영, 저수시설 등만 갖추어져 있다.

2) 임진강유역 고구려 성곽의 특징

다음으로는 임진강유역에서 고구려 성곽으로 분류할 수 있는 18개소의 성곽을 토대로 분포양상, 강안평지성의 구조, 입지와 규모, 축조재료와 방법, 출토유물 등으로 나누어 그 특징을 검토하고자 한다.

첫째, 임진강유역의 고구려 성곽은 하천이 흐르는 방향을 따라 서안과 북안에는 강안과 접하여 線上에 입지하고 남안은 하천에서 일정거리를 유지하는 연안내륙에 분포하고 있다. 임진강상류는 서안을 따라 남북방향을 중심축으로 하였고 한탄강과 임진강 중 · 하류는 북안을 따라 북동−남서방향을 중심축으로 배치하였다.

임진강 상류의 서안에 위치한 강서리보루에서 ∽자형으로 굽이쳐 흐르는 하천은 한탄강과 만나는 지점까지 남쪽으로 직류한다. 남류하는 중간지점에 고성산보루, 무등리 1·2보루 등 4개소의 성곽이 밀집되었고 차탄천과 한탄강이 합류하는 지점의 북안에 은대리성과 전곡리토성이 위치한다. 중류부터는 북안에 접하여 6개소의 성곽이 규칙성을 보이며 배열되었다. 하천이 곡류하는 부분의 시작점에 둘레 400~600m 정도의 비교적 규모가 큰 성곽이 위치하며 이들 성곽 사이의 곡류가 끝나는 지점에는 둘레 40~50m의 소규모 보루를 배치하였다. 다만 한탄강유역의 전곡리토성은 임진강유역과 동일한 조합관계를 이루고 있으나 축조방법, 평면형태, 규모 등에서 너무나 상이한 차이점을 보여주기 때문에 좀더 신중한 검토가 요망된다.

둘째, 임진강유역의 북안에는 은대리성·당포성·호로고루 등 이등변삼각형의 강안평지성이 입지하는데, 이 강안평지성은 임진강유역에서만 유일하게 확인된다. 용암대지인 임진강유역은 용암분출시 깊은 협곡이 형성된 관계로 곳곳에 현무암 단애부가 발달하였다. 이런 지형적 특성을 이용하여 단애부의 두 변을 그대로 두고 한 변만 성벽을 축조한 성곽이 강안평지성이다. 두 변을 두고 한 변만을 막았기 때문에 평면형태는 이등변삼각형을 이룬다. 일반적으로 산성은 주변지역의 조망이 좋은 지형적인 이점을 가지고 주변의 교통로를 통제하고 방어하는 기능을 가지는데 비하여 평지성은 방어 기능에 있어 상당한 취약점을 가지고 있다. 그러나 임진강유역의 강안평지성은 자연 단애면을 이용한 관계로 산성과 평지성의 장점을 모두 지녔다고 할 수 있다. 이들 강안평지성은 다른 지역의 고구려 성곽 보다 규모는 작은 편이나 가용면적이 충분히 확보되며, 이에 따라 많은 병력이 주둔할 수 있다. 한 변을 막은 동벽 밖의 평탄대지 역시 두 변이 단애부로 형성되었기에 특별한 구조물을 설치하지 않고 간단한 목책만으로도 침입하는 적을 효과적으로 방어할 수 있는 장점이 있다. 또 남안의 강안평지성인 육계토성과 이잔미성은 임진강이 蛇行하여 북쪽으로 돌출하여 굽이치는 M자형 지형의 양단에 축조된 공통점을 보이고 있다.

셋째, 성곽간의 거리는 임진강상류와 한탄강유역은 1km 내외의 가까운 거리를 두었으며 중·하류유역은 5km 내외를 기본거리로 유지하였다. 예를 들어 상류유역의 무등리 1·2보루는 동일한 능선상에 500m의 간격으로 연결되며, 이곳에서 북쪽의 소규모 보루인 고성산보루는 1.5km, 남쪽의 우정리보루는 1km의 아주 가까운 거리에 밀집되었다. 중·하류유역의 은대리성과 우정리보루는 5km, 당포성과 우정리보루는 4km, 당포성과 아미리보루는 2.5km, 호로고루와 두루봉보루는 4km, 덕진산성과 조랑진보루는 5.5km의 간격을 유지하였다. 조합관계를 보여주는 당포성과 아미리보루, 호로고루와 두루봉보루, 덕진산성과 조랑진보루는 각각 9.5km·7km의 거리를 두었다. 그리고 입지는 하천변에 접하여 위치한 관계로 해발 20~150m의 범위 안에 포함되며 比高 역시 20~100m 이내로 낮은 지역에 축조되었으나, 산간지대에 위치한 아미성과 강서리보루는 해발 250m 내외의 높이에 비고 170m 정도의 비교적 높은 지대에 자리하고 있다.

넷째, 규모는 둘레 400m 이상의 平地城과 300m를 기준으로 山城과 堡壘[111]로 나누어진다. 평지성은 6개소(33%), 산성은 4개소(22%), 보루는 8개소(45%)로 나타난다. 8개소의 보루 중 50m 이하가 반정도의 비중을 차지하는 것은 이들 보루가 강안평지성과 같은 거점성에 조합되는 위성의 성격을 가지고 배치되었기 때문으로 생각된다. 한편 강안평지성은

---

111) 보루는 적이 쳐들어오는 것을 막거나 아군을 보호가기 위하여 돌과 흙 따위로 튼튼하게 쌓은 진지로 둑이나 제방과 같은 성채를 가진 작은 규모의 군사시설을 말한다. 그 규모는 명확하게 정의된 것이 없으나 高句麗 성곽이 독특한 양상으로 집중 분포하는 한강유역과 천보산맥 일원에서 추출되는 최대둘레인 300m를 범위로 설정하였다(白種伍, 〈京畿北部地域 高句麗城郭의 分布와 性格〉,《京畿道博物館年報》 3, 1999, 61쪽).

앞서 살펴본 바와 같이 임진강유역의 자연환경적인 요소가 그 일차적인 원인을 제공하였다. 자연환경적인 요소를 보여주는 비근한 예로 中國 東北地方이나 北韓 西北地方에는 둘레 2~10km의 대형 산성이 분포하나 中國 黑龍江省[112]과 북한의 강원도지역[113]에는 둘레 300~600m의 소규모 산성이 분포하고 있어 임진강유역과 유사한 양상을 보여준다.

다섯째, 축조형식은 테뫼식이 대부분을 차지하고 평면형태는 원형과 타원형, 이등변삼각형의 세가지 형태로 분류된다. 평면형태는 둘레 50m와 400m를 기준으로 규모에 따라 다르게 나타나는 점이 특징적이다. 둘레 50m이하인 아미리보루·강서리보루·조랑진보루 등은 원형이며 둘레 400m이상인 강안평지성은 이등변삼각형을 보인다. 그 사이의 규모를 가진 성곽은 타원형을 기본평면으로 하고 있다. 이외 무등리 1·2보루는 둘레 200m 내외의 비슷한 규모와 해발 100m 정도에 비고 40m의 동일한 입지, 그리고 500m 정도의 가까운 거리에 위치하고 있으나 평면은 장타원형과 반월형으로 서로 다른 형태를 하고 있다.

여섯째, 축조재료는 石築을 위주로 하고 토석혼축은 외면석축법을 사용하였다. 전통적으로 고구려는 험준한 자연지형을 잘 이용하여 산능선을 따라 돌아가는 석축산성을 축조하였다[114]. 축조방법은 지세가 높은

---

112) 高句麗의 북방인 흑룡강성 지역에서도 소규모의 보루유적이 다수 조사된 바 있다. 黑龍江省의 三江平原일대인 寶淸, 佳木斯, 友誼, 樺南, 勃利, 七臺河 등에 집중된 성들은 河川邊의 작은 산마루 위에 土石混築으로 축조되었으며 평면은 圓形 혹은 불규칙한 橢圓形을 하고 있다. 둘레는 200~300m 내외이고 성벽의 현존 높이는 2~3m인데, 남쪽에 문을 내어 산의 아래로 왕래하도록 되어 있다. 내부에는 竪穴式의 주거지가 규칙적인 배열을 이루며 밀집되어 분포하는데, 정상부 중앙에는 면적이 큰 주거지가 있고, 한층한층 내려오면서 方形 혹은 長方形의 住居坑이 있다. 이들 소규모의 성은 매우 밀집되어 분포하고 있다. 지금의 友誼縣에만도 이미 50~60군데가 발견되었다. 이런 類型은 서쪽으로 哈爾濱市와 綏化 一帶(黃山南北城, 賓縣老山頭, 綏化四方臺)를 지나, 더욱 서쪽의 黑河지구(遜克縣西石拉子, 러시아의 波爾亞柯沃 부근의 帽兒山山城)에서 동으로는 黑龍江 下流의 薩奇의 阿梁村에 이른다(車勇杰, 〈百濟城郭의 比較硏究試論〉, 《百濟論叢》5, 百濟 文化開發硏究院, 1996, 265쪽 재인용).

113) 徐日範, 〈北韓 境內의 高句麗 山城 分布와 硏究現況〉, 《高句麗 山城과 防禦體系》, 高句麗硏究會, 1999, 95~139쪽.

능선부는 내탁하여 외면석축(외면축조방법)하고 지세가 낮은 계곡부나 능선 말단부는 내외협축(양면축조방법)을 하고 있어 외면석축과 내외협축이 지형에 따라 적절하게 병행되었음을 알 수 있다. 일예로 호로고루는 성벽 중간부분의 판축부를 중심으로 내·외면만 석축하였으며 당포성은 내·외면과 속심을 모두 석축하였다. 이로 보아 축조방법은 시기의 문제보다는 주변의 자연환경에 따라 어떠한 축성재료를 쉽게 조달할 수 있는가 하는 환경적인 요인이 크게 작용하였음을 알 수 있다.

일곱째, 고구려 기와가 출토된 성곽은 북안의 무등리 1보루·당포성·호로고루·두루봉보루와 남안의 대전리산성·아미성·칠중성·이잔미성 등 모두 8개소에 이른다. 임진·한탄강의 합류지점을 중간에 두고 능형의 평면으로 무등리 1보루·당포성·아미성·대전리산성 등이 하나의 분포권을 보이고, 호로고루를 중심으로 두루봉보루·이잔미성·칠중성 등이 또 하나의 분포권을 형성하였다. 그리고 남안의 하천로 변에 위치한 대전리산성·아미성·칠중성 등에서도 모두 출토되었다. 한강유역이나 천보산맥 일원의 高句麗 성곽에서 기와류가 출토되지 않는 점은 임진강유역 고구려 성곽이 거점성으로서의 기능을 가지고 지속적으로 수행하였음을 알려준다.

고구려 기와의 출토수는 북안의 호로고루·당포성·무등리 1보루·두루봉보루 등의 순서로 나타나고 남안은 아미성·칠중성·대전리산성·이잔미성 등의 순서로 나타난다. 이중 호로고루에서만 승문·격자문·거치문·횡선문 등 10여종의 기와류가 확인된다. 또 둘레가 50m 정도의 두루봉보루에서도 기와류가 채집되는 점은 소규모의 위성보루에도 기와를 얹는 목조구조물이 시설되었음을 말해준다.

---

114) 김기웅, 〈배천산성 답사보고〉, 《고고민속》, 사회과학원 고고학민속학연구소, 1996, 25쪽.

3

한강유역 고구려 성곽의 구조와 특징

1) 고구려 보루의 분포와 구조

한강유역의 고구려보루는 남한강과 북한강이 합류하며 시작되는 곡류부의 끝나는 지점에 해당하는 아차산 일원에 보루군이 입지하고 있다. 여기에서 보루는 산성중 둘레 300m 이내의 규모를 가진 소규모 군사요새를 일컫는다. 보루는 적이 쳐들어오는 것을 막거나 아군을 보호하기 위하여 돌과 흙 따위로 튼튼하게 쌓은 진지로 둑이나 제방과 같은 성채를 가진 작은 규모의 군사시설이다. 보루의 개념에 대하여 정약용은 "堡壘의 제도는 마땅히『尹耕堡約』에 따를 것이며 그 雉堞과 敵臺의 제도는 더욱 개량해야 할 것이다.『尹耕堡約』에 말하기를 보루의 제도는 크고 작은 것에 한계가 없고 굽고 곧은 것에 구애됨이 없다. 다만 안에 많은 軍丁을 수용할 수 있고 밖은 멀리까지 굽어볼 수 있게만 하면 될 것이다"[115] 라고 하였다. 한강유역 아차산일대의 구의동보루, 홍련봉보루군, 용마산보루군, 아차산보루군, 망우산보루군 등이 이에 속한다.

이들 보루의 평면은 아차산 정상부에서 이어지는 북동–남서방향의 중심능선과 그 지맥이 뻗어나가는 용마산과 홍련봉, 시루봉, 봉화산에 역 y자 형태를 하고 있다. 아차산에는 아차산 1~5보루, 망우산 1~3보루와 남서방향의 지맥에 홍련봉 1~2보루가 위치하고 아차산 정상에서 서

---

115) 丁若鏞, 《牧民心書》 工典六條 修城. "堡垣之制 宜遵尹耕堡約 其雉堞敵臺之制 宜益潤色"

남향하는 지맥에 용마산 1~7보루, 동향하는 지맥에 시루봉보루가 배치되었다.

그리고 천보산맥 일원에서 한강유역으로 연결해 주는 중랑천변을 따라 수락산보루, 불암산성, 봉화산보루가 남북교통로의 동안에 자리한다. 이중 수락산보루와 봉화산보루는 중랑천 방향으로 돌출된 구릉상에 입지하고 있으며 이러한 점은 임진강유역에서 천보산맥으로 이어지는 하천로의 주요지점을 연결하는 보루와 동일한 양상으로 파악된다. 이렇게 중랑천과 왕숙천은 양주분지에서 한강유역으로 이어지는 하천변의 교통로를 제공해 주고 있는데 이들 성곽의 배치로 보아, 주요 교통로는 왕숙천보다는 중랑천을 좀더 비중있게 이용한 것으로 판단된다.

이처럼 한강유역의 보루에서는 북에서 남으로 흐르는 동쪽의 왕숙천과 서쪽의 중랑천, 북동에서 남서방향으로 흐르는 남쪽의 한강과 그 남안의 풍납토성과 몽촌토성을 통할할 수 있는 지정학적인 위치를 점하고 있다. 또, 아차산 일원의 보루의 중심축과 한강남안의 장성이 평행을 유지하는 점도 주목된다. 즉 한강류역의 고구려보루는 아차산을 중심으로 서쪽으로는 중랑천과 동쪽으로는 왕숙천을 넘지않는 분포범위를 보여준다.

성곽 사이는 200~500m의 가까운 거리를 두고 아차산과 용마산 일대의 봉우리마다 조밀하게 배치되었다. 그 중 홍련봉 1·2보루, 용마산 3·4보루, 망우리 2·3보루는 100m 정도의 아주 가까운 거리를 두고 있는데, 이들 지형은 두 개의 소봉이 馬鞍形으로 연결되는 점이 특징이다. 천보산맥 일원에서 한강유역으로 연결되는 중랑천로의 동편에 자리한 연결보루는 3~7km 내외를 유지하고 있다. 예를 들어 상계동보루와 봉화산보루는 약 7km이고 그 중간부의 동쪽산정에는 불암산성이 위치한다. 봉화산보루와 용마산 1보루는 약 4.5km, 용마산 1보루와 구의동보루는 약 3.5km를 유지하며 서쪽으로 돌출된 지맥상에 자리한다. 그리고 아차산 주능선에서 동쪽으로 뻗은 지맥의 시루봉보루는 망우산1보루와 함께 850m의 거리를 두고 한강과 왕숙천로를 전방위에서 공제하고 있다.

입지는 해발 250~310m에 상대높이 190~260m를 보이는데, 아차산보루군과 용마산보루군, 망우산보루군이 이에 해당한다. 이중 용마산1·2보루와 봉화산보루 그리고 수락산보루 등은 해발 160~200m에 상대높이 120~170m 정도로 비교적 낮은 지형에 위치한다. 이는 능선의 정상부를 따라 축조된 보루와 지맥의 말단부상에 축조된 보루의 차이를 반영해 주는 것이라고 생각된다. 평면은 원형, 타원형, 장타원형이 고루 나타나고 있으며 석축으로 축조하였다. 규모는 둘레 50m이하가 5개소, 51~100m가 4개소, 101~150m가 6개소, 151~200m가 1개소, 201~300m는 4개소이다. 이들을 소, 중, 대의 3개군으로 분류하면100m이하는 9개소(45%), 101~200m는 7개소(35%), 201~300m는 4개소(20%)를 점유한다.

고구려 보루는 외부의 성벽과 부속시설, 그리고 내부의 건물지로 구성되어 있다. 성벽은 대부분 석축이며 높이는 4m 내외이다. 주방어방향으로 치성을 1~2개소 정도 설치하였고 출입시설로 여겨지는 돌출부가 남아있다. 내부시설물은 건물지안에 온돌과 저수시설 그리고 이에 따른 배수로 등이 시설되었다. 온돌은 ㄱ자형과 직선형의 두 종류로 구분되는데 취사와 난방의 기능을 동시에 가진다. 저수시설을 풍화암반을 직육면체로 굴토한 후 점질토를 벽과 바닥에 두텁게 바른 후 그 안쪽을 목재를 사용하여 결구하였다. 이런 구조적 특징은 구의동보루와 아차산4보루, 시루봉보루 등의 발굴결과를 통해서 확인되었는데 구조와 성벽시설에 대한 좀더 세부적인 내용을 살펴보도록 하겠다.

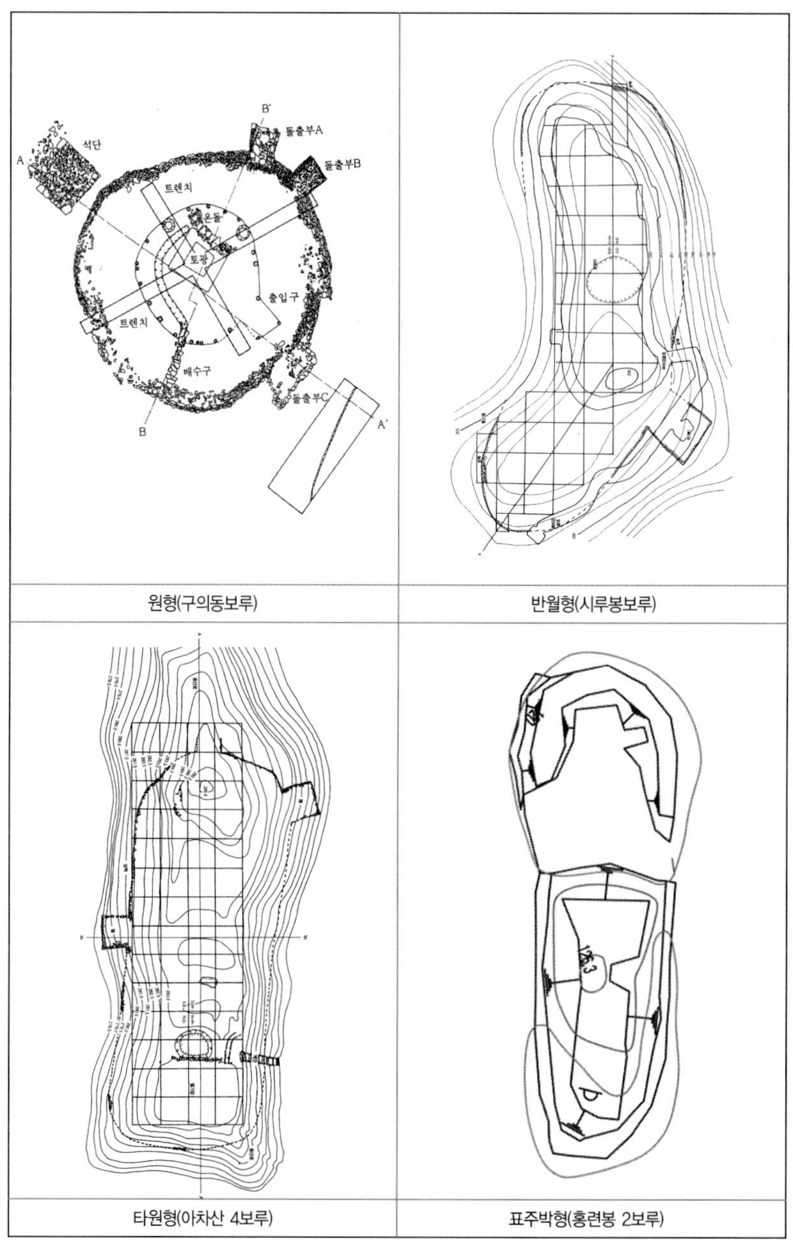

| 원형(구의동보루) | 반월형(시루봉보루) |
| 타원형(아차산 4보루) | 표주박형(홍련봉 2보루) |

고구려 보루의 평면 형태

2) 성벽시설

먼저 구의동보루는 전체 둘레가 46m 정도로 한강유역에 있는 보루 중에서 작은 규모이고, 평면은 원형에 가까운 형태이다. 성벽은 할석을 7~8단 쌓고 그 위에 강돌을 6~8단 쌓았으며 위로 향하면서 내측으로 기울게 축조하였다. 성벽의 높이는 1m 정도이고 가장 높은 곳은 1.85m 가량 남아있다. 성벽에는 치성 2개소와 계단 그리고 북벽 외부에 석단이 시설되어 있다. 치성은 성벽의 남쪽 두 곳에 네모나게 밖으로 돌출된 곳이 있는데, 이들 돌출부는 동서로 긴 장방형을 하고 있으며, 외곽부는 할석을 3~4단 정도 계단식으로 쌓은 후 내부는 흙으로 충진하였다. 이 돌출부는 처음에 성벽에 대한 외벽 보강용 시설로 보고 있으나, 다른 보루에서도 일정한 방향성을 가지는 것으로 보아 치성의 기능을 수행한 것으로 판단된다. 한강이남의 풍납토성과 몽촌토성을 가리키고 있다. 남벽에는 출입구와 같은 방향으로 돌출된 계단이 시설되었다. 이 계단시설과 북쪽으로 대칭되는 곳에 한 변인 310cm되는 곳에 한 변이 310cm되는 석단이 1개소 있는데, 바깥쪽은 할석으로 네모나게 쌓고 내부는 강돌을 채웠다. 이 석단은 전투시에 사용할 투석용 석재를 모아놓은 곳일 가능성이 있다.

아차산 4보루의 전체 둘레는 238m 이며 성벽은 타원형으로 동쪽과 서쪽에 각 1개소의 치성이 있다. 성벽은 유적 정상부의 평탄면에서 5~7m 바깥쪽으로 축조하고 현존상태는 한강 쪽이 바라보이는 동쪽이 비교적 많이 남아 있다. 이 동벽 구간은 잘 다듬어진 화강암을 이용하여 정교하게 쌓은 반면, 북벽은 다소 조잡한 석재를 사용하는 등 지점별로 다소 차이가 나타난다. 그리고 경사가 급한 지점은 성벽을 낮게 쌓고 경사가 완만한 지점은 높게 쌓았는데 이는 자연지형을 최대한 이용한 축성방법이라고 하겠다.

시루봉보루의 둘레는 약 220m이며 유적의 상부 평탄면은 평면 형태

가 활모양으로 구부러져 있고 북쪽 부분에 비해 남쪽 부분은 지대가 약
간 높은 편이다. 성벽 안쪽으로 성벽과 평행하게 대형 건물을 축조한 것
으로 보인다. 성벽의 남동쪽에만 치성이 설치되었다. 남서벽은 13단에
1.7m 정도 남아있는데 성돌은 주변에서 쉽게 채집되는 두께 10cm 정도
로 얇은 화강암제 할석을 면만 가공한후 사용하였다. 그래서 성돌의 크
기는 일정하지 않게 나타난다. 성돌의 너비는 40~50cm이며 성돌의 장
축방향과 성벽의 진행방향이 서로 일치하도록 바른층 쌓기를 하였으나
지점별로 진행방향과 수직으로 석재를 끼워 넣는 방법도 사용되고 있
다. 성벽 기저부는 암반을 다듬거나 일정정도 흙을 다져 넣어 평탄하게
조성한 후 쌓아 올렸다. 지표조사만 이루어진 봉화산보루에서는 남쪽의
등산로 부분에 다른 보루들과 마찬가지로 돌출된 구조물인 치성이 남아
있다.

3) 내부시설물

구의동보루의 내부에는 남쪽으로 출입시설을 갖춘 수혈주거지가 발
견되었다. 지름은 7.6m이며 평면은 원형이다. 깊이는 60~70cm 가량
되고 벽체는 길이 13~14cm, 폭 7~8cm, 두께 0.6~0.7cm의 판재를 돌
려가며 세웠다. 주거지안에는 배수로와 온돌 등의 내부시설이 확인되었
는네 온돌시설은 수혈의 동북부에서 남북으로 실게 설치되었으며 할석
을 40cm 높이로 세우고 그 위에 50~80cm 가량의 판석을 덮은 후에 짚
을 섞은 흙으로 틈을 채운 구조를 하였다. 또 배수로는 수혈벽선을 따라
둥글게 휘어져 있다. 수혈 내부는 폭 40cm, 깊이 15~20cm 정도로 바닥
을 파서 만들었으며 외부는 할석을 이용하여 축석부 밑으로도 계속 연
결되게 만들었다. 그리고 벽체를 따라 22개의 주공이 확인되었고 주공
의 간격은 70~80cm로 대체로 일정한 편다.

몽촌토성내 고구려유적은 서남지구 고지대의 판축대지, 장방형건물

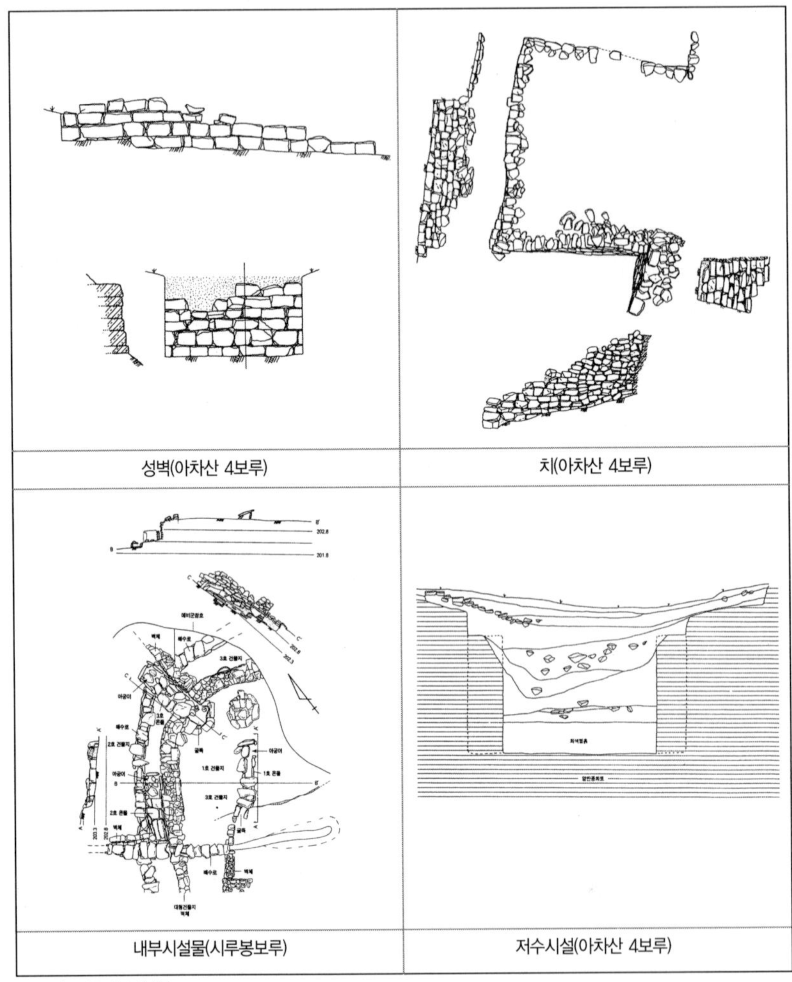

성벽(아차산 4보루)

치(아차산 4보루)

내부시설물(시루봉보루)

저수시설(아차산 4보루)

고구려 보루의 시설물

지, 적심건물지 주변에서 조사된 온돌건물지가 있다. 이 건물지에서는
ㄱ자형 온돌 고래와 굴뚝시설 등이 확인되었는데 층위상 가장후대에 조
성된 유구로 밝혀졌다. 온돌은 얇은 판석으로 양벽을 세우고 그위에 다
시 판석을 덮은후 점토를 발라서 마감하였다. 굴뚝은 온돌시설 끝부분
에서 설치되었으며 작은 강자갈과 점토를 섞어서 원형의 굴뚝 기초를

쌓았다. 구의동보루의 굴뚝시설과 같은 형태는 집안 동대자유적에서도 나타나고 있어 고구려후기로 편년되고 있다.

아차산 4보루에서는 건물지 7기, 저수시설 2기, 온돌 13기 등의 내부시설물이 확인되었다. 건물지 내부에는 1기 이상의 온돌이 설치되었으며, 남쪽의 1기를 제외하면 모두 남북방향으로 성벽의 장축방향과 일치하게 조성하였다. 이외 3호 건물지 북서모서리 외곽에 간이대장간도 시설되어 있었다. 저수시설은 모두 풍화암반토를 파내고 바닥과 벽에 뻘을 발라 방수처리를 하였고 통나무를 직각으로 연결하여 뻘흙이 무너지지 않도록 결구하였다. 구조는 동일하나 규모에 있어 약간의 차이가 있다.

온돌은 2호 온돌을 제외하면 모두 건물 내부에서 확인되었고 13기 모두 납작한 할석으로 벽을 쌓고 뚜껑돌을 얹은 후 점토를 발랐다. 종류는 직선형과 'ㄱ'자형으로 나뉘며 아궁이는 온돌 고래의 진행방향과 수직으로 설치되었다.

시루봉보루는 성벽 안쪽에서 건물지 9기와 온돌 6기, 그리고 저수시설이 남아있다. 저수시설은 유적의 한가운데 위치하는데, 풍화암반을 직육면체로 파내고 바닥과 벽체에 진흙을 발라 방수 처리한 형태이다. 건물지는 보루의 장축방향과 대체로 일치하는 방향으로 축조되었는데 가운데의 저수시설을 둘러싼 대형건물지와 그 안팎으로 설치된 소형건물지로 구성된다. 대형건물지 벽체 석렬 외곽에는 대형건물지 윤곽을 따라 암거식 배수시설이 정연하게 설치되었으며 일부 지점에서는 건물지 내부에서 나오는 배수시설과 연결되어 성벽 바깥으로 배출될 수 있었을 것으로 추정된다. 또 대형건물지 외곽에는 온돌을 포함하는 소형건물지가 배치되어 있으며 4곳의 출입시설도 확인된다.

홍련봉1보루는 대형건물지 내부에 2기, 외곽에 7기 등 모두 9기의 소형건물지와 2기의 저수시설, 배수로 등이 발굴되었다. 온돌은 직선형이 대부분이고 아궁이는 구들의 진행방향과 수직을 이룬다. 1호 온돌은 작은 할석을 이용하였으며 뚜껑은 남아 있지 않다. 이 온돌은 저수시설이 폐기된 후 퇴적된 층에 축조되어 있어 가장 늦은 시기에 사용된 것으로 주변에서 기와가 집중적으로 출토되었다. 2호 온돌은 각 20cm 가량의 판석을 이용해 벽석을 세우고 뚜껑을 덮은 평태이다. 저수시설은 풍화 암반을 굴토하여 조성하고 규모는 남북 710m, 동서 666cm, 깊이 278cm이다. 바닥은 두께 70cm 정도 뻘로 채웠으며 벽체에도 통나무를 쌓아 가면서 뻘을 덧발랐다.

4

고구려 성곽 출토 유물과 그 성격

그동안 발굴이 진행된 구의동보루와 아차산 4보루, 시루봉보루 등에서는 많은 양의 토기류와 철기류, 기와류 등이 출토되었다. 유물은 온돌시설 주변에서 비교적 높은 밀집도를 보인다.

먼저 고구려토기는 기능상으로 저장용기·운반용기·조리용기·배식용기 등으로 구분된다. 기종은 주로 대옹과 장동호, 완, 호, 접시, 시루 등이며 모든 토기가 평저기의 특징을 가지고 있다. 시루나 동이류의 경우 대상파수가 특징적으로 달려 있다. 색깔은 표면이 매끈거리는 황갈색이나 홍갈색 또는 흑색으로서 태토는 고운 니질이다. 이중 호와 옹류가 30%이상이며 완류와 접시류, 동이류 등에는 명문과 음각부호 등이 새겨지는 점이 특징적이다. 아차산 4보루에서는 '後卩都□兄', '支都兄', '冉牟兄' 등 5점의 명문이 쓰여졌는데 '後卩'는 고구려가 평양으로 천도한 후 구획한 5부중의 하나로 자신의 출신지를 나타내는 거승로 생각된다. 그리고 '兄'은 존칭의 뜻으로 여겨지며 모두루묘지명에 나오는 염모라는 인명이 주목된다. 이외 '△', '×', '✳', '大', '市', '本' 등의 음각부호가 접시와 완류, 이배류 등에 새겨져 있다. 시루봉보루에서는 항아리에 '大夫'의 명문과 '井'의 음각부호가 확인된다. 홍련봉 1보루에서는 완이나 접시의 바닥에는 여러 가지 부호와 '夫', '㐅'명이 새겨진 토기가 출토되었다.

철기류는 무기류, 마구류, 농공구류, 용기류 등으로 구분된다. 무기류

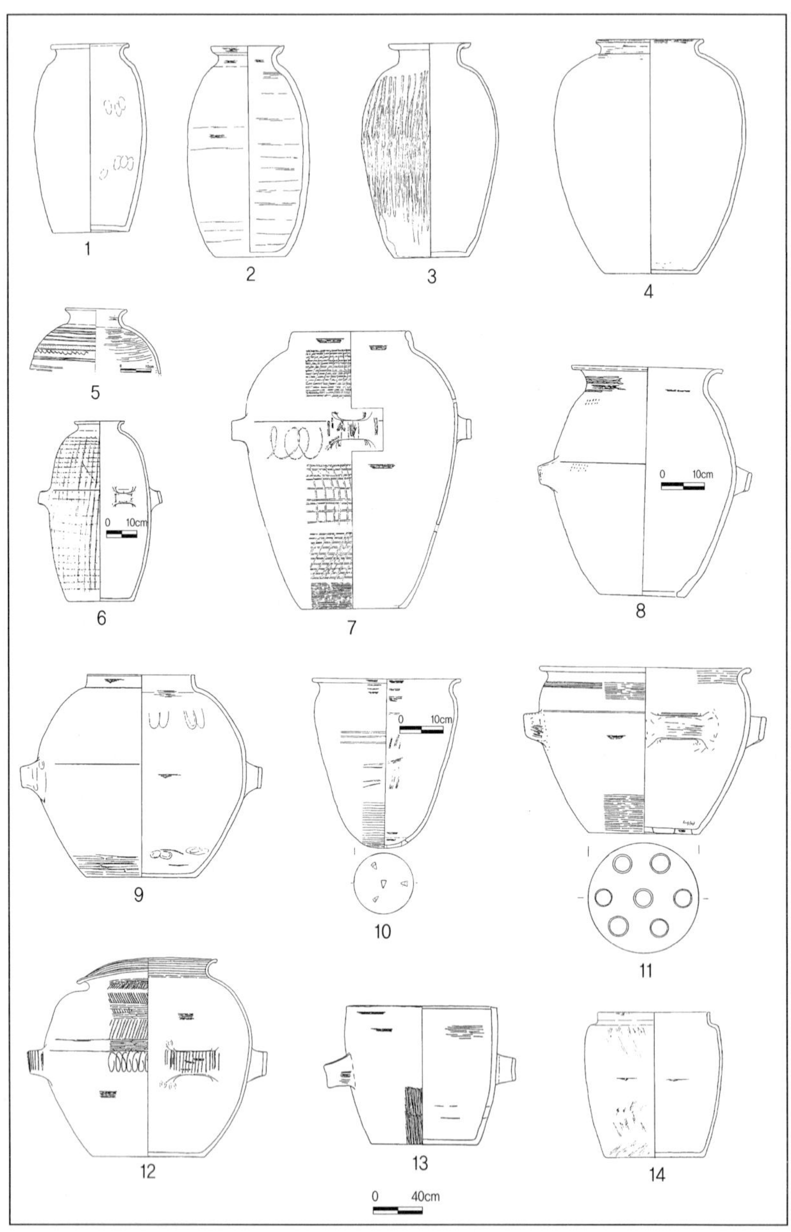

고구려유적 출토 각종 토기류 1
(1 · 3~4 · 6: 구의동보루, 2 · 7 · 10~13: 아차산 4보루, 5 · 8: 은대리성, 9 · 14: 시루봉보루)

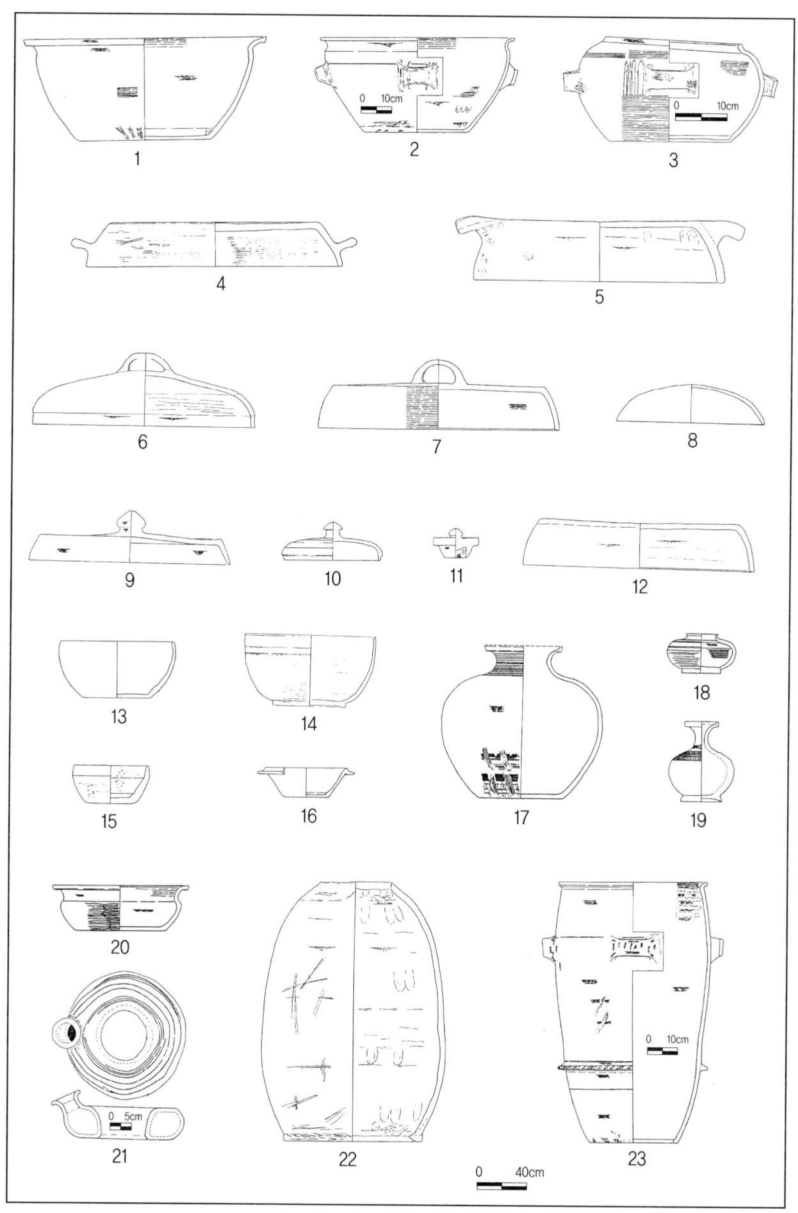

고구려유적 출토 각종 토기류 2
(1·3·7·9·11·17·18·20·23: 아차산 4보루, 2·5·6·12·14·22: 시루봉보루, 4·8·10·13·
15·16·19·21: 구의동보루)

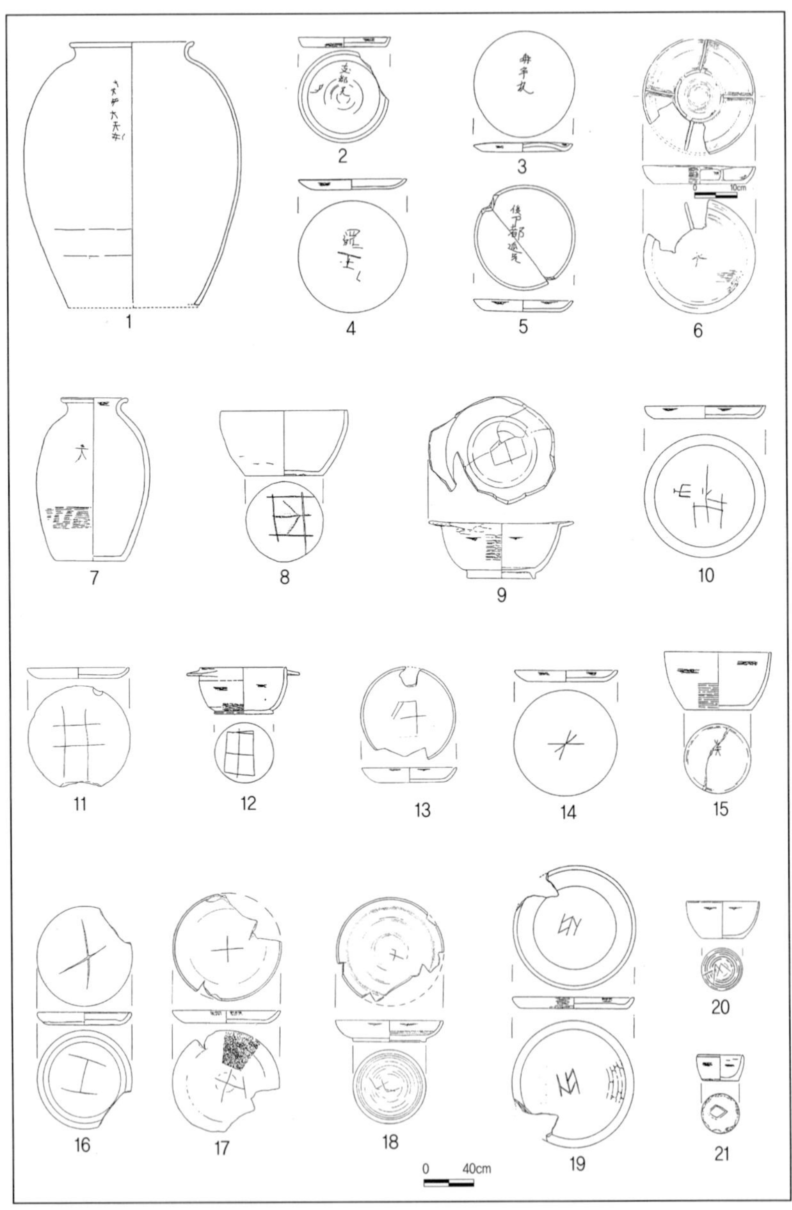

고구려유적 출토 각종 명문 토기류
(1·9·11·13·17·18·20: 시루봉보루, 2~7·10·12·14·15·19·21: 아차산 4보루, 8·16: 구의동보루)

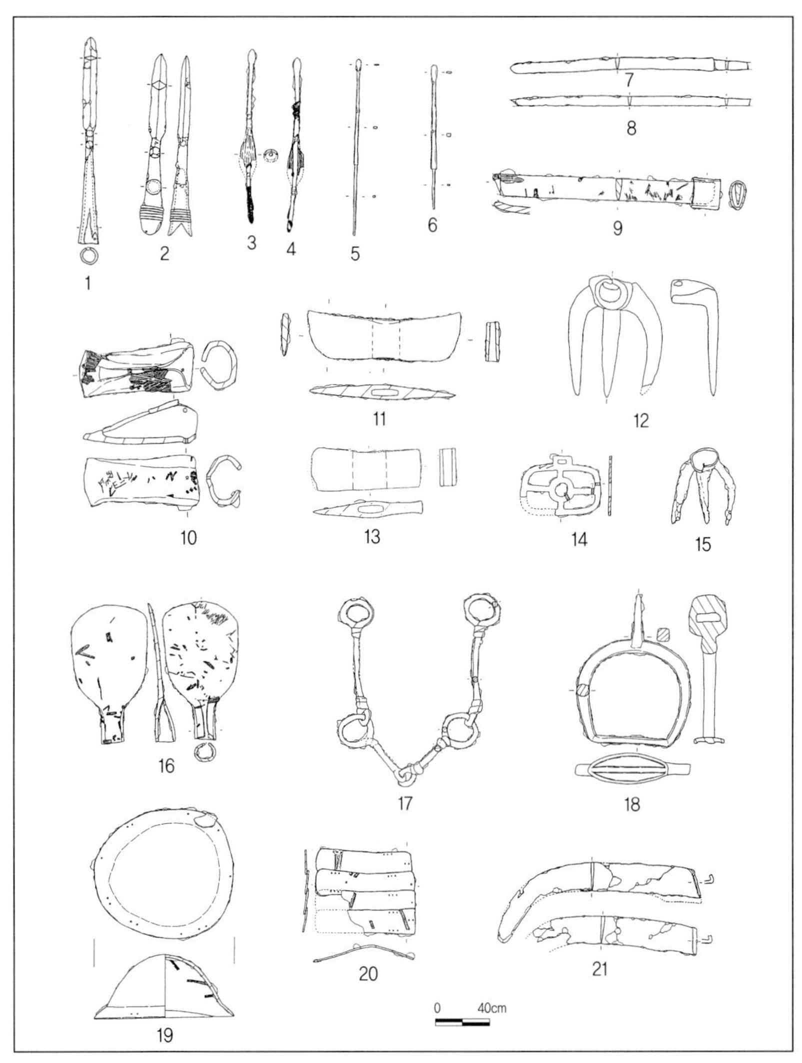

고구려유적 출토 각종 철제류
(1·2·5~8·12·15·21·22: 구의동보루, 3·4·9·10·11·14·16~20: 아차산 4보루, 13: 시루봉보루)

로는 화살촉과 철모, 창고달이 등이 있는데 화살촉은 모두 가늘고 긴 형태이다. 공구류로는 철정과 철부, U자형 삽날 등이 출토되었다. 한편 수락산보루에서는 1996년에 계단을 조성하는 과정에서 杴葉과 鉸具, 刀子

등 철제유물을 수습하였는데, 행엽과 같은 마구류가 발견되는 것이 주목된다.

　다음으로 고구려 성곽의 성격을 잘 대표해 주는 유물인 기와에 대해 알아 보겠다. 고구려 기와에 대한 문헌기록은 먼저《三國史記》美川王元年條(300)에는 "집 앞의 연못에서 개구리가 시끄럽게 울어 기와와 돌을 던져 그 소리를 멈추게 하였다"는 기사가 보이고 있다[116]. 또 安原王 12年(542)에는 봄에 큰바람이 불어 나무가 뽑히고 기와가 날아 갔다"[117]는 내용이 있는 것으로 보아 고구려에 기와가 사용되고 있었음을 확인할 수 있다. 그리고 중국 사서인《三國志》와《舊唐書》에서도 고구려 기와에 대한 내용을 볼 수 있는데,《三國志》高句麗傳에는 궁실을 호화롭게 치장하였다는 내용이[118],《舊唐書》高麗傳에는 대부분 볏단으로 지붕을 얹었으나, 불교사원과 신묘, 왕궁, 관청 등은 기와를 사용하였다[119]고 기록되어 있다. 이상의 내용으로 볼 때, 고구려에서 기와는 국가관련 조영물인 왕궁과 관청, 사원과 신묘 등 특별한 건물에만 사용되었음을 알려준다. 그만큼 기와가 국가권력의 권위를 나타내는 물질적 상징물이었음을 알 수 있다. 특히 남한지역 고구려성곽 중 임진강유역의 호로고루와 당포성, 무등리보루군, 아미성, 칠중성[120] 등과 한강유역의 홍련봉1보루, 수석동유물산포지, 가락동 5호분 등에서 출토되었다. 이들 임진강유역의 성곽은 5세기 중엽 장수왕의 남진정책 때부터 7세기 후반 신라에 의해 고구려가 멸망하기 전 까지 사용되었으며, 한강유역의 성곽은 5세기 중엽부터 6세기 중엽까지 100년간 고구려에 의해 경영되었기 때문에 고

---

116)《三國史記》권17, 高句麗本紀5, 미천왕 원년. "其家側草澤 蛙鳴使乙弗夜投瓦石菜其聲".
117)《三國史記》권19, 高句麗本紀7, 안원왕 12년. "春三月 大風拔木飛瓦"
118)《三國志》권30, 魏書30, 東夷, 高句麗傳. "其俗節食 好治宮室 于所居之左右立大屋"
119)《舊唐書》권199上, 東夷, 高麗傳. "其所居必依山谷 皆以茅草葺舍 唯佛寺 新廟及王宮 官府內用瓦"
120) 심광주·김주홍·정나리, 1999,《漣川 瓠蘆古壘》, 한국토지공사 토지박물관.
　　白種伍, 2002,〈臨津江流域의 高句麗 關防體系〉,《臨津江流域의 古代社會》, 仁荷大學校 博物館.

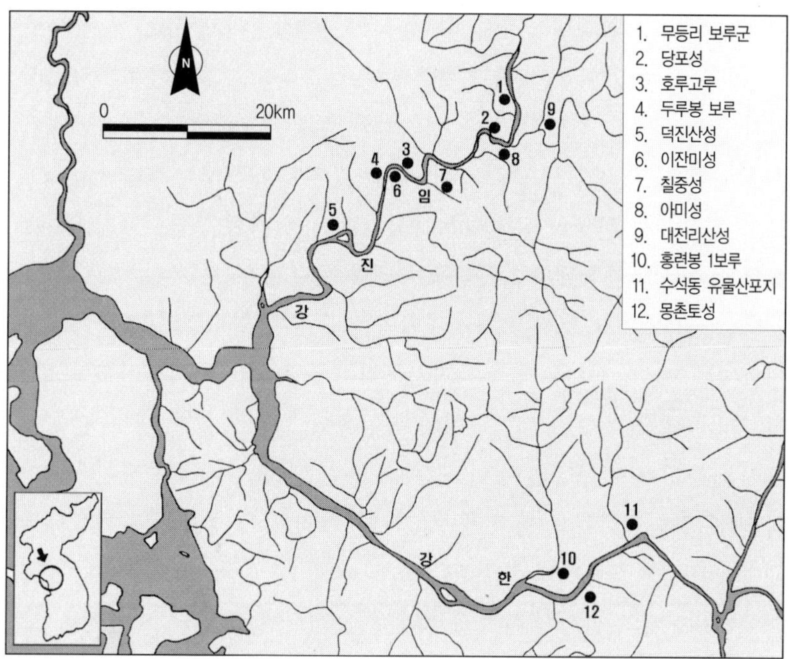

남한지역 고구려기와 출토 유적 분포도

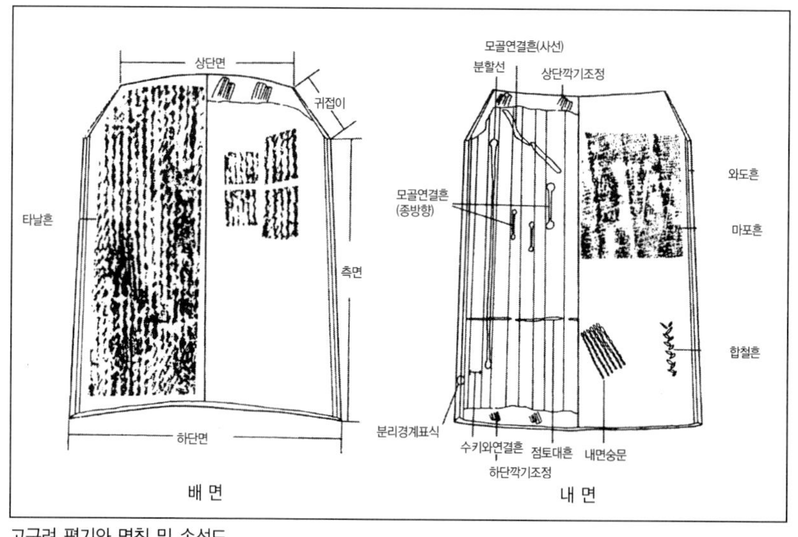

고구려 평기와 명칭 및 속성도

구려후기 기와의 편년설정에 중요한 위치를 점한다고 하겠다. 특히 한 강유역 보루중에서는 홍련봉 1보루에서만 고구려 기와가 출토되었는데, 기와류는 적색과 회색의 승문 평기와와 연화문 수막새가 수습되었다. 이 막새는 옅은 적갈색으로 막새면에는 단판연화문과 변형화판을 교대로 네 판씩 배치하였다. 연판 사이에는 8개의 삼각형 구슬무늬를 도두새겼으며 가운데 자방에는 2조의 돋은 테를 둘렀다.

남한지역에서 출토된 고구려평기와는 승문이 압도적인 점유율을 보이고 이와 함께 격자문계열과 거치문이 주요문양을 차지하며 선문계열이 기타문양을 이루는 문양구성의 특징을 가지고 있었다. 즉 승문은 고구려의 대표적인 문양인 것이다. 특히 홍련봉 1보루에서는 승문 평기와와 함께 조합연화문 와당이 출토되는데 이 와당은 옅은 적갈색으로 막새면에는 單瓣蓮花文과 變形花瓣을 교대로 네 판씩 배치하였다. 연판 사이에는 8개의 삼각형 珠文을 돋우어 새겼으며, 가운데 자방에는 2조의 돋을 테를 둘렀다[121]. 이러한 와당은 평양 대성산성에서 출토된 바 있어 그시기를 알려주는 좋은 자료가 된다.

수키와는 승문을 시문한 후 2차 정면으로 지워버리는데(素文樣化) 이는 암키와의 종방향연결법과 같은 맥락인 겨울철 동파방지를 위해 물이 머무는 요소를 최대한 차단시키기 위한 방법으로 여겨진다. 시문에 사용된 박자는 가로 4cm에, 세로 6cm 내외의 조그마한 단판박자를 주로 사용하였으며 승문과 같은 주요문양의 시문에 많이 이용하였다. 이 때 타날은 세로 방향으로 가지런하게 두드렸는데 이는 중복타날에 의한 기형의 뒤틀림이나 터지는 현상을 방지하기 위한 것으로 파악된다.

와통은 모골와통을 암키와에, 원통와통은 수키와에 사용하였다. 특히 모골와통은 종방향연결법으로 엮었기 때문에 기와 내면에 얕고 희미한

---

121) 고려대학교 매장문화재연구소, 〈홍련봉 1보루 발굴조사 약보고〉, 2004.

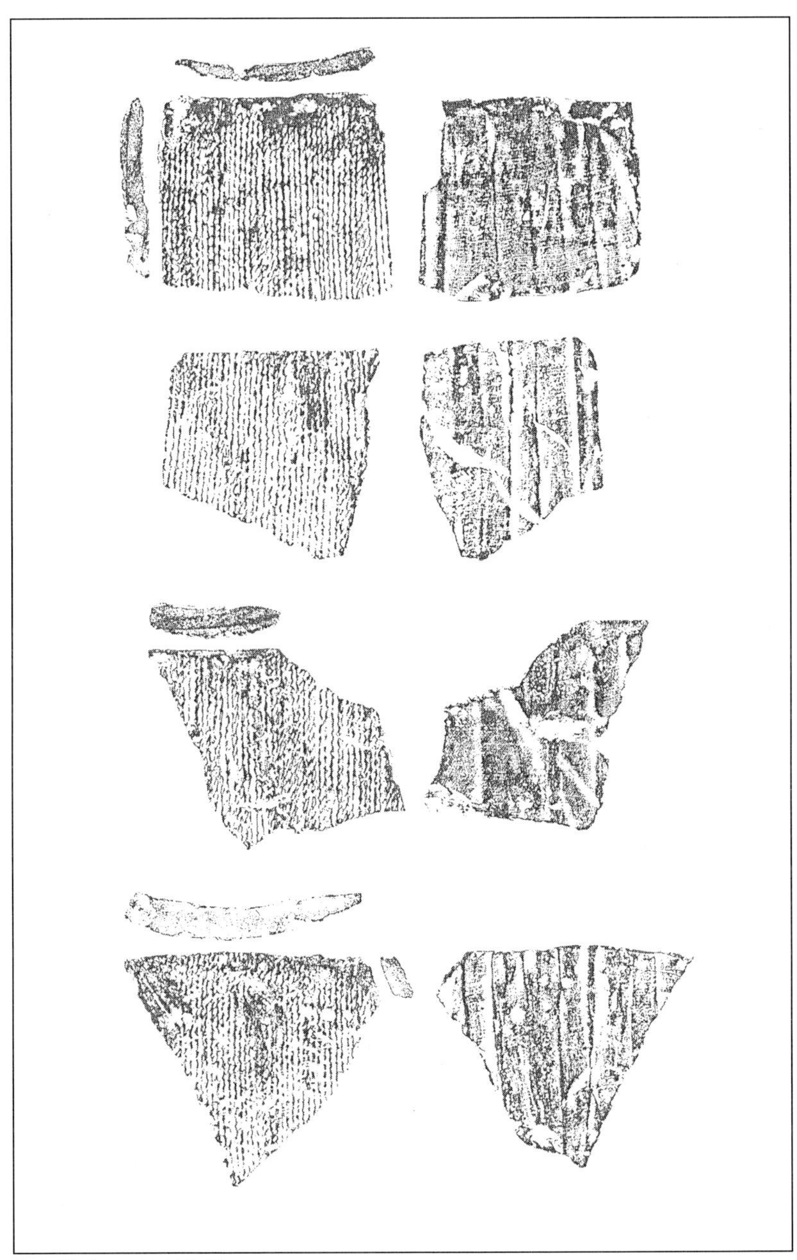

호루고루 출토 고구려 평기와

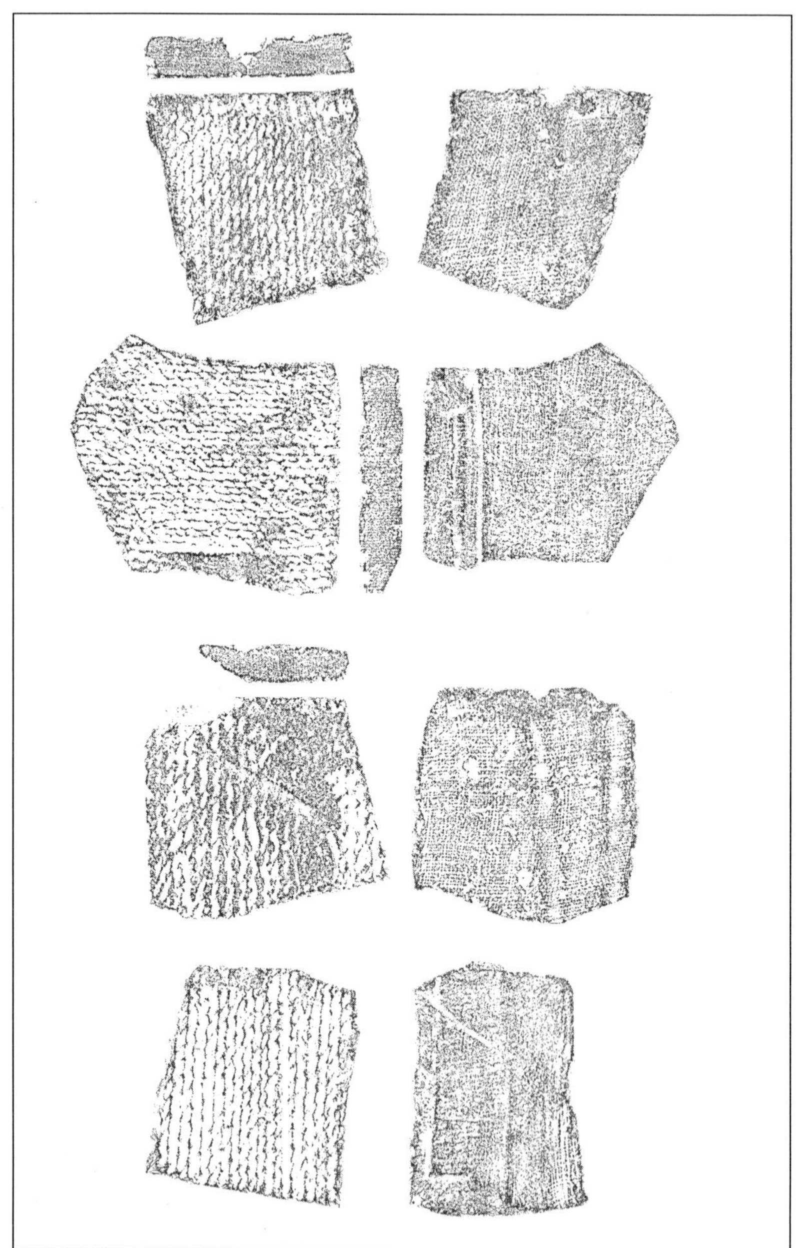

홍련봉 1보루 출토 고구려 평기와

세로방향의 모골연결띠흔적이 관찰되게 된다. 또 볼륨이 심한 조립식 葺瓦痕의 凹凸현상과 모골사이의 각이 둥그렇게 돌아가는 隆起突出痕 그리고 모골와통의 손잡이 흔적인 棒痕迹 등이 확인되었다. 이런 흔적들 역시 겨울이 길고 눈이 많은 지역에서 동파나 훼손을 방지하기 위한 과학적인 결론이 고구려 특유의 모골와통이었던 것이다.

측면의 분할방법은 1~6회에 걸쳐 말끔하게 깎기 조정하는 완전분할을 특징으로 하는데 이러한 점은 와통의 종류와 내부곡률의 변화를 의미하며 더 나아가 목조건물의 공포양식과 지붕구조가 시대에 따라 변화되는 과정을 보여준다고 하겠다.

색깔은 적색계통이 대부분을 차지하며 그밖에 황갈색과 회청색계통이 매우 적은 양으로 나타난다. 이는 고구려 전기의 성곽과 건물지에서 출토되는 기와류가 적색계통인데 반해 고분 출토 기와류는 회색계통을 나타내는 것과 관련하여 고구려 사회의 풍습과 제도가 반영되어 있다고 파악하였다. 즉 음양오행사상에 의해 사용처에 따라 색깔을 구분하였는데, 전기와 중기에 적색계통을 많이 사용한 것은 중국과 동등한 입장에서 적색을 왕조의 색으로 택하여 건물지에는 적색계통의 기와를 사용한 것으로 짐작된다. 이는 기술적으로 태토성분과 소성분위기의 차이에서 기인하며 이런 방법 자체가 기와제작의 목적과 의식을 반영하기 때문에 인위적으로 색깔을 내는 것은 당연한 결과로 여겨진다.

VI 유적을 통해 본 남진정책

1. 유역별 관방체계
2. 河川路와 성곽배치

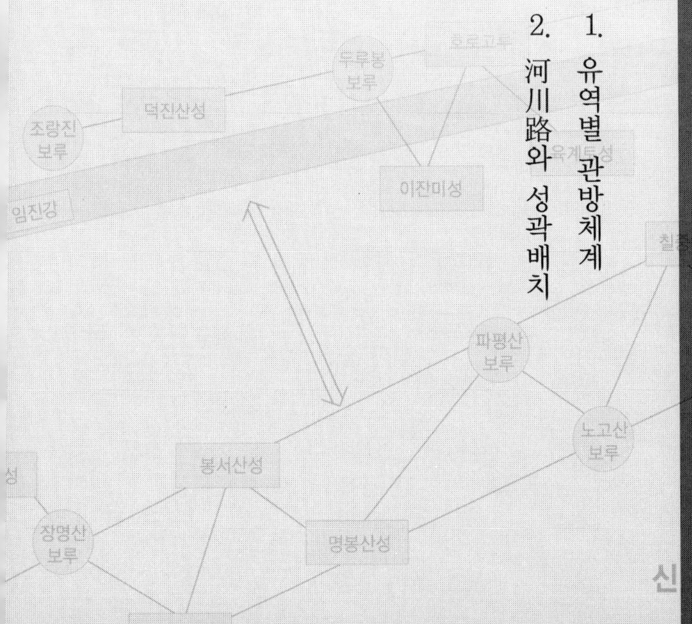

1

유역별 관방체계

　앞에서 언급한 바와 같이 남한지역의 고구려유적은 임진강·한탄강 유역과 양주분지 그리고 한강유역에 집중적으로 분포하고 있다. 그러면 이들 유적의 분포가 우연이 아니라 어떠한 목적을 가지고 적당한 장소에 배치되었느냐를 살피는 작업이 필요하다고 생각된다. 그런 작업 중의 하나가 성곽의 배치를 가지고 기본적인 틀을 찾는 것인데 이를 관방체계라고 한다. 관방체계를 규명하는 일차적인 작업은 河川이나 交通路를 중심으로 성곽의 분포가 어떠한 상호 유기적인 관련성 속에서 결합되었는가를 밝혀주어야 한다. 즉 국경이나 교통로를 따라서 분포된 성곽이 點의 線上 連結이라는 막연한 추론보다는 치밀한 계획하에 어떤 평면적인 구도로 나타나는지, 또 서로 어떤 유기적인 복합관계를 가지며 방어체계를 이루었는지 등의 문제가 성곽분포와 구조를 통해 선결되어야만 영역변화와 지방통치방식의 규명이 가능하다. 여기에서는 임진강유역부터 한강유역까지의 고구려 성곽의 배치를 분석하여 그 관방체계를 살펴보고자 한다.

　먼저 임진강 상류는 서안을 따라 고성산보루, 무등리보루군, 우정리보루 등의 고구려성곽이 남북방향의 線上防禦體系를 형성하였다. 무등리보루군은 각각 둘레 200m 내외로 장대봉의 능선에 약 500m 거리를 두고 위치하는데, 서안에 접하여 남북으로 연결되며 북쪽으로 약 1.5km 지점에는 둘레 30m 정도의 고성산보루를 배치하였다. 이곳에서 남쪽 1km 거리에는 당포성과 연결되는 교통로상에 우정리보루가 위치하고 있어 남북을 중심축으로 하는 임진강 상류유역의 방어체계를 보여준다.

따라서 임진강 상류 유역의 고구려 방어체계는 무등리보루군을 거점성으로 북쪽으로 위성인 고성산보루와 남쪽으로 당포성과 연결되는 교통로에 우정리보루를 배치하여 하나의 방어기지를 형성하였다.

임진강 중·하류는 북안에 접하여 6개소의 성곽이 규칙적인 배열을 보이고 있다. 하천 곡류부의 시점에 둘레 400~600m 정도의 비교적 규모가 큰 성곽인 당포성·호로고루·덕진산성이 위치하며, 이들 성곽 사이의 곡류부 종점에는 둘레 40~50m의 소규모 보루인 아미리보루·두루봉보루·조랑진보루를 배치하였다. 이러한 set관계의 덕진산성과 조랑진보루, 호로고루와 두루봉보루, 당포성과 아미리보루 등이 북동-남서축선상에 7~10km의 중심간 거리를 두었다. 즉 임진강 중·하류는 북안에 접한 곡류부의 시점과 종점에 거점성과 위성보루를 배치하는 계획적인 관방체계를 이룩하였다. 그리고 임진강유역의 북안에 위치한 은대리성·당포성·호로고루·덕진산성은 임진강유역에서 천보산맥 일원으로 연결되는 주요하천로의 시발점이자 배후거점성으로서의 역할을 담당하였다. 그 예로 은대리성은 신천로의 배후거점성, 당포성은 간파천로의 배후거점성, 호로고루는 설마천로의 배후거점성, 덕진산성은 문산천로의 배후거점성이다. 이들 배후거점성은 임진강선으로 연결되며 1개소씩의 위성보루를 설치하는 공통점이 있다.

그러나 은대리성은 곡류부의 종점에 위치하고 남류하는 차탄천과의 합류지점이라는 점과 한탄강이 이곳에서 약 3km 정도 직류하는 지형여건을 가지고 있기 때문에 위성보루를 배치하지 않은 것으로 여겨진다. 이런 지형은 경기북부지역에서 가장 큰 규모의 고구려 거점성이 입지할 수 있는 조건을 제공하였다. 또한 당포성이 내·외성의 구조를 보이는 이유는 임진강 상류와 한탄강이 합류하는 지점에 위치하므로 다른 성곽과는 달리 방어력의 강화를 도모한 이중성벽의 독특한 평면을 구성한 것으로 생각된다.

임진강유역의 고구려 성곽 중 호로고루와 당포성 그리고 무등리보루군 등에서 고구려 평기와류가 출토되었다. 이는 양주분지 일원과 한강유역과는 다른 성격을 반영해 준다고 할 수 있다. 특히 둘레 50m 정도의 두루봉보루에서도 기와류가 채집되고 있는 점은 소규모 위성보루에 기와를 얹는 목조구조물이 설치되었음을 의미한다. 이는 임진강유역의 고구려 성곽이 양주분지 일원이나 한강유역과는 달리 그 사용시기가 오랫동안 지속되었음을 보여 주는 자료이다. 또한 양주분지 일원과 한강유역에서 거점성이 나타나지 않는 점으로 보아 거점성으로서 역할을 지속적으로 수행하였음을 보여주는 자료라고 할 수 있다.

이상과 같이 임진강 · 한탄강유역의 고구려 성곽을 중심으로 관방체계를 정리하면 표 3과 같다.

다음으로 양주분지를 중심으로 하는 천보산맥 일원의 보루는 環狀外廓防禦體系와 그 안에 菱形內廓防禦體系가 복합적으로 이루어져 임진강유역에서 한강유역으로 이어지는 中間基地로서의 입체적인 방어체계를 완성하였다. 이러한 방어체계는 고구려 산성의 전형적 양식인 고로봉형을 기본으로 하여 보루를 배치하고 있다. 고구려 산성에서 공통적

표 3　임진강 · 한탄강유역 고구려 관방체계

유 역	거 점 성	위성보루	하천로	출토 유물	비 고
한탄강	은대리성		신천로	고구려 토기류	강안평지성
임진강 상류	무등리보루	고성산보루		고구려 기와 · 곡물류	
임진강 중 · 하류	당포성	아미리보루	간파천로	고구려 기와 · 토기류	강안평지성
	호로고루	두루봉보루	설마천로	고구려 기와 · 토기류	강안평지성
	덕진산성	조랑진보루	문산천로	고구려 토기 · 곡물류	

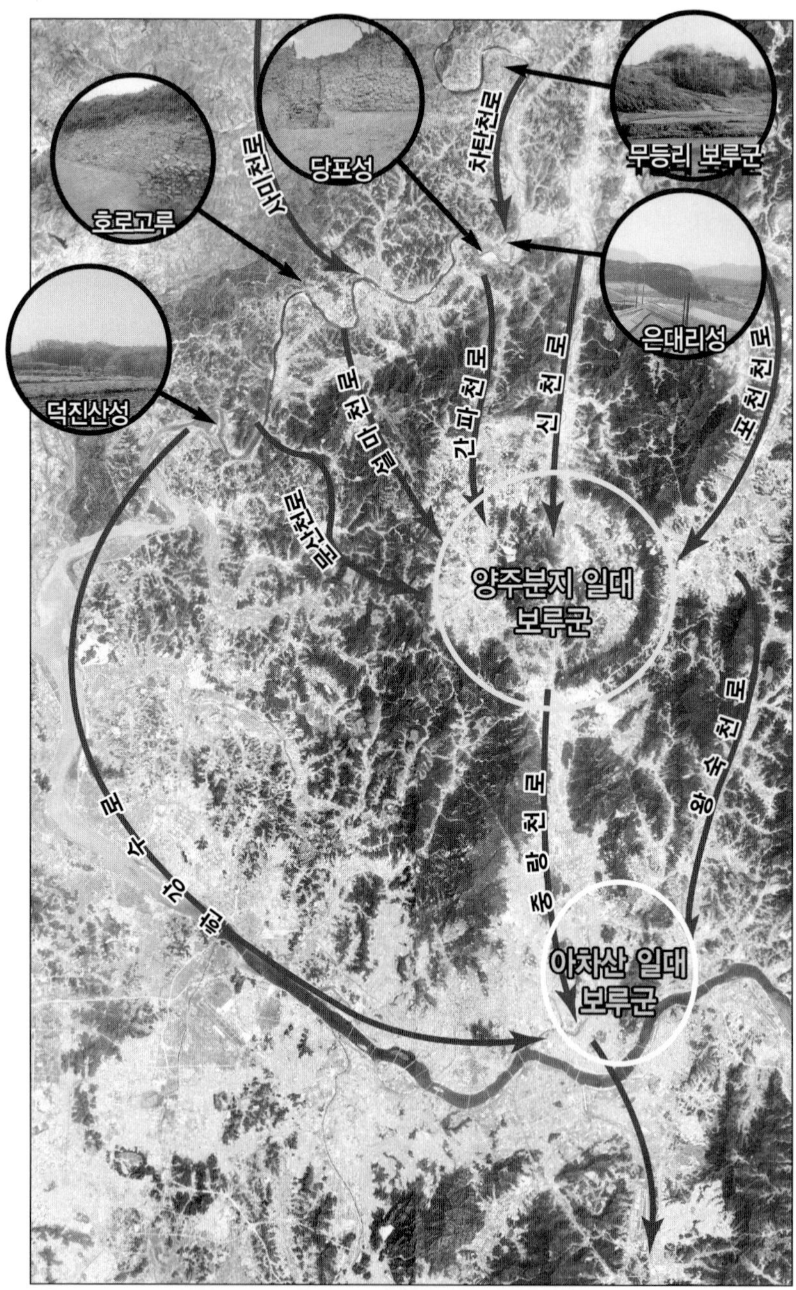

남한지역 고구려 관방체계 (위성사진 출처 : 환경부 홈페이지)

으로 채용하고 있다는 고로봉형은 사방이 높고 중앙부가 낮은 분지형의 지형을 하고 있다는 점에서 양주분지의 지형과 공통점이 있다. 환상의 외곽보루는 동서 16km, 남북 12.5km 정도이고 능형의 내곽보루는 동서 5.6km, 남북 9.5km 정도의 규모를 보이며 안쪽의 양주분지와 바깥쪽의 천보산맥 일원을 포함하는 고로봉형의 거대한 방어기지를 형성하고 있다. 이처럼 천보산맥 일원의 평면플랜은 좀더 거시적인 안목에서는 내·외성을 갖춘 고로봉형의 전형을 따른다고 할 수 있다.

이와 같이 환상의 외곽보루군과 능형의 내곽보루군은 임진강유역과 한강유역을 연결해주는 남북 점이교통로로서 가장 완벽한 관방체계를 이루고 있다. 이중 서쪽의 외곽보루가 적은 이유는 험준한 산간지대가 형성되어 있어 통제할 교통로가 적기 때문으로 생각된다. 지맥에 축조된 보루는 특정 하천로를 중심에 두고 배치되었으며, 정상부에 축조된 보루는 여러 교통로를 전체적으로 통할하는 입지를 하고 있다.

임진강유역에서 연결되는 신천로·간파천로·설마천로·문산천로와 동쪽의 포천천로 등의 주요하천로가 천보산맥일원에서 모두 결집되고 있다. 이 지역에서 다시 중랑천로와 왕숙천로를 통해 한강유역으로 도달할 수 있는 교통의 요충지에 해당한다. 즉 천보산맥 일원은 환상의 외곽보루군과 능형의 내곽보루군이 이중구조를 이루며 임진강유역에서 한강유역으로 진출할 수 있는 모든 교통로가 결집되고 있다. 이로 인해 나타난 결과가 環狀·菱形의 立體的 關防體系를 가능하게 하였다고 생각된다.

그리고 한강유역의 고구려 보루가 아차산 일대에 중점적으로 분포하는 이유는 지형적인 여건으로 보았을 때 북쪽에서 내려오는 산악지형이라는 점도 있지만, 남한강과 북한강이 합류하며 시작되는 곡류부의 종점이라는 점과 이곳을 통해 한강남쪽과 남한강을 따라 중원지역으로 쉽게 연결할 수 있는 지리적 이점이 강하게 작용한 것으로 생각된다.

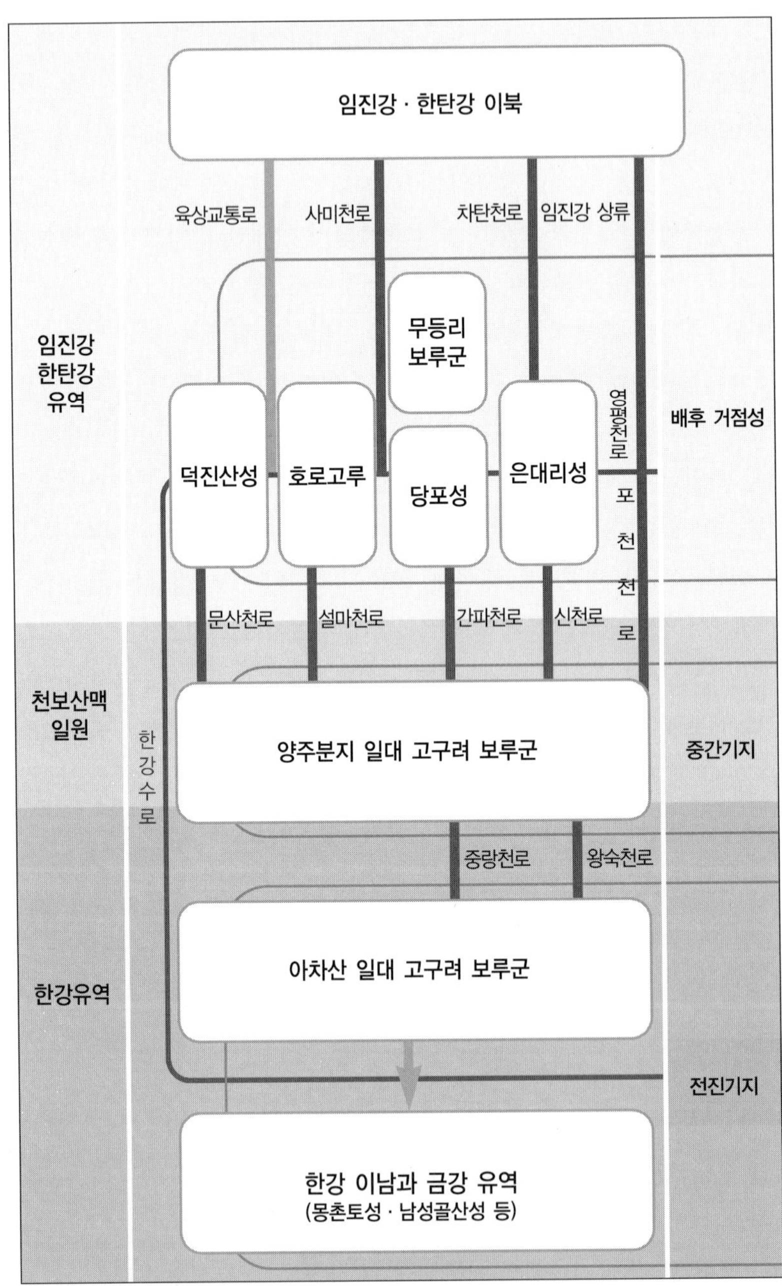

남한지역 고구려 관방체계 계통도

구체적으로 능선 정상부의 보루는 한강 남쪽과 중원지역으로의 진출로를 확보하는데 목적을 두었고 이들 보루중 시루봉보루와 망우산보루는 왕숙천로를, 용마산보루군 · 봉화산보루 · 수락산보루 등은 중랑천로를 통할하는 요새였음을 알 수 있다. 이들의 배치관계로 보아 천보산맥 일원에서 한강유역으로 이르는 교통로는 왕숙천로보다 중랑천로가 비중있는 교통로였음을 짐작할 수 있다.

이들은 한강남안의 풍납토성과 평행을 이루도록 북동–남서방향을 중심축으로 역 y자형의 평면배치를 하고 있다. 이것은 아차산장성의 존재와 함께 주방어방향을 말해주는 것이며, 교두보 확보를 위한 접경지역의 前進基地라는 성격과도 관련된다고 생각된다.

2

河川路와 성곽배치

  이상에서 분석된 고구려 성곽의 특징을 바탕으로 임진강 북안의 거점성을 중심으로 형성된 방어체계와 이곳을 시발점으로 남진하는 하천로와 관련지어 고찰해 보도록 하겠다.

  임진·한탄강유역에서 내려오는 신천로·간파천로·설마천로·문산천로·포천천로 등 다섯 갈래의 주요 하천로[122]는 천보산맥 일원의 보루군에서 합쳐진 후 다시 중랑천로와 왕숙천로를 이용하여 한강유역의 보루군으로 연결된다. 천보산맥 일원의 보루군은 추가령구조곡에 의해 동서로 양분되어 나타난다. 環狀外廓堡壘群은 양주분지로 진입하는 고개를 통할하고 菱形內廓堡壘群은 신천로와 중랑천로의 연결지점에 배치되어 양주분지로 진입하는 길목에 빈틈없이 분포한다. 이런 분포는 추가령구조곡과 양주분지를 포함한 천보산맥 일원의 산간지대라는 자연환경적 요인이 일차적인 원인을 제공해 주었는데, 임진강유역과 한강유역으로 이어지는 모든 하천이 이곳에서 발원하며 이 하천변을 따라 교통로가 발달하였다.

---

122) 이들 주요 하천로 주변의 성곽배치를 보면, 신천로에는 대전리산성·초성리산성·어등리보루, 간파천로에는 아미성·수철성·눌목리보루·간파리보루, 설마천로에는 칠중성, 문산천로에는 봉서산성 등이 위치한다. 신천로에는 서쪽으로 돌출된 구릉위에 대전리산성·초성리산성·어등산보루가 동안에만 배치되었으며 간파천로에는 아미성과 수철성, 눌목리보루와 간파리보루가 동서의 대응관계를 이루고 있다. 이는 시기별로 주요 교통로의 변화를 나타내 주는 것이다. 부언하면 신라의 교통로는 감악산 동로인 간파천로를 좀더 비중 있게 이용하였음을 알 수 있다.

이렇듯 하천유역은 雨期를 제외하고는 하천변을 따라 이동이 용이하기 때문에 고대의 성곽 배치도 하천로를 중심으로 분포하며 성곽의 입지가 하천의 합류지점이나 하천방향으로 돌출된 구릉상에 축조된다는 점을 보아도 하천로가 주요 교통로로 이용되었음을 쉽게 짐작할 수 있다.

임진강유역에서 한강유역으로 연결되는 주요 교통로를 노선별로 정리하면 아래와 같다.

① 북쪽-철원-차탄천로-은대리성-신천로-천보산맥일원-중랑천로-한강유역

② 북쪽-토산-사미천로-당포성-간파천로-천보산맥일원-중랑천로-한강유역

③ 북쪽-토산-사미천로-호로고루-설마천로-천보산맥일원-중랑천로-한강유역

④ 북쪽-개성-장단-덕진산성-문산천로-천보산맥일원-중랑천로-한강유역

⑤ 북쪽-철원-포천천로-반월산성-포천천로-천보산맥일원-왕숙천로-한강유역[123]

임진강유역의 관방체계는 거점성과 위성을 조합관계로 하는 고구려의 선상방어체계와 주성과 보조성을 조합관계로 하는 신라의 삼각형방어체계가 국경하천을 중심으로 대치하는 형세를 이루었다. 〈임진강 유역 관방체계 배치도〉 참조)

---

123) 포천에는 영평천을 따라 동서로 배치된 산성과 포천천을 따라 남북으로 배치된 산성이 분포하는데, 고구려가 부용세력인 말갈을 이용하여 철원-포천 방면으로 진출하던 교통로로 활용한 것으로 분석하였다(서영일, 《신라육상교통로연구》, 학연문화사, 1999, 289~292쪽). 이들 교통로 역시 하천로를 이용하여 이동하였으며 천보산맥 일원을 통과 하여야 만이 왕숙천로나 중랑천로를 따라 한강유역으로 진출할 수 있다.

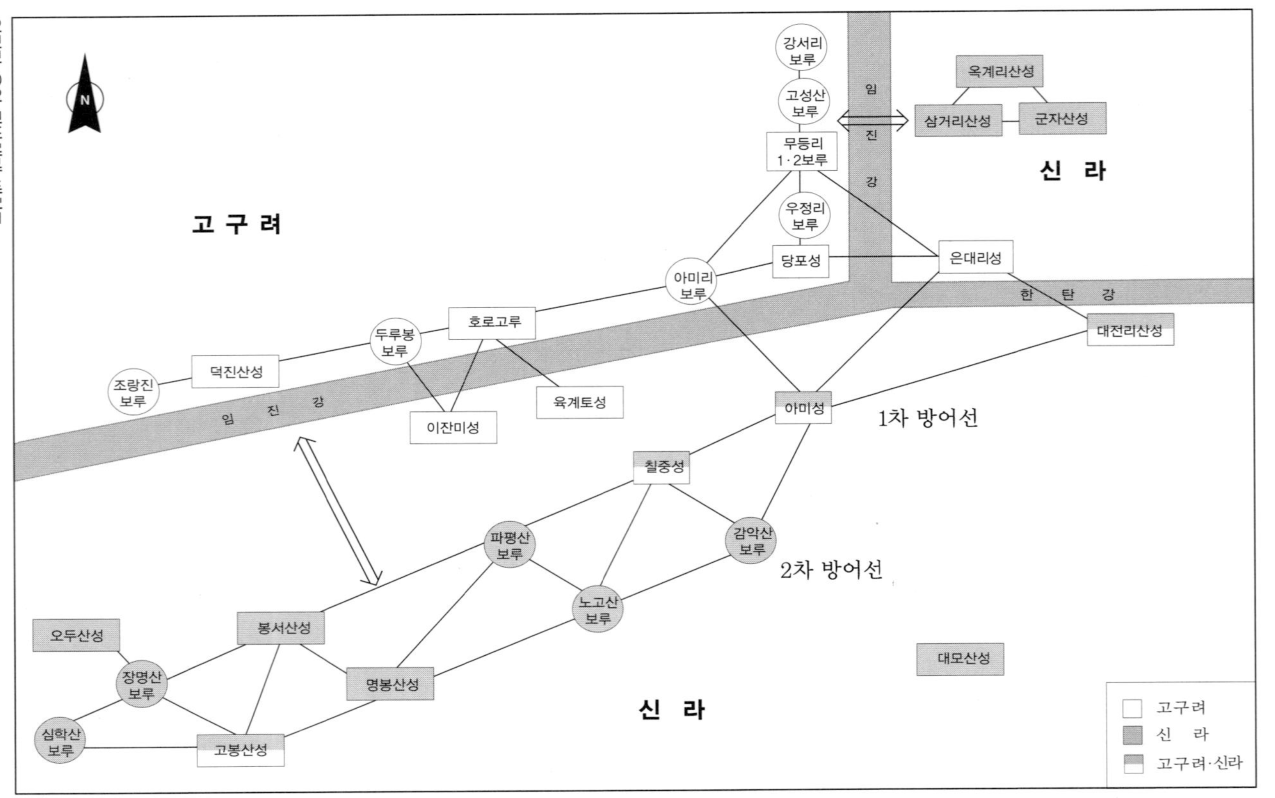

임진강 유역 관방체계 배치도

임진강 상류는 서안을 따라 고성산보루, 무등리1·2보루, 우정리보루 등의 고구려성곽이 남북방향의 선상방어체계를 형성하였다. 이에 반해 동안을 따라서는 옥계리산성, 삼거리산성, 군자산성 등의 신라성곽이 장변을 하천방향으로 하는 삼각형방어체계를 이루며 임진강을 중심으로 대치하고 있다. 무등리1·2보루는 둘레 200m 내외로 장대봉의 능선에 약 500m 거리를 두고 서안에 접하여 남북으로 연결되었으며 전체적인 평면은 馬鞍形을 이루고 있다. 이곳에서 남쪽 1km 거리에 우정리보루가 축선상에 위치한다. 북쪽으로 약 1.5km 지점에는 둘레 30m 정도의 고성산보루를 배치하였다. 즉 임진강 상류의 고구려 방어체계는 무등리1·2보루를 거점성으로 북쪽에는 위성인 고성산보루와 남쪽에는 당포성으로 연결되는 교통로에 우정리보루가 하나의 방어기지를 형성하고 있다.

임진강과 한탄강의 합류지역에는 북쪽의 고성산보루와 무등리보루, 동쪽의 은대리성과 대전리산성, 서쪽의 당포성과 아미리보루, 남쪽의 아미성 등이 합류지점을 중심으로 능형의 평면구조를 보여준다. 평면을 능형으로 성곽을 배치하는 菱形防禦體系는 수로를 이용한 동서 교통로와 하천로를 이용한 남북 교통로를 장악하고 있다. 이곳의 성곽은 교통로를 중심에 두고 장축이 남북방향을 이루며 동편에 비하여 서편에 집중되어 분포한다. 교통로 확보의 중요성을 보여주는 방어체계라고 생각된다. 이 체계는 천보산맥 일원에서 내곽에 능형을 두고 외곽에 환상을 이루는 평면형태로 완성되어 나타난다.

중류부터는 은대리성과 마찬가지로 북안에 접하여 6개소의 성곽이 곡류부의 시점과 종점에 據點城과 衛城堡壘를 조합관계로 배치하는 계획적인 방어체계를 구축하였다. 하천 곡류부의 始點에 둘레 400~600m 정도의 비교적 규모가 큰 성곽인 당포성·호로고루·덕진산성이 위치한다. 이들 성곽 사이의 곡류부 종점에는 둘레 40~50m의 소규모 보루인 아미리보루·두루봉보루·조랑진보루를 배치하였다. 이런 조합관계의 당포성과 아미리보루, 호로고루와 두루봉보루, 덕진산성과 조랑진보루는 하천의 흐름과 동일하게 북동-남서방향을 중심축으로 하였다.

그 중 호로고루를 중심으로 여울의 종점에는 두루봉보루, 남안에 대응하여 이잔미성, 이곳과 대각선 방향의 육계토성, 남안의 이잔미성과 육계토성의 사이로 흐르는 설마천로의 동안에 칠중성을 배치하였다. 즉 임진강 북안의 선상방어체계를 기본 바탕으로 하여 호로고루와 두루봉보루의 거점성과 위성의 관계, 호로고루와 이잔미성의 하천을 중심에 두는 대응관계, 호로고루-이잔미성-육계토성과 호로고루-이잔미성-두루봉보루, 남안의 하천로변의 이잔미성-육계토성-칠중성를 상호 연결하는 삼각형의 구도를 형성하였다. 다른 배후 거점성에 비하여 호로고루를 중심으로 완성된 방어체계는 삼국시대의 관방체계를 종합적으로 보여주는 좋은 예라고 생각된다.

임진강 상류와 하류의 양단에 위치한 무등리 2보루와 덕진산성에서는 다량의 탄화곡물류가 채집되는데 이는 성곽의 기능과 밀접한 관련이 있은 것으로 여겨진다. 호로고루나 당포성에 비하여 상대적인 중요성이 적은 이들 성곽에 군수기지와 같은 기능을 부여한 것으로 추정된다. 이 지역의 남안에는 교통로 확보를 위한 성곽을 배치하지 않고 있음을 볼 때도 임진강유역에서는 비교적 안정적인 고구려의 영역이었던 것만은 확실하다. 신라 역시 호로고루나 당포성이 있는 중류유역보다도 무등리 1보루와 덕진산성쪽에 1·2차 방어선을 집중시켰으며 거점성에서 출발하는 하천로쪽으로는 양주분지의 大母山城으로 주성을 후방 배치하였다. 대모산성으로 신천로·간파천로·설마천로·문산천로 등 대부분의 하천로가 결집되는 현상은 이 성곽의 중요성을 알려주고 있다.

또한 북안의 거점성은 임진강유역에서 천보산맥 일원으로 연결되는 주요 하천로의 배후기지라는 기능과 함께 하천로의 시발점이 되었다[124].

은대리성은 추가령구조곡을 따라 원산-철원-연천-양주-한강을 잇는 남북교통로와 한탄강과 영평천이 합류하여 임진강으로 들어가는 동서 교통로의 교차지점에 위치하고 있다. 이 성은 북쪽에서 내려오는 차탄천로(3번국도)와 남쪽으로 내려가는 신천로를 연결하여 준다. 당포성은 석장천로와 간파천로(368번지방도)를 연결해 주고, 호로고루는 사미천로가 내려와서 합쳐진 후 설마천로(323번지방도)가 시작된다. 덕진산성은 문산천로를 통하여 천보산맥 일원으로 진입할 수 있고 수로를 이용하여 한강으로 진출할 수 있다.

---

124) 북쪽에서 임진강 북안의 거점성으로 연결되는 교통로는 6개 노선(①~⑥)이며 거점성과 위성보루 간의 교통로는 3개 노선(⑦~⑨)으로 모두 9개 노선을 추정할 수 있다.

① 북쪽-개성-어룡리(판문점)-도화동-정자리-조랑진보루-덕진산성

② 북쪽-개성-어룡리(판문점)-도화동-반정리-두루봉보루-호로고루

③ 북쪽-토산-사미천로-호로고루

④ 북쪽-토산-사미천로-석장천로-아미리보루-당포성

⑤ 북쪽-토산-양사리-성산(해발 232m · 성둔리)-냉정리-주을동-마성고개-금척동-고왕리 (고왕산 · 해발355m)-웃고왕산-계명리-강서리보루-고성산보루-무등리보루-우정리보루-당포성

⑥ 북쪽-철원-차탄천로-은대리성

⑦ 덕진산성 · 두루봉보루-호로고루-자지포-석장천로-찬우물-송고개-가재울-마전리-당포성

⑧ 호로고루-자지포-석장천로-찬우물-새말-능골-아미리보루

⑨ 당포성-마전리-우정리-무등리보루-쑥골-능골-군영리-강서리보루

VII 맺는말 – 과제와 전망

1. 관방유적의 특성 파악

2. 고구려유물의 인식 범위

3. 성곽구조의 비교 연구

4. 고구려의 지방지배방식

지금까지 살펴본 바와 같이 경기지역의 고구려유적은 임진강유역과 양주분지일원 그리고 한강유역에 집중적으로 분포한다. 이들 유적의 대부분은 관방유적이라는 특징을 가지고 있다. 이러한 고구려 관방유적의 성격을 밝히는 작업의 일환으로 성곽의 배치를 통한 관방체계를 살펴보았다.

그 결과 고구려 관방체계는 치밀한 평면 계획하에 국경하천과 그 지류를 배경으로 형성된 교통로를 중심으로 설계되었음을 알 수 있었다. 임진강이나 한강과 같은 하천유역은 북동-남서방향을 중심으로 축선상의 방어체계를 형성하였으며 양주분지를 포함하는 내륙지역은 외곽의 환상 보루군과 내곽의 능형 보루군이라는 이중구조로 배치되어 고로봉형의 입체적인 방어체계를 보여주고 있었다. 그리고 임진강유역에는 배후거점성을 설치하고 이곳을 시발점으로 하는 임진강 수계의 하천로를 따라 양주분지일원을 중간기지로, 한강유역을 전진기지로 활용하였다. 따라서 고구려는 이를 토대로 한강 남쪽과 중원지역으로 나아갈 수 있는 확고한 교통로를 마련했으며 이는 적극적인 남진정책 추진의 바탕이 되었다.

그리고 이들 성곽에서 출토되는 유물들은 기와, 토기, 철기류 등 다양하며 당시의 생활상을 추정하는데 귀중한 자료가 된다. 특히 기와가 사용되었던 성곽은 다른 유적에 비해 유적의 존속기간이 길고 그 위상 또한 높았던 것으로 추정된다.

한편 유적의 사용시기는 한강유역과 천보산맥 일원 보루의 경우, 5세기 중엽에서 6세기 중엽까지, 임진강유역의 배후거점성은 장수왕의 남진정책 때부터 신라에 의해 고구려가 멸망하기 직전까지의 기간동안 고구려에 의해 사용된 것으로 추정되며, 고구려 멸망후에는 신라에 의해 재사용되었던 것으로 보여진다.

최근 경기지역에서는 태봉산보루와 불곡산 9보루, 도락산 4보루, 수락산 2,3보루 등 5개소의 고구려유적이 새롭게 확인되었으며, 기존에 알려진 유적이었으나 출토유물이 없거나 불분명하였던 광동리보루, 불곡산 7보루, 국사봉보루 등 3개소의 보루에 대해서도 고구려유물을 추가로 채집하여 고구려유적으로 구분하게 되었다. 이처럼 출토유물의 불분명으로 국적이 명확하지 않았던 삼국시대유적에 대해서는 앞으로의 정밀조사 여부에 따라 그 국적이 좀더 명확하게 밝혀질 것으로 생각된다. 다음으로는 이러한 문제의식을 염두에 두고 고구려유적에 대한 향후 과제와 전망을 제시해 보고자 한다.

1

관방유적의 특성 파악

　관방유적 특히 성곽은 삼국시대부터 조선시대까지 지속적으로 사용되는 것을 특징으로 한다. 특히 경기지역과 같이 삼국이 각축을 벌이던 지역에서는 더욱더 두드러지게 나타나는 현상이다. 그런데 구의동보루, 아차산 4보루, 시루봉보루 등과 같은 순수 고구려성곽이나 의왕 모락산성, 파주 월롱산성 등과 같은 순수 백제성곽 그리고 용인 할미산성, 서울 대모산성 등 순수 신라성곽 등 한나라에서만 사용한 예외적인 상황을 제외하고는 삼국이 모두 사용한 경우가 대부분이다.

　경기북부지역에는 보루라는 성곽이 밀집하여 분포하는데 이들 보루는 둘레 300m 정도의 소규모 성곽이기 때문에 단독적인 작전수행은 불가능하다. 아울러 점의 선상연결이라는 보루의 특성상으로 보아 배치관계분석을 통한 관방체계의 규명이 꼭 필요한 연구방법이다. 그렇다면 한강유역에 분포하는 20여개소의 보루와 양주지역에 분포하는 20여개소의 보루에서 기존의 고정관념에 의해 고구려로 분류되는 유적 숫자의 차이는 무엇 때문에 발생하는지에 대한 고민이 선행되어야 하겠다. 수치상으로 한강유역은 90% 정도가 고구려보루인데 비해 양주지역은 30%정도만 고구려보루로 분류하는 경향이 있다. 이처럼 고정된 인식으로 보았을 때는 다음과 같은 문제점을 내포할 수밖에 없다.

　○ 한강유역 : 홍련봉보루군 2개소, 아차산보루군 5개소,

용마산보루군 7개소, 망우산보루군 3개소 등은 모
두 고구려보루이고
○ 양주분지일원 : 도락산보루군 4개소 중 2,3보루만 고구려보루,
불곡산보루군 9개소 중 2,5보루만 고구려보루,
천보산보루군 5개소 중 1,2,5보루만 고구려보루
가 된다.

그런데 이들 고구려유물이 채집되는 유적의 대부분은 훼손이 심하게
이루어진 상태이다.

○ 한강유역 : 모두 등산로 상에 위치하며 체육시설, 군시설 등이 들
어섬
○ 양주분지일원 : 암반굴착 및 채취, 군시설, 등산로 개설 등이 이루
어짐
예컨대, 독바위보루와 도락산 2보루는 암반굴착이
심하게 이루어져 수십m 에서 수백 m의 절벽이 형
성되어 멸실 위기에 처함
도락산 1보루는 체육시설, 그 외 천보산보루군과
불곡산보루군 등은 군사시설과 통신시설이 들어섬

따라서, 이 보루의 국적은 보루의 특성, 방어체계, 보고자의 보고문 충
실, 유적 훼손 정도에 따라 크게 달라질 수 있으므로, 앞으로의 가능성과
함께 보다 폭넓은 시각에서 접근하는 연구자세가 필요하다고 하겠다.

2

고구려유물의 인식 범위

　다음으로 고구려유물에 대한 인식의 문제이다. 주지하듯이 경기지역은 삼국의 각축장이었기에 유물이나 유구의 특성도 각국의 영향에 따라 혼재되어 나타나고 있다. 그렇다면 우리가 유물에 대한 인식의 범위가 고구려, 백제, 신라의 유물 구분을 수도 중심의 고유한 속성만 가지고 예단할 것이 아니라 좀더 여러 가지 가능성을 두고 폭넓은 단계를 설정하여 연구해야 할 필요성이 있다. 즉, 아직도 우리가 인식하지 못하는 삼국유물의 속성이 많이 남아있다고 생각된다. 예컨대 임진강이나 한강 유역에서 보이는 전형적인 고구려 토기와 다른 양상의 은대리성 출토 토기류 그리고 은대리성의 고구려 유물 속에 한 점씩 섞여있는 타날문토기편[125], 성동리마을유적과 같이 신라주거지내에서 출토되는 고구려의 암문토기편과 화살촉[126], 육계토성내 2호주거지에서 기존의 백제 유물과 함께 출토되는 고구려토기류[127] 등이 그 예들이다.

　또 고구려계, 낙랑계, 백제계 그리고 백제의 웅진천도 이후의 한강유역 유물양상 등도 간과해서는 안 되는 부분인 것으로 좀 더 넓은 시각을 갖추도록 노력해야 한다.

---

125) 단국대학교 매장문화재연구소, 《연천 은대리성 지표 및 시·발굴조사보고서》, 2004.
126) 白種伍, 〈抱川 城洞里山城의 變遷過程 檢討〉, 《先史와 古代》20, 韓國古代學會, 2004, 294~295쪽.
127) 경기도박물관, 《파주 주월리유적》, 1999, 400~405쪽.

3

성곽구조의 비교 연구

고구려성곽의 구조분석에 대하여 남한지역과 중국 · 북한지역과의 비교 연구의 필요성이다. 중국 동북지방이나 북한 서북지방에는 둘레 2~10km의 대형 산성이 분포하나 경기지역에는 소규모의 성곽인 보루들이 집중 분포하고 있다. 그런데 이런 양상은 중국 흑룡강성이나 북한 강원도지방의 보루나 소형 산성이 분포하는 점과도 유사하다. 즉 경기 북부지역의 보루 중심의 관방체계는 중국 흑룡강성에 분포하는 성곽들과 비교하여 볼 때 변방이라는 지역적 특성, 입지와 배치, 규모와 구조 등에 있어 많은 공통점을 보여주고 있다.

부언하면, 흑룡강성의 보루는 경기북부의 소규모 보루와 같은 구조를 가지고 있는데 이 보루들은 흑룡강성의 삼강평원일대인 보청, 가목사, 화남, 발리, 칠대하, 우의현 등에 집중하여 분포한다. 우의현에만 50~60 군데 발견되었다. 입지는 하천변의 작은 산마루위에 토석혼축으로 축조하였다. 둘레는 200~300m 내외이고 평면형태는 원형이나 타원형을 하였다. 내부구조를 보면 정상부 중앙에는 큰 규모의 주거지가 있고, 한층한층 내려오면서 방형이나 장방형의 주거갱이 규칙적인 배열을 이루고 있다. 이런 유형은 서쪽으로 하얼빈시와 난화일대를 지나 흑하지구에 이르고 동쪽으로는 흑룡강 하류에 이르고 있다[128].

---

128) 차용걸, 〈百濟城郭의 比較研究試論〉《百濟論叢》5, 百濟文化開發研究院, 1996, 265쪽 재인용.

4

고구려의 지방지배방식

고구려의 지방지배방식에 대한 문제이다. 지방지배방식은 기존 조사현황 및 문헌기록과 약간의 괴리를 가지는데 임진강유역과 양주분지, 한강유역에 형성된 고구려유적을 교통로 확보를 위한 공격형 관방유적이라고 잠정적으로 결론짓고 고구려의 임진강 이남지배를 임시적인 지방지배체제로 파악하는 경향이 있다. 또한 임진강 이남에는 황해도에 소재한 대규모 산성과 같은 지역거점성이 발견되지 않기 때문에 임진강 이남지역에 대한 지배방식은 그 이북지역과 차이를 보였을 것으로 추정하기도 한다. 그리고 한강유역 지배가 교통로 확보를 위한 일시적인 지배였다고 가정하기도 한다[129]. 그렇다면 최근 들어 증가하는 고고학자료 중 금강유역의 충북 청원 남성골산성과 같은 대규모 고구려유적의 발굴은 무엇을 의미하는지 좀 더 진지한 연구자세가 필요하며 이와 더불어 삼국사기의 기록에 대해 긍정적인 시각교정이 이루어져야 하겠다.

이를 뒷받침하는 고고학적 유물로 명문기와를 들 수 있다. 현재 삼국사기 등 사료에 등장하는 고구려때의 군현지명은 신라로 이어져서 경덕왕16년(757)에 지역명칭을 한자식으로 고치기 이전까지 계속 사용되었다. 신라가 고구려의 군현명을 일정기간동안 사용했다는 증거는 발굴조사를 통해 여러 명문기와나 금석문자료를 통하여 확인되고 있다.

---

129) 심광주, 〈경기도지역 고구려유적의 현황과 과제〉, 《경기지역 고구려유적 정비활용을 위한 학술토론회》, 서울경기고고학회·기전문화재연구원, 2004, 49쪽.

　예컨대, 호암산성은 '仍伐內力只奈末' 명 수저와 명문기와[130](고구려의 仍伐奴縣), 안성 봉업사지에서는 '皆次' 명 기와[131](고구려의 皆次山郡), 포천 반월산성에서는 '馬忽受蟹空草' 명 기와[132](고구려의 馬忽郡) 등이 출토되었다. 이들 명문을 통해 고구려 때의 군현지명이 통일신라는 물론이고 고려 때까지 관철되어 불렸다는 근거를 찾을 수 있다. 따라서 지명에 국한되기는 하였으나 고구려 군현지배의 영향력이 후대에 까지 미쳤다는 점을 간과해서는 안될 것이다.

　이상과 같이 삼국이 각축을 벌이던 지역의 관방유적은 삼국시대부터 조선시대까지 지속적으로 사용되는 것을 특징으로 하기 때문에 초축국이나 수·개축국의 문제는 유적의 특성, 방어체계, 보고문의 충실, 훼손의 정도에 따라 크게 달라질 수 있는 개연성을 확인할 수 있었다. 이와 더불어 유구나 유물의 양상도 고구려, 백제, 신라의 영향에 따라 혼재되어 나타날 수밖에 없다. 그렇다면 유물에 대한 인식의 범위를 각 나라 수도 중심의 고유한 속성만을 가지고 예단하기 보다는 좀 더 여러 가지 가능성을 열어두는 자세가 필요하다고 하겠다. 또 고구려유적의 구조분석도 남한지역에만 국한할 것이 아니라 중국·북한지역과의 비교 연구가 절실하며 그러한 예로 중국 흑룡강성이나 북한 강원지역의 소형 산성과의 유사성을 들 수 있었다. 지방지배방식에 대한 규명 또한 기존 고고학적 조사성과와 문헌기록은 일정정도 괴리를 가지고 있다. 그러나 최근들어 급격히 증가하는 고고학자료 중 남성골산성과 같은 대규모 고구려유적의 발굴은 무엇을 의미하는지에 대한 진지한 고민이 필요하며 이와 함께 삼국사기의 기록에 대한 긍정적인 시각 교정이 요구된다고 하겠다. 이는 명문기와에 나타난 지명을 통해 고구려 때의 군현지명이

---

130) 서울대학교 박물관, 1990, 《한우물-호암산성 및 연지발굴조사보고서》.
131) 京畿道博物館, 2002, 《奉業寺》, 166~167쪽.
132) 단국대학교 문과대학 사학과, 1996, 《포천 반월산성 1차 발굴조사보고서》.

통일신라를 거쳐 고려시대 때까지도 계속하여 불렸다는 것에서도 근거를 찾을 수 있었다. 즉 지명에 한정하여 살펴보았으나 고구려 군현지배의 영향력이 후대에 까지 미쳤다는 점을 간과해서는 안 될 것이다.

지금까지 확인된 고구려유적은 산 정상부에 자리한 보루군이거나 이동이 불편하고 군사작전지역에 위치하기 때문에 접근성이 용이하지 않았다. 이러한 약점에도 불구하고 많은 국민적 관심으로 역사교육의 장이나 관광자원화되어 개발이 이루어질 것으로 예측된다. 그러나 많은 유적이 정비이후 관리가 부실했던 여러 사례를 감안한다면 유적보존에 대한 보다 체계적인 방안이 수립되어진 후 철저한 시행이 이루어져야 할 것이다.

현재 남한지역 내 80여개소의 고구려 유적 가운데 시굴이나 발굴조사된 유적은 10개소에 불과하며 그 중요성에 비해 조사실적은 매우 저조한 실정이다. 아울러 조사가 이루어지지 못한 많은 유적들은 군사시설, 체육시설 등의 현상변경으로 인해 훼손되고 있으며 그 외의 유적들도 개발의 위험 속에서 결코 안전하지 못한 상태이므로 조속한 보존대책이 수립되어야 할 것이다. 그러므로 고구려유적을 적극적으로 보호하고 문화자원으로 활용하기 위해서는 첫째, 그동안 이루어진 단편적인 조사에서 한걸음 나아간 체계적인 학술조사를 바탕으로 연차적인 발굴조사가 이루어져야 하며, 둘째, 군사지역내의 유적에 대해서는 관계당국과의 협의를 거쳐 군사시설로 인한 더 이상의 훼손을 막아야 할 것이다. 나아가 중요유적에 대한 문화재지정을 적극 추진하여 문화유산을 향유하고 보전할 수 있는 지혜를 모아야 할 것이다.

參考文獻

1) 史料

《三國史記》(民族文化推進會, 1982)

《三國遺事》(民族文化推進會, 1982)

《高麗史》地理志(亞細亞文化社, 1983)

《經國大典》(檀國大學校 東洋學研究所, 1979)

《世宗實錄》(亞細亞文化社, 1983)

《新增東國輿地勝覽》(民族文化推進會, 1969 ; 亞細亞文化社, 1983)

《東國輿地志》(亞細亞文化社, 1983)

《大東地志》(亞細亞文化社, 1976)

《中國正史朝鮮傳》(國史編纂委員會, 1986)

2) 報告書

경기도박물관, 《경기문화유적지도》 Ⅰ, 1999.

___________, 《경기문화유적지도》 Ⅱ, 2000.

___________, 《경기문화유적지도》 Ⅲ, 2001.

___________, 《임진강》 경기3대하천유역 종합학술조사 Ⅰ, 2000.

___________, 《坡州 舟月里遺蹟》, 1999.

___________, 《抱川 城洞里 마을遺蹟》, 1999.

___________, 《한강》 경기3대하천유역 종합학술조사 Ⅱ, 2001.

___________, 〈파주 육계토성 시굴조사 약보고서〉, 2005.

고려대학교 고고환경연구소, 〈홍련봉 2보루 발굴조사 약보고〉, 2005.

고려대학교 매장문화재연구소, 〈홍련봉 1보루 발굴조사 약보고〉, 2004.

__________________________, 〈홍련봉 1보루 2차 발굴조사 약보고〉, 2004.

구리시 · 구리문화원, 《아차산의 역사와 문화유산》, 1994.

구의동 보고서 간행위원회, 《한강유역의 고구려 요새》, 1997.

國立文化財研究所, 《군사보호구역 문화유적 지표조사보고서(경기도편)》, 2000.

단국대학교 매장문화재연구소, 《파주 칠중성 지표조사보고서》, 2001.

__________________________, 《연천 은대리성 지표 및 시 · 발굴조사보고
　　　　　　서》, 2004.

단국대학교 문과대학 사학과, 《포천군의 역사와 문화유적》, 1998.

서울大學校博物館, 《夢村土城-東北地區發掘報告》, 1987.

__________________, 《夢村土城-東南地區發掘報告》, 1988.

__________________, 《夢村土城-西南地區發掘報告》, 1989.

__________________, 《구리시의 역사와 문화유적》, 2000.

__________________, 《아차산 제4보루》, 2000.

__________________, 《아차산 시루봉보루》, 2002.

서울특별시, 《서울소재 성곽조사 보고서》, 2003.

세종대학교박물관, 《의정부시의 역사와 문화유적》, 2001.

陸軍士官學校 陸軍博物館, 《京畿道 坡州郡 軍事遺蹟地表調査報告書》, 1994.

__________________________, 《京畿道 漣川郡 軍事遺蹟地表調査報告書》, 1995.

__________________________, 《江原道 鐵原郡 軍事遺蹟地表調査報告書》, 1996.

__________________________, 《京畿道 抱川郡 軍事遺蹟地表調査報告書》, 1997.

육군사관학교 화랑대연구소 국방유적연구실, 〈연천 당포성 지표 및 발굴조
　　　　　　사 지도위원회 자료집〉, 2003.

__________________________________, 〈파주 덕진산성 현장설명회
　　　　　　자료〉, 2004.

忠北大學校博物館, 《淸原 南城谷 高句麗遺蹟》, 2005.

충북대학교 호서문화연구소,《진천 대모산성》, 1996.
한국토지공사 토지박물관,《양주군의 역사와 문화유적》, 1998.
______________,《연천군의 역사와 문화유적》, 1998.
______________,《고양시의 역사와 문화유적》, 1999.
______________,《남양주시의 역사와 문화유적》, 1999.
______________,《漣川 瓠蘆古壘 精密地表調査報告書》, 1999.
______________,〈漣川 瓠蘆古壘(一次發掘調査略報告書)〉, 2001.
______________,《연천 신답리고분군 발굴조사보고서》, 2003.
한양대학교박물관 · 문화인류학과,《파주시의 역사와 문화유적》, 1999.
______________,《동두천시의 역사와 문화유적》, 1999.

4) 著書

경희대학교 중앙박물관,《고구려와당》, 2005.
고구려연구재단,《다시 보는 고구려사》, 2004.
______________,《북한의 최근 고구려사 연구》1, 2004.
고려대학교박물관,《한국고대의 Global Pride 고구려》, 2005.
과학백과사전종합출판사,《조선기술발전사》1 · 2, 1994.
吉林省文物考古研究所 · 集安市博物館,《丸都山城》, 文物出版社, 2004.
______________,《國內城》, 文物出版社, 2004.
______________,《集安高句麗王陵》, 文物出版社, 2004.
김영진,《고구려유물 편》, 사회과학출판사, 2002.
김일성종합대학출판사,《대성산의 고구려 유적》, 1973.
金日成綜合大學編,《5世紀の高句麗文化》, 1985.
東潮,《高句麗考古學研究》, 吉川弘文館, 1997.
리광희,《고구려유물연구》, 과학백과사전출판사, 2005.
朴性鳳,《高句麗 南進 經營史의 研究》, 백산자료원, 1995.

서영일, 《신라육상교통로연구》, 학연문화사, 1999.

서울경기고고학회 · 기전문화재연구원, 《경기지역 고구려 유적 정비 활용을
위한 학술토론회》, 2004.

서울대학교박물관, 《특별전 고구려 – 한강유역의 고구려 요새-》, 2000.

三上次男 · 田村晃一, 《北關山城-高爾山山城-高句麗新城의 調査-》, 中央公
論美術出版, 1993.

신형식 · 최근영 · 윤명철 외, 《고구려산성과 해양방어체제 연구》, 백산자료원, 2000.

영집궁시박물관, 《활-동서양의 만남》, 2004.

遼寧城文物考古研究所, 《五女山城》, 文物出版社, 2004.

여호규, 《高句麗 城》Ⅰ, 국방군사연구소, 1998.

_____, 《高句麗 城》Ⅱ, 국방군사연구소, 1999.

유태용, 《35.6의 고구려자》, 서경문화사, 2001.

魏存成, 《高句麗考古》, 湖巖美術館, 1996.

이인철, 《고구려의 대외정복 연구》, 백산자료원, 2000.

전호태, 《고구려 고분벽화 연구》, 사계절 2002.

조선유적유물도감편찬위원회, 《조선유적유물도감》2-고조선 · 부여 · 진국편, 1989.

_____________________, 《조선유적유물도감》3 고구려편(1), 1989.

_____________________, 《조선유적유물도감》4 고구려편(2), 1990.

_____________________, 《조선유적유물도감》5 고구려편(3), 1990.

_____________________, 《조선유적유물도감》6 고구려편(4), 1990.

朝鮮總督府, 《朝鮮寶物古蹟調査資料》, 1942.

채희국, 《대성산 일대의 고구려유적에 관한 연구》, 사회과학원출판사, 1964.

5) 論文

강세권, 〈고구려의 역사적 지위에 관한 문헌사적 고찰〉, 《북한의 최근 고구
려사 연구》, 고구려사 연구, 2004.

______, 〈고구려도성의 특징과 력사적 지위〉,《고조선 · 고구려 · 발해 발표 논문집》, 고구려연구재단 · 조선역사학회 · 러시아극동국립기술대학, 2004.

강우방, 〈新羅瓦當의 諸問題〉,《기와를 통해 본 고대 동아시아 삼국의 대외 교섭》, 국립경주박물관, 2000.

강현숙, 〈집안 지역 고구려 왕릉의 고조 〉,《집안 지역 고구려 왕릉의 제문제》, 한국고대사학회, 2005.

김경삼, 〈고구려 초기의 수도형식에 대하여」,《조선고고연구》2, 사회과학원 고고학연구소, 1998.

김기웅, 〈고구려산성의 특성에 관한 연구〉,《고고민속논문집》9, 과학 · 백과사전출판사, 1984.

김성구, 〈고구려의 기와와 전돌〉,《한국고대의 Global Pride 고구려》, 고려대학교박물관, 2005.

______, 〈고구려기와의 분류와 그 변천〉,《고구려와당》, 경희대학교 중앙박물관, 2005.

김성태, 〈高句麗 兵器(1)〉,《文化財》26, 文化財管理局, 1993.

______, 〈高句麗 兵器(2)〉,《文化財》27, 文化財管理局, 1994.

______, 〈高句麗 兵器(3)〉,《文化財》28, 文化財管理局, 1995.

______, 〈三國時代 刀劍의 形態〉,《仁荷史學》8, 仁荷史學會, 2000.

김순남, 〈국내성 도읍시기 고구려의 종심방위성 체계에 대하여〉,《조선고고연구》2, 사회과학원 고고학연구소, 2000.

______, 〈고구려의 초기 수도방위성 체계〉,《조선고고연구》3, 사회과학원 고고학연구소, 2000.

리광희, 〈고구려시기 유약바른 질그릇의 변천〉,《조선고고연구》1, 사회과학원 고고학연구소, 1991.

______, 〈고구려시기 질그릇들에 그려진 장식무늬에 대하여〉,《조선고고연구》3, 사회과학원 고고학연구소, 1991.

______, 〈고구려의 '태녕' 년호에 대하여〉,《조선고고연구》2, 사회과학원 고고학연구소, 1997.

리승혁, 〈장수산성의 축조형식과 년대에 대하여〉,《북한의 최근 고구려사 연구》, 고구려연구재단, 2004.

리영식, 〈고구려의 국내성천도 목적에 대하여〉,《력사과학》4, 과학백과사전출판사, 1995.

______, 〈집안부근 고구려무덤떼를 통하여 본 고구려 5부〉,《조선고고연구》4, 사회과학원 고고학연구소, 1995.

朴性鳳, 〈중국 新刊 集安 등지 유적 보고서 연구 서설〉,《高句麗研究》19, 高句麗研究會, 2005.

朴承範, 〈집안일대 고구려 왕릉의 '제단'〉,《高句麗研究》19, 高句麗研究會, 2005.

朴燦圭, 〈集安지역에서 최근 발견된 고구려 문자 자료〉,《高句麗研究》19, 高句麗研究會, 2005.

박창수, 〈고구려산성의 위치선정의 우월성〉, 《조선고고연구》1988-3, 사회과학출판사, 1988.

______, 〈고구려의 서북방 성방어체계의 위력〉, 《조선고고연구》1988-3, 사회과학출판사, 1988.

______, 〈고구려의 성분포와 서북방어체계〉, 《역사과학논문집》15, 과학백과사전종합출판사, 1988.

白種伍, 〈京畿北部地域 高句麗城郭의 分布와 性格〉,《京畿道博物館 年報》3, 京畿道博物館, 2000.

______, 〈京畿北部地域 城郭出土 高句麗 평기와 研究〉, 檀國大學校 碩士學位論文, 2001.

______, 〈京畿·서울·仁川地域 關防遺蹟의 研究 現況〉,《학예지》8, 육군사관학교 육군박물관, 2001.

______, 〈臨津江流域의 高句麗 關防體系〉,《臨津江流域의 古代社會》, 仁荷大學校博物館, 2002.

______, 〈朝鮮半島臨津江流域的高句麗關防體系研究〉, 《東北亞歷史與考古信息》, 吉林省文物考古研究所, 2003.

______, 〈臨津江流域 高句麗 평기와 研究〉, 《文化史學》21, 한국문화사학회, 2004.

______, 〈抱川 城東里山城의 變遷過程 檢討〉, 《先史와 古代》20, 한국고대사학회, 2004.

______, 〈남한지역의 고구려 성곽〉, 《한국고대의 Global Pride 고구려》, 고려대학교박물관, 2005.

______, 〈南韓地域 高句麗 기와 製作方法 考察〉, 《白山學報》72, 白山學會, 2005.

______, 〈最近 發見 京畿地域 高句麗 遺蹟〉, 《북방사논총》7, 고구려연구재단, 2005.

______, 《高句麗 기와 研究》, 檀國大學校 博士學位論文, 2005.

徐吉洙, 〈고구려 동단산성과 주변유적유물에 관한 연구〉, 《文化史學》6·7, 韓國文化史學會, 1998.

______, 〈오녀산성·국내성·환도산성에 대한 새로운 고고학적 성과〉, 《高句麗研究》19, 高句麗研究會, 2005.

徐榮一, 〈6~7世紀 高句麗 南境 考察〉, 《高句麗研究》11, 高句麗研究會, 2001.

______, 〈경기북부지역 고구려 보루 고찰〉, 《文化史學》17, 韓國文化史學會, 2002.

______, 〈廣開土太王代 高句麗와 新羅의 關係〉, 《광개토태왕과 고구려남진정책》, 學研文化社, 2002.

徐廷昊, 〈集安 民主遺蹟 建物址의 性格에 관한 研究〉, 《高句麗研究》19. 高句麗研究會, 2005.

徐日範, 〈北韓 境內의 高句麗 城 分布와 研究現況〉, 《高句麗 山城과 防禦體系》, 高句麗研究會, 1999.

심광주, 〈남한지역 고구려유적〉, 《高句麗研究》12, 高句麗研究會, 2002.

______, 〈南韓地域 出土 高句麗 기와에 대한 研究〉, 《한국 기와연구의 회고와 전망》, 한국기와학회, 2005.

梁時恩, 〈漢江流域 高句麗 土器의 製作技法에 대하여〉, 서울大學校 碩士學位論文, 2003.

윤용구, 〈한국 고대의 '중국식 토성'에 대하여〉, 《한국고대사논총》9, 한국고
　　　대사회연구소, 1996.

　　　, 〈고구려의 평지성과 한군현성 운영〉, 《高句麗研究》8, 高句麗研究會, 1999.

李鎔賢, 〈中原高句麗碑와 新羅의 諸碑〉, 《高句麗研究》10, 高句麗研究會, 2000.

　　　, 〈高句麗 南進과 임진강유역〉, 《臨津江流域의 古代社會》, 仁荷大學
　　　校博物館, 2002.

이호영, 〈高句麗·新羅의 漢江流域 進出問題〉, 《史學志》18, 檀國史學會, 1984.

林起煥, 〈4~6세기 중국사시에 나타난 韓國古代史像〉, 《外國 史書에 나타난
　　　韓國古代史像》, 韓國古代史學會, 1988.

　　　, 〈6·7세기 고구려 정치세력의 동향〉, 《한국고대사연구》5, 한국고대
　　　사학회, 1992.

　　　, 〈고구려의 정치·경제와 사회〉, 《한국사》, 국사편찬위원회, 1996.

장경호, 〈우리나라 난방시설인 온돌(구들)형성에 대한 연구〉, 《考古美術》
　　　165, 韓國美術史學會, 1985.

　　　, 〈해자의 기원과 기능에 관한 고찰〉, 《삼불김원룡교수 정년퇴임기념
　　　논총 II》, 일지사, 1987.

鄭永鎬, 〈高句麗의 錦江流域 進出에 대한 小考〉, 《汕耘史學》, 汕耘學術文化
　　　財團, 1989.

　　　, 〈京畿 南部와 忠淸地域의 高句麗 城〉, 《高句麗研究》8, 高句麗研究
　　　會, 1999.

鄭雲龍, 〈5世紀 高句麗 勢力圈의 南限〉, 《史叢》35, 高大史學會, 1989.

정호섭, 〈남한지역 고구려 유적·유물의 현황과 과제〉, 《북방사논총》3, 고구
　　　려연구재단, 2005.

주영헌, 〈고구려 벽화무덤에 대하여〉, 《高句麗古墳壁畵》, 朝鮮畵報社, 1985.

지승철, 〈삼국시기 주·군·현 지방통치체제의 발전과정에 대한 간단한 고
　　　찰〉, 《력사과학》1, 과학백과사전출판사, 2001.

　　　, 〈고구려산성의 특징〉, 《북한의 최근 고구려사 연구》, 고구려연구재

단, 2004.

______, 〈무덤벽화에 반영된 고구려의 정치·군사 및 문화의 독자성〉,《고조선·고구려·발해 발표 논문집》, 고구려연구재단·조선역사학회·러시아극동국립기술대학, 2004.

車勇杰, 〈남한지역 高句麗 城堡와 관련된 문제와 성격의 검토〉,《九里高句麗國際學術會議》, 구리문화원, 2000.

______, 〈忠淸地域 高句麗系 遺物 出土遺蹟에 대한 小考〉-남성골 유적을 중심으로-,《湖雲崔槿默敎授定年記念論叢》, 2003.

채희국, 〈평양성(장안성)의 축성과정에 대하여〉,《고고민속》3, 사회과학연구소, 1965.

______, 〈고구려 평양성(장안성)의 성벽축조형식과 시설물의 배치상태〉,《고고민속》3, 사회과학연구소, 1967.

최맹식, 〈高句麗 기와의 特性〉,《高句麗의 遺蹟과 遺物》, 高句麗研究會, 2001.

______, 〈고구려 기와의 특징〉,《한국고대의 Global Pride 고구려》, 고려대학교박물관, 2005.

崔孟植·徐吉洙, 〈高句麗 遺蹟 기와에 관한 調査 硏究〉,《高句麗硏究》7, 高句麗硏究會, 1999.

崔夢龍, 〈漢城時代 百濟의 領域과 文化〉,《韓國考古學報》22, 한국고고학회, 1989.

______, 〈21세기의 한국고고학〉,《한국사론》30, 국사편찬위원회, 2000.

______, 〈21세기 한국고고학의 새로운 조류와 전망〉,《한국상고사학회 27회 학술발표대회》, 한국상고사학회, 2002.

______, 〈고고학으로 본 문화계통〉,《한국사》1, 국사편찬위원회, 2002.

______, 〈역사적 맥락에서 본 경기도 소재 고구려 유적의 중요성〉,《경기지역 고구려유적 정비활동을 위한 학술 토론회》, 서울경기고고학회·기전문화재연구원, 2004.

최승택, 〈고구려 남부 부수도의 위성방어체계〉,《조선고고연구》4, 사회과학원 고고학연구소, 2000.

崔永俊, 〈嶺南路의 景觀變化〉, 《地理學》28, 한국지리학회, 1983.

최장열, 〈한강북안 고구려보루의 축조시기와 그 성격〉, 서울大學校 碩士學位論文, 2001.

崔鍾澤, 〈漢江流域 高句麗土器硏究〉, 서울大學校 碩士學位論文, 1995.

______, 〈京畿北部地域의 高句麗 關防體系〉, 《高句麗 山城과 防禦體系》, 高句麗硏究會, 1999.

______, 〈고고학상으로 본 고구려의 한강유역진출과백제〉, 《백제연구》28, 충남대학교 백제연구소, 1999.

______, 〈夢村土城 內 高句麗遺蹟 再考〉, 《韓國史學報》12, 2002.

______, 〈고구려성곽〉, 《京畿道의 城郭》, 경기문화재단, 2003.

______, 〈남한의 고구려 유적과 유물〉(고구려사 국제학술 심포지움), 한국고대사학회, 2004.

지은이_ 백종오

충남 공주생으로 단국대학교 역사학과 및 동 대학원 사학과 석사·박사과정을 졸업하였다.
현재는 경기도박물관, 경기도문화재전문위원, 한국성곽학회 및 한국기와학회 이사로
활동하고 있다.
주요 논저는 〈高句麗 기와의 發生과 形成背景〉, 〈高句麗 國內城期 평기와 考察〉,
〈高句麗와 新羅 기와의 比較 研究〉, 〈南韓地域 高句麗 평기와 製作技法 考察〉,
〈臨津江流域 高句麗 關防體系〉, 〈南韓地域 高句麗 城郭〉, 〈百濟 漢城期 山城의 現況과 特徵〉,
《고구려 기와의 성립과 왕권》,《韓國城郭研究論著總攬》(공저) 등이 있다.

高句麗 南進政策 研究
─ 臨津江에서 錦江까지 ─

초판인쇄일   2006년 9월 1일
초판발행일   2006년 9월 5일

지 은 이   백종오
펴 낸 이   김선경
펴 낸 곳   도서출판 서경문화사
주   소   서울시 종로구 동숭동 199-15(105호)
전   화   02-743-8203, 8205
팩   스   02-743-8210
메   일   sk8203@chollian.net

등 록 번 호   1-1664호

인   쇄   한성인쇄
제   책   반도제책사

© 백종오, 2006

ISBN 89-86931-00-1 93900

* 파본은 본사나 구입처에서 교환하여 드립니다.

값 17,000원